U0044548

心靈工坊
ZIPsyGarden1

Master

對於人類心理現象的描述與詮釋
有著源遠流長的古典主張，有著速簡華麗的現代議題
構築一座探究心靈活動的殿堂
我們在文字與閱讀中，尋找那奠基的源頭

翻轉與重建
心理治療與社會建構
Therapy as Social Construction

席拉・邁可納米（Sheila McNamee）、

肯尼斯・格根（Kenneth J. Gergen）—— 主編

宋文里 —— 譯註

茵特森創意對話中心
Center for Creative Dialogue —— 合作出版

敬獻本書以紀念

哈洛・谷力顯
（Harold Goolishian）

目錄

社會建構論的發展與歷史回顧

吳熙琄（茵特森創意對話中心創辦人和執行長）

　　看著 2017 年中文版的《翻轉與重建：心理治療與社會建構》，把我帶回此書英文版出版的 1992 年，也就是四分之一世紀之前的時光，當時的我還在念博班。此書出版的那個年代，社會建構的思潮才剛萌芽，我和同學們視此書為珍寶，貪婪地閱讀，希望在此思潮的資源尚未很充足時，盡可能地捕捉、吸收任何值得學習的東西。這本書也是我參加博士班資格考的重要參考書籍。

　　在 2017 年九月，我閱讀著中文翻譯，二十五年前購買的英文原文書守候身旁，以備我需要中英對照時能隨手翻閱。歷史的洪流在我的腦海流過，想到 1992 年的時空脈絡，想到現在 2017 年華人與社會建構關係的脈絡，想到未來可能的發展，對我而言是一種很特別的經驗。似乎在閱讀中經驗著歷史，對社會建構的發展再反思，打開了我原來閱讀此書沒有預料到會產生的想法。

　　霖‧霍夫曼（Lynn Hoffman）是家族治療發展的反思者，她總是能看見家族治療是怎麼演化的，她會整合最新的發展，用她睿智的文字告訴大家。在 1992 年，反思的思維才開始在家族治療中發展，霖馬上看到它的意義和價值，在第一章中談論反思是挪威人湯姆‧安德生（Tom Andersen）發展出來的一種深思熟慮的儀

式，值得當時的專業工作者去思考和運用。張老師文化出版社在 2005 年出版的《行動的反思團隊》（*The Reflecting Team in Action: Collaborative Practice in Family Therapy*）已在華人地區被大量閱讀和使用，反思的精神在華人的土地上一直持續進展和實踐，我個人也在持續推動反思的同儕督導和網路督導。

讀至賀琳・安德森（Harlene Anderson）和哈洛・谷力顯（Harold Goolishian）共寫的第二章〈案主是專家：「不／知」的療法〉，想到哈洛・谷力顯是在 1991 年十一月過世的，享年六十七歲，而這本書在 1992 年哈洛過世後出版，賀琳繼續往前走，把他們二人和團隊合作的理念發揚光大。我覺得賀琳的努力和堅持特別感人，她在 1997 年首次出版的 "*Conversation, Language and Possibilities*"，已在 2008 年由張老師文化出版社出版，中文書名為《合作取向治療》，2010 年另出了譯本《合作取向實務：造成改變的關係和對話》（*Collaborative Therapy: Relationships and Conversations that make a Difference*），這二本書受到許多華人的喜愛，擁有眾多讀者。2013 年茵特森創意對話中心在台北成立，首度在亞洲引進國際合作取向治療認證，讓更多喜歡合作思維的人可以有更好的系統學習。

湯姆・安德生是反思團隊的發起者，也是我極敬重的老師，他在 1991 年首次出版《反思團隊：對話與關於對話的對話》（*The Reflecting Team: Dialogues and Dialogues about the Dialogues*），引起全世界心理學界極大的震撼，受到專業界特別的關注。因此在 1992 年出版的《翻轉與重建》中，湯姆受邀所寫的反思的價值和意義非常重要，而反思的思維與實踐在華人世界也逐步受到關注。很可惜我們無緣親炙湯姆的教導，他已於 2007 年過世，享年

七十一歲，但他的反思學說一直是我努力推動的方向。

　　義大利的吉恩弗蘭可・切欽（Gianfranco Cecchin）是米蘭家族治療團隊早期的成員之一，在本書第六章中，他對米蘭學派做了反思，提到他們過去如何用不同的方式看待家庭（例如用戰場中的遊戲），如何對家庭進行干預（例如矛盾取向方法的干預），到後期覺得上列方式不再適用，放下家庭在戰場中用遊戲面對彼此的思維，發現對家庭工作更有幫助。他也受到賀琳・安德森和哈洛・谷力顯的影響。這些在歷史脈絡中做出對家族治療如何實踐的思索，相信也會帶動 2017 年閱讀此書的讀者們，反思在自己的土地和家鄉中如何與家庭工作。在歷史中看變化，也一定會對現在以及未來的我們產生激盪。

　　大衛・艾普斯敦（David Epston）、麥可・懷特（Michael White）與克文・莫瑞（Kevin Murray）共同撰寫的第七章，在此書出版的 1992 年，對當時的專業界也極具啓發力。麥可・懷特和大衛・艾普斯敦在 1990 年首度將他們的敘事工作在美洲出版成書，他們撰寫的 *"Narrative Means to Therapeutic Ends"* 引起許多人的關注和興趣。心靈工坊在 2001 年出版此書，中文書名爲《故事・知識・權力：敘事治療的力量》。2008 年張老師文化出版社出版麥可生前寫的最後一本書《敘事治療的工作地圖》（*Maps of Narrative Practice*, 2007），這本書集結麥可一生敘事工作的精華。敘事在華人地區極受大家的喜愛，有許多人投入敘事的諮商、團體、教學和研究工作中。我在 2005 年由美國返台定居，將過去多年從麥可身上學習的敘事治療與台灣、大陸的華人做許多的分享，包括工作坊、顧問與督導工作。而台灣、大陸現在也有許多的敘事教學老師。2017 年心靈工坊邀請美國的吉兒・佛瑞德門（Jill

Freedman）到台灣來教學，相信也會帶給本地人更多的學習和扎根。在本章的書寫中，看到大衛・艾普斯敦對案主蘿絲寫信的用心，他願意一封一封的寫，陪伴蘿絲看見更多以前她沒被看見的故事，讓蘿絲更理解自己、更踏實、更有能量。大衛的工作既踏實而又深刻。再有麥可・懷特和克文・莫瑞的加入書寫，更讓本章特別感人！

　　加拿大的卡爾・托畝（Karl Tomm）和他服務的家庭共同書寫的第八章也讓人印象深刻。卡爾指出關係中有哪些病理化互動的型態，進而找出治療性互動型態的處方，試著去外化增強對夫妻會帶來療癒的互動辨識力。卡爾是一位精神科醫生，對家庭及夫妻的工作非常重視，尤其對具有療癒的互動模式，多年來做了很多的實務工作，包括教學和研究。他也在和家庭工作中不斷研發建構對家庭有助益的工作方式。與家庭共同書寫特別啟發人心！我也曾經在過去邀請當年的博班同學，莎莉・聖喬治（Sally St. George）和丹・沃夫（Dan Wulff）從卡爾的家庭治療中心來台教學。

　　第九章的作者威廉・哈德森・歐涵隆（William Hudson O'Hanlon）受到米爾頓・艾瑞克森（Milton Erickson）的影響，有他獨特的工作和催眠方式，他傾向於往資源、解決方向走去，重視問題的解決之道，對語言背後的譬喻特別重視。在台灣也有翻譯他的書：《心理治療的新趨勢：解決導向療法》（*In search of Solutions: A New direction in psychotherapy*, 1989）由台灣的張老師文化出版社於 2007 年出版。他重視效率，所以和個案工作時，「教育」可能比「好奇對話」要素多，是個比較專家式的做法，但他是一位有建構理念的諮詢師和好老師。

　　在第十章中，巴西的安尼拔・科埃洛・德・阿莫林（Annibal

Coelho de Amorim）和法蒂瑪‧貢薩爾維斯‧卡瓦爾坎特（Fatima Gonçalves Cavalcante）透過偶戲去看失能者的標籤是怎麼來的，去理解失能者在社會文化脈絡中的位置被降低，從而在解構的過程中去看到失能者想如何被看見、被理解，由失能者為自己在社區中定位，而非交給社會迷思來定位。這是一個社會建構論如何在失能社區中敘事解構的創作實踐，特別感動人！不知道二十五年後他們的工作進行得如何。我的理解是台灣有聲人劇團、殘障舞蹈和輪椅舞蹈等，透過藝術可以和不同的生命狀態創作、整合，希望讓更多不同的人被看見，並讓他們生活得更自在。

在 1992 年本書出版當時，後現代思想、社會建構論在心理諮商領域尚處於萌芽的階段，對這些理論的整理和實踐運用都才剛開始，當時的資源也沒有這個時代那麼豐富，因此第十一章的二位作者肯尼斯‧格根（Kenneth Gergen）和約翰‧凱依（John Kaye）很努力地整理出現代與後現代的差異，特別是後現代重視的是什麼；二十五年過去了，我們身在「後現代」的今日，發現他們所開拓的理念豐富無比，也更加成熟。在二十一世紀的 2017 年學習後現代和社會建構，與 1992 年當時實在不可同日而語。心靈工坊近年連續出版了格根的兩本書：一本是《醞釀中的變革：社會建構的邀請與實踐》（2014）（*An invitation to social construction*, 1999），另一本是《關係的存有：超越自我，超越社群》（2016）（*Relational being: Beyond self and community*, 2009）；據我所知，目前有許多人在讀書會討論這兩本書。我相信讀書會也是一個將理念有效扎根本土的過程。

第十二章作者席拉‧邁可納米（Sheila McNamee）從「危機」的論述著手，發現原本以個人為核心的普遍論述轉移到危機的論

述，其實是關係的產物，以及轉化自我認同的機會；她試著用另外一種後現代的視野來看危機。不同的論述會建構不同的危機感和不同的關係。這是二十五年前的文章，2017 年讀來仍然深獲啓發，讓人對危機的論述有更深刻的反思。如何從危機中的關係，開發出新的對話與可能性，而不停留在危機只是個人的事情。這本書是席拉在台灣的第一本翻譯書，相信她和肯尼斯‧格根所編輯的這本書，對大家學習社會建構如何運用在心理治療上會有更多的啓發。

很有趣的是這本書包括了第十三章對建構論提出的批評論述，而不僅止於前面幾章的接納立場。本章的作者關注家族治療的實踐和運用，傑‧S‧艾彿然（Jay S. Efran）和耒絲麗‧E‧克雷費德（Leslie E. Clarfield）覺得社會建構論的中立立場、平等序位、改變的自然發生應該有所調整。二十五年已過去，不同的質疑陸續產生，和社會建構間的對話也會不斷流動，我想社會建構論隨著不同的質疑、不同年代與地域的發展，它本身就在不斷的建構中，質疑也是對話與建構的一部分。

在閱讀此書的過程中，想到焦點解決的二位老師茵素‧金柏（Insoo Kim Berg）和史帝夫‧德‧謝澤（Steve de Shazer），他們夫妻的工作也浸潤著社會建構的精神，可能在本書出版時，他們才開始發展，還沒機會受邀爲本書寫些東西；也或許因爲篇幅的關係，很難把眾人的理念都放進來。但閱讀這本書，不禁讓我想到他們夫妻倆。

寫這篇書序於我有很特別的感受，和受邀寫其他書序很不相同；透過這篇序文，我似乎也在檢視、整理自己這十幾年來做過什麼，看見自己在華人的社會建構理念與實踐的歷史中，扮演著一個推動與參與的角色，逐漸打開另個反思空間，並自問接下來我如何

往前走？如何和大家往前走？

　　謝謝宋文里老師的翻譯，他的翻譯總是精準而細緻。這本書對我而言是有情感的，開啓了年輕時的我對社會建構的初識和了解。也謝謝心靈工坊不畏艱難將這本書帶入中文世界。由衷祝福大家在閱讀中收穫滿滿，啓發更多屬於自己的知識與想法！

復見天地之心：當心理為治療社會之學

丁興祥（輔仁大學心理學系教授）

「物不可以終盡，剝窮上反下，故受之以復。」

——《易經·序卦傳》

「出入無疾，朋來無咎。反復其道，七日來復。利有攸往。」

——《易經·復卦》

　　心理學家艾賓豪斯（H. Ebbinghaus, 1850-1909）曾說：「心理學有個長長的過去，短短的歷史。」這句話的意思是，「現代心理學」出現在十九世紀中葉，距今也不過一百多年，歷史是很短的。

　　心理學在今日通常被定位是「科學」的一支，而且屬於「自然科學」。一般心理學教科書，或是心理學史，常將德國萊比錫大學的馮德（W. Wundt）於 1879 年創建第一所心理學實驗室，標誌為現代心理學的誕生。這樣的「定調」，近年來引發不少爭議，甚至認為是一種「建構」的迷思（myth）。雖然如此，現代心理學畢竟是十九世紀中葉的產物，帶有「現代性」的胎記。當時也許只是機緣，如今，卻成了心理學的固戀（fixation）。如果將現代心理學比作一個人，童年的「認同」（identification）是不易擺脫的。

十九世紀流行的思潮，如實證主義（positivism），機械論、自然科學興起就成了「現代心理學」的「認同」。這樣的「認同」，當然不是發生在眞空之中，是鑲嵌在特定的歷史及文化之中。

現代心理學主要是發生在歐洲，逐漸擴散到世界各地。傳到了美國，又在美國文化脈絡下，逐漸朝向「實證」與「實用」。美國心理學界有其自身的文化偏向，逐漸擺脫了馮德的意識研究，形構了一種「新」的心理學——行爲主義（behaviorism）。當時最有名的心理學家是華生及史基納。風行之下，連美國心理學創始的心理學家威廉·詹姆士（W. James）都漸被淡忘。行爲主義心理學主張，心理學的研究主題是行爲（可觀察），研究則侷限於「實驗室」方法，企圖建立成一門「眞正」的科學，就像物理學、數學那樣，而原有的研究主題（意識、心理結構）漸漸被排除了。

這種削足適履、張冠李戴的心態，對心理學的發展是不適當的。當時就有人批評行爲主義意識形態太過度，就好像「倒洗澡水時，不小心把小孩也倒了。」即使如此，當時行爲主義卻成爲現代心理學的「主流」，方法上也成了「典範」（Paradigm）。在十九及二十世紀其實亦出現許多豐富多元的心理學研究與論述，然而在主流典範的支配下，逐漸遭到排除、剝落。現代心理學興起，反倒像是《易經》中的「剝」卦，是不利攸往的。

然而，物極必反，剝極將復。「反者，道之動」。到了 1970 年代，許多心理學家已開始反思自己的「身分認定」（identity）及心理學的處境。開始重新思考，重新定義「心理學」的主題及方法。科學史家庫恩（T. Kuhn）提出的科學發展及演變，有科學革命（典範轉移）的現象。科學的知識及方法的「典範」，是當時科學社群共同的認定，並不是永恆的。而科學革命（或進展）是一

種典範變遷的歷史現象。庫恩的挑戰也許激起了許多心理學家反思自己學問「知識」產生的「社會條件」。這是「知識社會學」的問題。其中首先在「心理學」發起挑戰的異議者之一，正是格根，也是這本書的編者之一。

我是在 1980 年赴美讀書的，留學的目的是去學「科學」的心理學，沒想到上研究所的「社會心理學」討論課時，教授就要我們讀一篇格根（Gergen, 1973）發表的文章：〈心理學宛若歷史學〉（psychology as history）。當時好像受到當頭棒喝的震撼。格根的反覆論證，說明了心理現象脫離不了「當時」的時空。心理學研究的對象及現象都是鑲嵌在（embedded）特定的時空中。心理現象是一種「歷史」現象，而「現代」心理學，卻採取了一種「去歷史」（ahistorical）、「去脈絡」的視框來看「人」與「世界」。這個假定是不成立的。格根這種對學科的挑戰並不是孤立的現象。系上的老師艾姆斯（Elms, 1975）也在《美國心理學家》發表了〈社會心理學家的信心危機〉，提出了類似的問題。甚至進一步延伸到「心理學家」自身的「身分認定」問題。1980 年代，不少心理學家揭竿而起，大力倡導「不一樣的」（另類的）心理學，在歐洲也同樣有一群心理學家揭竿而起，到了 1990 年代，這種趨勢更趨激烈，對主流心理學的挑戰一時如雨後春筍般，就好像「復」卦之卦象，一元復始。一陽生。〈象傳〉曰：復，其見（現）天地之心乎？

當「人文的」「另類的」心理學突破原有「現代心理學」之圍限，興起了許許多多不同樣貌的心理學（如：敘事心理學、批判心理學、質性心理學、現象心理學、詮釋心理學、女性主義心理學、後現代心理學等等）。如果我們用「後現代主義」以對比於「現代主義」，則後現代心理學的風潮，真是山雨欲來風滿樓。一種後

現代取向的「建構論」終於曙光再現。正如本書第一章所述，其批評的對象，是「現代心理學」的五頭「聖牛」：（1）客觀的社會研究；（2）內在的自我；（3）發展階段論；（4）情緒的特質化、普世化；（5）體系／層次理論。這些都是「現代心理學」的一種「假定」。而「社會建構論」是反對這樣的「假定」，另外主張：反本質論、反實在論，知識是歷史的、文化的，語言作爲思考之前置條件；以及重點放在社會互動、社會實踐，而非個人的心智結構或社會結構。這樣看來，傳統心理學（現代已成傳統）與社會建構論主要的差別，可能是對「人」的根本隱喻（root metaphor）的不同。隱喻本身是一種詩意的創造（poetic creations），但一旦隱喻被實體化（reified），就會凝固在信仰系統中，在形上系統就成了「實在」（being）。心理學家的「視框」（世界觀），往往是基於某種「隱喻」哲學。現代主義心理學家較以「形式主義」（formalism）及「機械論」（mechanism）爲根本隱喻，而「有機論」（organism）及「脈絡主義」（contextualism）則常被後現代「社會建構」心理學家所認定。「根本隱喻」的認定，是一種「視框」的擇定。「視框」（世界觀）的不同，造成了學科的「認識論」；甚至「本體論」的基本設定，會影響心理學者理論的建構及實務的發展。

　　本書採取「社會建構」取向，以不同於傳統心理學的「視框」來看待心理治療。本書初版發表於 1992 年，距今有二十五年了，雖是一本舊作，但仍未沒有中譯本。而當代心理治療的主要趨勢，往往仍沿用「專家體系」，依賴「數據」及「手冊」，將治療程序標準化，而且強調治療者要做「旁觀者」「中立化」，將案主「病理化」「本質化」。這種「醫學專家」模式（現代主義模式）正是

本書所要批判的靶子。本書可以爲當今的心理治療，打開另一種視框，仍有相當的啓蒙作用。而本書納編的文章，作者來自不同文化及國家，更可打破我們習以爲常的單一文化（美國）視框。

　　心理治療轉換舊視框，走出了「專家體系」，「案主」可以是「專家」，治療者與案主可以採「對話」模式，彼此共構共舞，共創「新局」「新故事」。替換「現代的」「醫療的」「科技的」故事版本，也許我們可以「用力轉向」，朝向形塑「社會建構的」「當事人中心的」「社群的」「在地的」「治療師與案主彼此參與的、共同協作的」新版故事，打破原有對人的「囿限的存有」觀，進入一種「關係的存有」（Gergen, 2016）。因爲我們彼此是相互聯繫在一起的，在關係中透過彼此「對話」，生命的意義會在彼此互動的關係土壤中開化結果。這樣的一個心理學視野，與其說是心理治療，倒不如說是在共同創造一個新「心」社會的心理學。

　　一本經典，可以打開我們的視野。而一本好的外國著作，須要好的中譯文作爲中介。良好的譯本可使原著的思想有了更大的讀者群。也許如同蝴蝶效應般，可產生長遠之後果。宋老師的翻譯力求精確，可能爲求一字之傳神，上窮碧落下黃泉。當年唐代詩人賈島爲求一字，而推敲數日，捻斷數莖鬚。從事翻譯者，想必有類似之經驗。尤其是許多心理學名詞，在現代漢語中仍處「尚待商榷」的狀態。好的翻譯是需要花好多工夫及時間的，讀者可在宋老師的「譯註」中見其功力及工夫。這本譯本的出現，可使讀者與原作者「直交」。無破不立。社會建構的行動透過「以文會友」「彼此共創」，進入一種「關係的存有」，或可帶來在地的一種「改變的社會建構」。

心理與社會的共舞：社會建構取向心理治療的當代性

林耀盛（臺灣大學心理學系教授）

　　心理治療的界定，無論是從廣度、深度或其他面向探究，需回到語境脈絡加以理解。然而，心理治療之為社會建構的論述，涉及語言的使用與誤用問題。

　　相傳，有一個故事。奧勒留在羅馬帝國時期，率領重裝軍隊攻打野蠻城邦（野蠻是相較於所謂的正典希臘），戰情緊急。於是，釋放獅子群要讓野蠻城邦戰士心生恐懼，再趁勢攻打。果然，城邦戰士從沒見過這種飼養於羅馬帝國特有種獅子，畏懼不前。於是，城邦首領就騙這些士兵說：這些動物是狗，不必害怕。牠們只是長得比較大隻的狗群。於是，這些士兵軍心大振，以對待狗的方式面對這些獅子，當牠們要咬戰士時，戰士就以群體力量趕走獅群。最終，打下一場勝利。

　　這事例的背後，從心理治療語境的層面探討，具備雙重意義。

　　一方面，語言具備「群量」功能，展現集體脈絡下的使用價值。把獅子說成是狗，這是一種欺騙。但在全體行動中所發揮的力量，無關真假，而是在矛盾不同向量的語言引力組合下，發揮最大的實用特性。同時，也因為是集體意志的共同認定，所以透過無形

的戰力，贏得語言戰場上的凱旋。

　　另一方面，語言是「私密」話語。每個人對於語言認定和交換價值，其實具個別差異性。如果事後，這位首領沒有解密，讓這些士兵認爲獅子就是狗，日後遇到獅子，以爲是小狗，就加以戲弄挑逗，反而可能遭受吞噬喪生。所以，虛構語言或寬慰言說，有時反而造成傷害，這就構成語言的倫理問題。

　　無論心理治療的集體共享語言或私密話語屬性，心理治療不是個體化的病理敘說，更涉及社會建構的意義生成歷程。過往，在實證論述的醫療健康殖民主義下，往往忽視心理歷程與社會建構的關連度。由席拉・邁可納米與肯尼斯・格根兩位編輯的《翻轉與重建：心理治療與社會建構》（*Therapy as social construction*，英文書名直譯爲「（心理）治療之爲社會建構」）一書，原版雖發行於1992 年，至今已是二十五年，我們才有翻譯本。但本書中文版的出版，仍是介入當代心理治療所面臨難題，可予以積極回應、激發思考的重要讀本。

　　當代心理治療的主要趨勢，一方面，朝向累積證據導向的訴求；另一方面，建立手冊化的發展，正是取消語言在不同脈絡下的語意效果，使得心理治療歷程，成爲一種「離心化」的孤立過程。但進一步反思，可知所謂的「證據」導向實踐，更不可忽略社會旨趣的身心改善觀點，以及人類存有處境觀點的安適關照。而「手冊化」的治療操作標準程序，固然提供了治療指南，但有時過度地仰賴既有標準的設定，就容易犯了普羅克魯斯汀（Procrustean）式思考的陷阱。亦即，無視於個別差異和特定處境的存在，通常以粗暴、隨意方式，將無關的項目聚集成類，以便構成症候群的診斷，而後嘗試以手冊的程式化程序加以介入。如此由「專家體系」所建

立的均質化標準治療反應過程，也編織了療癒途徑的各種現實面通道。然而，值得注意的是，如本書緒論提到，我們對於所謂現實的種種表示，若未經返身思考，往往不過是被我們居於其中的語言體系引導和限制所致。

在如此反思背景下，本書各章的探究，呈現重視語言、經驗和社會脈絡的心理治療，成爲解除標準化治療程序的一種策略，也是回應實證取向心理治療危機的意義行動。本書分成四大部分，分別是「理論脈絡的建構」、「實踐的形式」、「行動中的建構」，以及「反思與重建」。收錄的各篇文章，不同作者的書寫位置和案例討論或許有異，但兩位知名編輯者，以「社會建構」的立論爲書名，可知各論文共享的脈絡，大致上是呈現社會建構取向心理治療的反思實踐成果。

爲方便閱讀本書各文章的脈絡，按照學者過往的整理，略加說明社會建構論與傳統心理學的主要差異如下。（1）反本質論：有人誤解社會建構論強調文化與歷史的殊異性，以對詰於生物因素對人性的影響，所以社會建構論只是傳統「先天－後天」爭辯的延伸而已。不過，社會建構論反對人性具有決定性的任何本質，社會世界與人類本性是社會歷程下的產物。（2）反實在論：社會建構論反對知識是對「眞實」（reality）的直接知覺結果，認爲沒有所謂的客觀事實，不以靜態實體的概念進行解釋，側重以社會動力學的方式解釋現象。（3）知識是具有歷史的與文化的殊異性：知識對人性的描繪並非具普遍的有效性原則，應當考量的是知識在社會實踐過程中，所涉及的人類／知識互動的社會心理生活。（4）語言作爲一種思考的前置條件：我們對世界的瞭解方式不是來自於客觀事實，而是來自於周遭他者、我們的過去與未來。語言是理解世界

的重要媒介，語言不僅是表達自己的一種方式，也可以視爲社會行動的形式。（5）焦點聚放在互動歷程與社會實踐：社會建構論者對於人類行爲的解釋，不是單從個人心理或社會結構進行發現，亦從人我之間的互動歷程加以言詮，強調歷程甚於結構。

　　心理治療之爲社會建構的思路，無非顯示個案是自己改變的專家，無論是就晤談內容（個案知曉自己的狀態）或是晤談歷程（個案溝通的方式或語言），都是一種專家。治療者與個案的共同任務不是去觀察與診斷，而是一起打開被隱藏的狀態。治療歷程的重心在於資源的開探，而不是問題呈現，進而促發成長的能力。若只是將治療視爲以客觀證據爲基礎的科學，將會導致否定人們經驗的根本特性（如可能性、可變性、關係、獨特面向）。

　　另外，本書名的另一個關鍵詞是治療（therapy），希臘字根是 therapeia，意謂服務（service）、關注（attendance）和療癒（healing），更指向參與照顧行動的投注性與自由度，而非單向度的介入。由此，本書收錄的文章，涵蓋了當代社會建構取向重要的心理治療篇章，無論是概念重探，或是實例的展演，以及投入心理治療工作的倫理反思與返身批判，顯示了人文關懷的公共服務精神的落實與投入，更是研究成果的展示。當然，由於這是編輯的論文專書，或許，無法完整地提出心理治療的論述。但本書中文翻譯的出版，多了一本得以參照對話的資源庫，不同取向心理治療的互爲激盪，無非還原了人類受苦情狀的多樣性。

　　由此，本書舊作新譯的重要性，在於提供思考能量與行動資源，將可促發與證據導向、手冊化趨勢的心理治療方法的對詰，使得既有的心理治療疆域概念，得以不斷地被消解與重建。隱喻地說，若實證取向心理治療的堡壘是一顆水晶，社會建構的論述策

略，不是爲了進入已經固化的晶體範型之中，而是要自現有的晶面上重新結晶，在當下文化、政治、社會、種族、性別等交錯而成的語言介面上，凝煉成自身簽署的新晶面。亦即，無論是在自身或者他人的關係，我們不只是被鑲嵌在關係裡，自我就是自己的作者。但如何成爲自己，閱讀本書各章節，就是進入不同他者的歷程，將帶領著我們看到人們關係裡的自身處境。閱讀時，不帶著先見，而是在與他人相遇的過程中，帶著好奇、驚奇和不／知（見本書的討論）的態度，與他者遭逢。如此，或可理解本書透露的聲音，召喚著臨床治療並非單純只是一個治癒的現場，更是一個納入哲學思考的人文渴望。

本書的中譯版，是遲到了些，但也接引了人文渴望，間接回應余德慧教授生前所反覆提過的，人類受苦經驗本身遠大於症狀病徵，人文膚慰的柔適照顧，也超過症狀消除的治療。此刻，本書中文版的到來，是一種異地轉化的在地實踐。當然，本書翻譯者，宋文里教授的功夫與素養，必須提上一筆。宋老師曾自況爲老兵，老兵更要留在心理學戰場上，可以再耕耘、創造和接招無盡的議題。閱讀本書，我們再度參與、遇見退休後的宋老師，依然在心理學界中，以精準的經典翻譯傳遞知識與引介思想，是退而不休的人文療癒實踐者。我們有了宋老師以老兵精神灌注的此書，人文不凋零，仍待有識者。讀者透過此書的閱讀反思，或許，也能將固化的概念疆域鬆動解消，繼而轉化自身晶面的各種可能性，重塑自我多樣性的實踐之路。

譯序

宋文里

　　在本地出版的名著翻譯中，有個極有意思的慣例，就是常會先看到幾篇「推薦序」——譬如本書就有三篇——這等於把「譯者序」的工作分攤開來，可以感受到他們共襄盛舉的熱忱。有了這些不同觀點的序言，也已把本書的背景作了簡練又深入的說明，譯者就可以繞開這些該說的話，另外談些其他的前提脈絡。

＊＊＊

　　「心理治療」（psychotherapy）、「精神分析」（psychoanalysis）、「精神醫學」（psychiatry），這三個字眼所指涉的知識是否都屬於「心理學」（psychology）的範圍？——由於這些名稱都帶有 psych 的字首，許多讀者會以為答案應是肯定的，但在學院心理學中，心理治療屬於「臨床心理學」和「諮商心理學」這些次領域，而另外兩個 psych 則在絕大多數心理學系課程中都會予以排除：精神醫學屬於醫學院，而精神分析在我們的學院中基本上是無家可歸。俗話所稱的「心理醫生」比較常指精神科醫師，或是指心理治療師（簡稱「心理師」），但後者又是指拿到臨床心理師、諮商心理師證照的治療工作者，他們不是「醫生」。

　　用上述的說文解字來為這篇譯序開頭，其用意何在？事實上，根本的問題在於：許多人對於「心理學」這幾個字構成的學問有很多自然的期待，但是學院心理學卻會使這些期待落空。把很多期待加上「心理學」，譬如「愛情心理學」、「性格心理學」、「經營者心理學」、「領袖心理學」等等，其實在學院心理學中即令能約略觸及，但心理學對這些問題的貢獻其實一直都乏善可陳。只要講出其中一點點道理，讀者就會明白：學院心理學首先把自己定義為「科學心理學」，而這種科學的基本信條是：他們研究事實真相（factuality），至於什麼叫「事實」，心理學只知有那麼一些「就在那裡」的事態，只要作客觀的蒐集、調查，然後經過科學方法的分析，就像釀酒一樣，即可從原料中釀出酒來。如果我們進一步追問：那些事態原料到底是什麼？很多從事心理學研究的人都相信：那應該是可用「操作定義」來指稱的行為、態度、認知、意見，乃至性格傾向。但長久以來，這個看似天經地義的學術信條卻在二十世紀八〇年代以來，在一種堪稱為「後現代知識運動」的興起後，被敲得粉碎。人類所有的「行為、態度、認知、意見、性格傾向」等等，其實都是指某種社會過程（social processes），而這些社會過程也都是指人和人之間的關係，永遠處於動態之中，不是任何操作定義可以將它凝固下來的。科學心理學發展出來的研究方法基本上都已經失效——假若它以為可以回答那些愛情、性格、經營者、領袖之類問題的話。

　　但很顯然的是，心理治療這門專業確實一直在處理那些學院心理學所不能處理的問題——他們自始至終都必須浸潤在「社會過程」之中，必須知道這些過程是永遠處於動態，沒有操作定義的空間。如果過去的心理學曾為這些工作者提供什麼理論基礎的話，嚴

格來說，曾經有過的種種心理治療理論，沒有哪個理論眞正可以指導心理治療的實踐——就連行爲治療法的理論也不能指導整套行爲治療法的實踐。可以說，全部理論都必須根據動態關係的社會過程來做全面翻修。這是「社會建構論」（social constructionism）以及類似於此的後現代知識運動推出之後，才會讓心理學驚覺到自身之不足。這個運動在許多人文／社會科學中都已經分別展開，只是心理學啓動得比較晚些而已。

* * *

格根的〈現代心理學中的社會建構論運動〉一文在 1985 年刊出，[1] 可視爲這個運動的發起宣言。本書即是以格根闡釋過的理論爲核心，由格根和席拉・邁可納米合編，也是諸多社會建構論叢書中和心理治療關係最密切的一本。所有的內容都和家族治療或團體（社群）治療有關。聽起來似乎讓人以爲這是在個別治療以外另闢蹊徑的治療法，但編者們沒特別標示「家族（社群）治療」，而只稱之爲「（心理）治療」，[2] 是因爲——大多數人不會聯想到這麼根本的概念竟是佛洛伊德說的——從來沒有個體心理學，一切心理

1　Gergen, K. (1985). The social constructionist movement in modern psychology. *American Psychologist*, 40: 266-75. 本文可在網路上看見全文的 pdf 檔：https://www.researchgate.net/profile/Kenneth_Gergen/publication/302871718_The_Social_Constructivist_Movement_in_Modern_Psychology/links/5732178808ae9f741b2353b1/The-Social-Constructivist-Movement-in-Modern-Psychology.pdf

2　原書名不用 Psychotherapy，而逕用 Therapy，但在英語的語境中，Therapy 就是指「心理治療」，而非泛指所有的治療。

學都是社會心理學。[3] 同時，就我所知，把「建構」作為詮釋方法的基本理念，也應從佛洛伊德開始講起。[4] 格根以及後來的建構論者多半沒提到這個理論的先祖，他們認為最接近於這一波社會建構論運動的根源是在知識社會學興起之時，而其代表作是伯格（Peter L. Berger）與盧克曼（Thomas Luckmann）合著的《社會實體的建構》。[5] 社會建構的對象是「現實」（reality）──或稱為「社會現實」也好──所以「建構什麼」就碰上了這個無邊無際的大哉問，但同時也讓我們知道：社會建構論乃是針對整個社會現實而提出的全面挑戰，或對於社會現實提出全面的重新詮釋。特別在心理學應該關切的人心及其問題（失調？疾病？）要從根本之處翻轉我們的常識（譬如愛用「主觀／客觀」的二分法），來重新塑造各種關係的可能性與意義。

　　要翻轉我們所知的一切「關係」，這就無可避免地會從每個人最切近的家族關係開始，來作為建構的第一個實作方案。還有，心理治療自從佛洛伊德開始，就把關係的第一場域設定在「此處此刻」（here and now），也就是說，進入治療關係之中，治療現場變成首要的關係，所謂「明心見性」、「直指人心」，原來就是社會建構論不斷強調的現場性（presence）和返身自省性（reflexivity），看似在治療某種失調或疾病，其實都是以治療現場中所發生的關係作為直接的處理材料。在眼前不斷發生的事態，不是什麼客觀事實，而是共同參與的社會建構，要說它是什麼「事實」，說時遲那時快，剛才的事實瞬間化為眼前有待詮釋的事態，沒有什麼操作定義可予以捕捉。

＊＊＊

回頭來談談「格根的理論」。本書是我在翻譯過格根的近作《關係的存有》之後，倒過來翻譯他和別人合編的較早著作，比《關係的存有》早十五年出版。我從 1996 年開始在研究所開授「文化心理學專題」的課，在眾多可能的讀物中特別相中格根所著、所編的幾本書，而「社會建構論」則成為文化心理學之中一種必不可免的理論。當時我並沒特別把這理論稱為「格根的理論」。事實上，在幾個出版社所編的「社會建構論」叢書中，除了格根以外，也都可能包含其他幾位具有倡議者地位的作者或編者所出的書。這些人物舉些例子來說，包括：傑羅姆·布魯納（Jerome Bruner）、傑夫·庫爾特（Jeff Coulter）、羅畝·賀瑞（Rom Harré）、約翰·蕭特（John Shotter）、亞安·瓦辛納（Jaan Valsiner）等等，也包括回溯到更早一代或二代的愛德華·薩丕爾（Edward Sapir）、列夫·維果斯基（Lev Vygotsky）、班傑明·李·霍爾夫（Benjamin Lee Whorf）等人。在理論基礎的問題上就會出現一些不同於格根的強調，譬如把主題設定在語言學（語意學、語用學）以及象徵符號[6]上，雖然格根在他的書中都會提及一些與此有關的問題。而在本書所收的文章中，大多數作者對於「語

3 佛洛伊德在《群體心理學與自我的分析》（1921）一書中，開頭就說：「……在個體的心理生活中，不可避免地要涉及……某個別人。所以個體心理學……同時也就是社會心理學。」參見熊哲宏等（譯校），收錄在《弗洛伊德文集》（卷六：51），長春：長春出版社，2004。

4 見佛洛伊德（1937）〈分析中的建構〉（Constructions in Analysis, in Standard Edition, vol. XXIII, 255-70）（宋文里譯）未出版講義，2017。

5 Berger, P. and Luckmann, T. (1966). *The social construction of reality*.《社會實體的建構》，台北：巨流，1991。這譯本的標題中出現的「社會實體」實係指（社會）現實。

言」的問題也有頗高的問題意識。這裡要談的就是：在社會現實之中，知識和語言不是孰重孰輕的問題，其重要性可說是相互定義的。前文所談的「社會過程」，或是「建構過程」，實際上都是以語言為根本始得以進行的。在「主流心理學」中，對此問題的意識幾乎等於零，於是才會有各種各樣使用語言編製的心理量表、問卷等研究工具，對於語言的操弄可說是粗糙的去脈絡化，嚴重到令人慘不忍睹的地步，譬如把語言構成的測驗題當作「標準化刺激」，然而真正的人類語言交談過程中，絕不可能有這種東西產生，這些使用「標準化刺激」來作研究的人，對於自己所犯的錯誤都是無感的。假若心理學研究者不能直接接觸現代語言學的研究，至少在碰到社會建構論之後，也應該開始意識到自己對於語言的誤解有多深——整個「主流」的訓練都是導致這種謬誤認識的罪魁禍首。

$$* * *$$

在我的課堂上，自從文化心理學成為主題之後，社會建構論成為必要的組件之一，我們的上課方式也有很大的變化。我們和別的課程一樣，也是讀指定讀物，然後進行討論。但我們不是只做些ppt，用摘要的方式「大略」談談讀物的內容。我們逐漸演變為選擇精要的讀物，要每位報告者先把全文翻譯一遍（所有的讀物，除了極少數例外，都沒有現成的中文翻譯本可用）。做為教師的我，會把翻譯文字全部讀完，進行逐字逐句的修訂。翻譯不只是一種機械的函數換算，而是表現理解的方式，翻譯者在翻出的文字（語言）中變得無所遁逃。我們可以選擇重要的誤解來進行討論「為什麼難解」，也可以看到一些精彩的研究實例表現在一些語言的描述

或對話的謄錄之中。這些難題或精彩的實例，有些時候除了翻譯字句之外，還必須「翻譯」當時的語境，也就是話語來回之間的背景。我們閱讀這些語言，除了字面上的瞭解，還更需瞭解「字裡行間」的意義——在此，回顧一下上文所說的「標準刺激」，才更能體會其間的粗淺／奧妙之強烈對比。

　　心理治療實際上是提供很多對話語料的一種文化實踐方式，其中有最多微妙而關鍵性的關係表現——包括改變的發生，也就是說，把建構變為解構到重構的過程。臨床的心理學就是表現並發現人類語言如何精妙的一門知識，而這種知識會自動從閱讀延伸到課堂上的討論中。

　　我們都活在語言中，包括我們所謂的「心理生活」，基本上都是「語言生活」。心理學訓練要能夠活在其中，那麼，把課程做一番改頭換面的大翻轉實係必要之舉。但說到這裡，我們也會立刻意識到：學院裡的「政治變革」談何容易？很多「大老」們只要說一句：「我不懂你在說什麼。」[7] 就可以把這些「後現代轉向」變

6　很多人把這處理此一主題的學問，即 semiotics，稱為「符號學」。我曾寫了一篇研討會的文章，說明既有的漢語翻譯「符號學」是個嚴重的誤譯，理由不難懂：這是一門關於 the sign 的科學（science of the sign），符號僅僅是其中的一部分，而不能包含 the sign 的全部。對於這方面的幾個術語，我在該文中都作了些必要的商榷，故不在此贅述。請參看 Soong, W-L. (2013). Modelling and Mismodelling: Problems in Some Chinese Semiotic Key Words（型擬與誤型誤擬：幾個漢語「符號學」關鍵語詞的商榷）。愛沙尼亞塔爾圖大學（Tartu University）舉辦的型擬（Modelling）研討會論文，未發表。

7　一點點言外之意：學院的「主流」總是由一些上一代的「大老」們所把持。他們共有的特徵除了「老」之外，其實更在於他們沒有「活到老，學到老」的能力。把持等於固著，這是個反動態的公式。

為一種笑柄。他們愛用的說法叫做「偽科學」——這說法用返身自省的方式，還諸其人，也都可以說得通：科學心理學抄襲物理學方法，使用先進儀器卻只會套用低階的數學來讀這些數據，對於詮釋學幾乎永遠無法入門。這些種種，只要對照本書的各種展示，實在不難看出；我們不需發「讀聖賢書，所為何事」之嘆，只要對照主流教科書和這本社會建構論的一些研究舉隅，應該很容易理解：我們的知識實踐孰優孰劣。

＊ ＊ ＊

關於本書的翻譯，實際上全文都曾經作為輔仁大學心理學研究所 2014 年秋季班「文化心理學專題」的指定讀物。每一章都先由選課的研究生作過初次的翻譯，然後，就像上文所說，經過我的修訂後進行討論。當然這樣的翻譯其實還是謬誤處處，對於我的翻譯工作而言，只等於讓我有先行詳閱一遍的機會。最後的翻譯還是由我自己重新來過。只是，這過程中幾位研究生，我要在此嘉許他們的努力投入，這些學生中真正有貢獻的是：陳永祥、王東美、王嘉琴三位。

本書雖然以社會建構論來貫通全書，但對於其中不易貫通之處，我甚至要引用一句特拉維夫大學來台客座的語言學教授羅伯特·里斯[8]表示的看法：所有由不同撰稿者的文章編輯而成的書，都應叫做「非書」（'non-book'），因為作者群各自有不同的背景，因此文章風格各異，旨趣不盡相同；甚至還有些作者的母語不是英語，文句也不見得都很順暢。翻譯此書比起翻譯格根《關係的存有》，就是迥然不同的體驗。在後者，我曾表示自己「樂在其中

且遊刃有餘」；但對於本書，我只敢說「盡力而為」。希望讀者對這兩本書不要抱持同樣的期待。當然，如有錯謬之處，其文責就都應由本人來承受。還望高明之士不吝賜教。

---

8 國際知名的語言學教授羅伯特・里斯（Robert Lees）是在 1986-87 年間到清華大學客座。我們住在同一棟宿舍，經常碰面。關於「非書」的意見，我是親耳聽他說的。

撰稿者簡歷[1]

湯姆・安德生（Tom Andersen）

前為一般科醫師，後受聘為精神科醫師。他也是特倫梭大學（University of Tromsø）醫學院的社會精神醫學教授。他最著名的是創造了一種很有革新性的「反思位置」（'reflecting position'），也是《反思團隊》（*The Reflecting Team*, 1991）一書的編者。

賀琳・安德森（Harlene Anderson）

休士頓的葛爾維斯敦家庭研究所（Galveston Family Institute）主任，同時擔任以下兩種期刊的主要審稿人：《策略與體系治療期刊》（*Journal of Strategic and Systemic Therapy*），《人類體系：體系諮詢與管理期刊》（*Human Systems: the Journal of Systemic Consultation and Management*）。她曾經是許多專業著作的主要作者或第二作者，並與哈洛・谷力顯合撰了一本（即將出版的）書：《心理治療的協作語言體系取向》（*A Collaborative Language Systems Approach to Psychotherapy*, Basic Books）。

法蒂瑪・貢薩爾維斯・卡瓦爾坎特（Fatima Gonçalves Cavalcante）

巴西的完形心理學家。她曾與阿莫林博士（Dr. Amorim）合作，主持一個藝術的團體治療活動，而這是她後來為本書撰文的

起源。目前她任職於巴西里約熱內盧市伯多祿二世精神醫療中心
（Pedro II Psychiatric Center）的兒童神經／精神醫院，擔任住院與
外診醫師。

吉恩弗蘭可·切欽（Gianfranco Cecchin）

目前是米蘭家族治療中心（Centro Milanese di Terapia della
Famiglia）的副主任，也是家族治療的米蘭模型之共同開發者之
一。他是《弔詭與反弔詭》（*Paradox and Counterparadox*, Aronson）
以及《米蘭體系療法》（*Milan Systemic Therapy*, Basic Books）
兩書的共同作者，也撰寫過關於家族治療的其他論文多篇。

耒絲麗·E·克雷費德（Leslie E. Clarfield）

擁有梵德必爾大學（Vanderbilt University）心理學理科碩士學
位，目前在天普大學（Temple University）繼續攻讀臨床心理學的
博士學位。

安尼拔·科埃洛·德·阿莫林（Annibal Coelho de Amorim）

巴西的一位神經科醫師，也是一位完形心理學家。在過去十二
年中曾經參與里約熱內盧的心理健康與復健實務工作。他曾經擔任

1　譯註：這裡的簡歷資料係為出版當年的狀況。作者們的簡歷都有些變化，有些標註
　　為「即將出版」的書也都已出版。

衛生部／國家衛生署兒童神經精神科醫院的副院長。目前仍任職於
該醫院。他的作品結合了建構論和錄影，針對的是青少年。

傑‧S‧艾彿然（Jay S. Efran）

費城（Philadelphia）天普大學心理系教授兼任心理輔導中心主
任。他也曾任臨床訓練學程的主持人，合著的書是《語言、結構、
與變化：心理治療的意義架構》（*Language, Structure, and Change:
Frameworks of Meaning in Psychotherapy*, Norton, 1990）。

大衛‧艾普斯敦（David Epston）

紐西蘭的奧克蘭市家族治療中心副主任。他曾與麥可‧懷特
（Michael White）合著有《故事‧知識‧權力：敘事治療的力量》
（*Narrative Means to Therapeutic Ends*, 1990），《經驗、矛盾、敘事
和想像》（*Narrative, Contradiction, Experience, and Imagination*, 1992）
兩書。他的《著作選集》（*Collected Papers*, 1989）由南澳洲阿德雷
德市的達爾維奇中心出版社（Dulwich Centre Publications）出版。

蘿拉‧甫露葛理（Laura Fruggeri）

在巴馬大學（University of Parma）教社會心理學，同時也是米
蘭家族治療中心的一位教師。她寫過關於體系思維以及社會建構論
運用在人際與社會關係分析的幾本書和若干篇文章。

肯尼斯・格根（Kenneth J. Gergen）

斯沃斯摩爾學院（Swarthmore College）的心理學教授。他有著作多種，其中包括《飽和的自我》（*The Saturated Self*, Basic Books, 1991），《邁向社會知識的轉型》（*Toward a Transformation of Social Knowledge*, Springer-Verlag, 1982）等書。他是現代心理學中倡議社會建構論運動的核心要角。

哈洛・谷力顯（Harold Goolishian）

曾為休士頓葛爾維斯敦家庭研究所的退休主任。1991年他剛過世之前獲得美國婚姻與家庭協會頒授的傑出貢獻獎。他撰作了相當多文章，其中有許多是與賀琳・安德森合著。他曾是家庭與心理治療領域的前沿拓荒者。

霖・霍夫曼（Lynn Hoffman）

撰有若干本書，其中包括《家族治療的基礎》（*Foundations of Family Therapy*, Basic Books, 1981），也和魯依吉・玻斯科洛（Luigi Boscolo）、吉恩弗蘭可・切欽（Gianfranco Cecchin）、佩姬・潘（Peggy Penn）等人合著了《米蘭體系家族治療》（*Milan Systemic Family Therapy*, Basic Books, 1987）一書。她也寫過關於體系性家族治療的論文多篇。

約翰・凱依（John Kaye）

　　南澳洲阿德雷德大學（University of Adelaide）的心理學高級講師，同時擔任應用心理學碩士學程的主持人。由於他的興趣廣及於藝術、文學、後設心理學、敘事與論述分析，因此他在教學與研究中開發了後基礎取向（post-foundational orientation）的（跨領域）心理學。他也在此取向上執行心理治療的實務工作。

威廉・D・雷克斯（William D. Lax）

　　新罕布夏州克因城安提阿新英格蘭研究學院（Antioch New England Graduate School）的核心教師，也擔任佛爾蒙特州布瑞妥波羅家庭研究所（Brattleboro Family Institute）的訓練主任。他有興趣將社會建構論思想運用於學術上以及臨床工作上。

席拉・邁可納米（Sheila McNamee）

　　新罕布夏大學傳播系的副教授兼系主任。她曾出版多篇文章，探索社會介預的各種構想研究。她也以社會建構論為基礎，寫了關於家族治療的著作。

克文・莫瑞（Kevin Murray）

　　專業在生命建構的領域。他在墨爾本大學（Melbourne University）心理系的博士論文寫的是「生命之為虛構」。他所

編的一本書是《巴黎的判斷：現當代在地脈絡下的法蘭西思想》
（*The Judgment of Paris: Recent French Thought in a Local Context*,
Allen & Unwin, 1991）。

威廉・哈德森・歐涵隆（William Hudson O'Hanlon）

曾寫作與合著了好幾本書，並旅遊各國，教授心理治療的講
座。他在內布拉斯加州奧馬哈城的哈德遜簡短治療中心（Hudson
Center for Brief Therapy）擔任治療師。也是印第安那大學（Indiana
University）心理系的兼任教授。

卡爾・托畝（Karl Tomm）

精神科醫師兼家族治療師，在卡加利大學（University of
Calgary）任教。他對於後現代理論的發展有強烈興趣，認爲其中對
於臨床介預的晤談有高度的啓迪潛能。他在《家庭歷程》（*Family
Process*）這份刊物上曾刊登過若干篇文章。

麥可・懷特（Michael White）

南澳洲阿德雷德市達爾維奇中心（Dulwich Centre）的副主
任。對於治療中「把問題外部化」的想法使他獲得不少認可。他在
這方面寫了若干篇文章，也和大衛・艾普斯敦（David Epston）合
著了兩本書：《故事・知識・權力：敘事治療的力量》、《經驗、
矛盾、敘事和想像》。

緒論
Introduction

1　　難題及其解決之道不會從單純觀察的土壤裡冒出來。不論我們把一個難題及其所需的解決之道設定在何處——譬如，一場疾病及其所需的治癒之法——所要仰賴的與其說是在前方，不如說是在後方。也就是說，我們抵達了這片觀察的田野，乃是攜帶著一輩子的文化經驗而來。最重要的是，我們所帶的語言不只用來為我們的所見裝填一些理由，它還夾帶著觀察所需的語彙，以供描述和解釋之用。於是，我們所面對的生命情勢，早就編上唾手可得的法規，為我們的理解畫好了建築藍圖，而接下來，這又預先暗示了如何可以從值得的事物中把難題分別出另一類目。眼前這一世紀內[1]的心理健康專業，大多早已遵循著理解的單一法規，而這法規本是根植於啟蒙時代，其茁長之道乃是循著本世紀純粹的科學基礎理論。本書是對於此一建築藍圖的挑戰，並將以此來試圖為心理治療的理論和實踐展開新的視野。

　　在二十世紀中，大多數治療事業的引導觀點都設定在個體知者（the individual knower）這個前提上。也就是說，擁有知的能力者乃是單獨的個人，他能夠了知這個世界，且能適應於其中。如果個體的能力和過程都在功能正常狀態，那麼，這個人就會盡其可能來對付生命的挑戰。但在對付挑戰時，若有不足之處，則有理由相信此能力和過程都處於功能不良狀態。由此觀點來看，最能夠充

分而具體發揮功能的人就是科學家。因為科學家才能夠以最敏銳、
最有系統的方式來觀察世界，也最能夠運用嚴謹、理性的程序來評
估與綜合當下的資訊。只有科學家才能夠建立防衛的堡壘，來對抗
情緒、價值和誤入歧途的動機，並能在眾多觀察的對象之間鶴立雞
群，不讓他的結論受到污染。就是這樣的專家形象，像個獨立的個
體知者，來讓這一世紀大多數的治療工作者得以效法。這樣的治療
師會仔細觀察，詳作論述，也會對他人提供結論，論斷他們在各自
處境中是否俱足。至於普通的個人，那就是會因為不足而遭殃的受
害者，他們若想重新奪回滿意的生活，就必須在專家的知識之下
頂禮膜拜。有趣的是：這些所謂的不足，大多是由科學家兼治療
師所發現的，也都可回溯到個體本身的無能（疾病）—— 相對於
理想的知者而言。因此，譬如說，佛洛伊德期望用自我（ego）的
理性意識過程來取代伊底（id）[2]的無意識過程；霍芙（Horney）
為了克服她的患者所患的「基本焦慮」，就要幫他們尋求理性洞
識之道；客體關係論（object relations theory）的專家以及羅哲斯
派（Rogerian）的工作者所追尋的乃是要讓人成為自主自發的行
動者；行為改變技術專家生產出一套技術，來協助人「再學習」
（relearning）；認知治療師所圖的則是改變人的決策過程。

2

1　譯註：本書原出版於 1992 年，故「這一世紀」是指二十世紀。但既然已到了世紀之
　　交，我們也可理解為「近百年內」，這就可以包含我們所在的二十一世紀了。

2　譯註：id 在佛洛伊德原著中使用的德文是 das Es，相當於英文 the It，目前大多數華
　　語世界中都將此名譯作「本我」，是過度翻譯，原意盡失。現根據幾位有識之士的
　　建議，改譯為「伊底」，採用「不知伊於胡底」這句話的意思，以及接近於 id-it 的
　　發音，來作為更準確的翻譯。

山雨欲來風滿樓

　　本書的讀者中，大多數已體驗過某種不一樣的意思，就是對於傳統「科學家治療師」觀點感到不滿。這泰半是因為過去幾十年來有一股批判反思的風潮吹進了心理治療的圈子。傳統的觀點——通常稱為「現代主義」——已經在許多立場上受到活生生的挑戰。現在，把「有問題」和「得以治癒」根據科學進步的方案來認定的，已經留不住多少信心了。此處的語境脈絡（context）[3] 還不適於對正在興起的批判，及其所奮力爭取的另類解答，作個完整的回顧。不過，把整個不滿的光譜作個簡潔的掃描，也許很有用：

* 批判的治療者會把流行的理論及其治療實踐之中的強烈意識形態偏見予以定位。心理健康專業並非在政治上、道德上，或價值上都採取中立。他們的實踐很典型地用來維持某種價值、某種政治架構，以及某種階級特權。

* 家族治療師挑戰的是個人治療的觀點，只把個人認定為失能的核心。他們可以標定種種方式，用來說明「個體病理學」只不過是小家庭或大家庭單位之中的局部病理顯現。由於受到自動控制學理（cybernetic formulations）之助，已有多種體系性的另類方法發展出來。

* 社區心理學家把服務脈絡的思維拓展開來，以包含社群生活的各種面向：教育體制、經濟條件、職業生活、生理環境等等，都會隱含在個人的失調中。由此一立場來看，「個體病理學」實無法和社群過程分開。

[3] * 女性主義學者標示出：現行的種種心理健康實踐其實都在壓制及

弱化女性。心理失調的分類法、把患者貶抑的地位、心理健康專業把心理失能歸罪於個別的女性，而無視於他們不良的生活條件，這些全都是用來維繫父權體制的社會。

- 現象學家試圖消除治療師對於個體失能本質的先入為主之見（譬如專家知識），好讓他們理解案主的處境與行動如何有其自身的條件。

- 構設論者（constructivists）[4]挑戰了傳統對於知者與被知者的分離主義，他們的論點在於：有機體的內在過程大半決定了什麼叫做「現實」。科學家從來都沒有獨立於他們所觀察到的世界之外。

- 詮釋學家要爭辯的是：傳統觀點中，把治療師視為心理狀態的客觀分析者，乃是在誤導及神祕化。治療詮釋有極大部分仰賴於治療師的預設。

- 過去的患者，現在組織起來，對抗精神醫療專業。他們抗爭的論點是：現行的疾病分類體系不只對他們壓迫、物化、貶抑，還忙著為心理健康專業做自保的服務。

以上這些批判的領域也同時促進了種種對於科學治療觀點的革

3　譯註：context 是本書中極為常見的用語，其譯法一般作「脈絡」，但也可稱為「語境」或「文脈」。

4　譯註：「構設論」（constructivism）一詞和本書主題「建構論」（constructionism）有時是有區別的。譯者為了避免原文的相近性而特別將前者譯為「構設論」。可以分辨的理解方式是：「構設」（或構念）之說出現較早，譬如 George Kelly 的人格構設論，及其中發展的心理測驗。此論雖帶有批判的意味，但也和主流心理學的科學主張相去不遠。在此之外，本書中有些作者則認為兩詞等義，可以換用。

新，以及吸收了種種的另類方法。以我們的看法，這些另類之中並非全都能讓人滿意，因為當他們試圖放棄某些面向的傳統觀點時，其實還保留了另一些傳統面向（譬如：治療者就是知識的專家）。同樣惱人的是，某些另類還持續強調因果關係的機械過程（譬如：個體的行動被體系或社會所決定）。其他一些則禁不住會朝向令人難以接受的自說自話而發展（譬如構設論〔constructivism〕），或朝向單邊主義、獨一觀念的理想社會主張。可以肯定的是，這些朝向新視野的奮鬥，有許多還在嬰兒期，因此無法提出其終極的論點。無論如何，在此同時，在這些領域之間，有共同的意識逐漸產生，統合的可能性意味已漸漸露出苗頭。有人問道：是否可能從這些批判之中獲得其利而免於其複製過去，且能避開其他種種糾纏不清？正是有此共識的可能，才讓本書的各章得以踏出探索的步伐。其整合之道就是社會建構論（social constructionism）。

4 建構論意識的展露

在對於科學家治療師觀點漸失信心之際，也同時有一股退出傳統學院科學知識的風氣普遍發生。在科學哲學之中，主要的批判落實於對抗「知識有形式和理性基礎」的預設上。邏輯經驗論多半已無人重視，批判理性主義也搖搖欲墜，「新實在論」的企圖沒能力說出可取代的科學方案。自從庫恩（Kuhn）和費爾本（Feyerabend）的作品出現後，「科學哲學」大多已被科學思想史和知識社會學所取代。此二者的興起已挑戰了科學知識具有理性上優越地位的觀點，並且追溯出一些如何帶起自然論概念以及如何打

壓其他論點的文化與歷史過程。結果，最重要的論爭是：我們對於自然與自我的準確、客觀之說，充其量也只是某些社會過程的衍生物。

對於我們認定的「真與善」，愈來愈多強調放在社會鑲嵌（social embeddedness）之上，而此強調之風在文學理論、修辭學、符號學（semiotics）[5]中的發展更像野火燎原。雖然這些文獻斑爛多彩，但本文的所要傳遞的主要訊息是：我們對於所謂現實的種種表示，都不過是被我們居於其中的語言體系引導和限制所致。對於世界，我們所能說的——包括自我與他人——乃是衍生於我們所共有的論述之俗。因此，譬如說，你就無法基於「真實發生過」的方式來描述一國或一己的歷史；毋寧說，你能有的只是一個故事講說或敘事形式的庫存清單，而這些形式就框限了過去。但凡不能運用傳統故事講說模式者（譬如套用進展、變化、失敗作為內在邏輯，且有其開場，有其結局等等）就會被視為不能對於發生過的事情作明白的交代（account）。實際上，我們所認定的「真與善」泰半是文本歷史的產品。

然而，對於許多社會心理學家、傳播理論家，和社會學家而言，文本所交代的說明都還必須以更重要的方式往前推。因為，也

5　譯註：Semiotics 一詞在華語學界通常都譯為「符號學」，但這是相當嚴重的扭曲。譯者曾經為文檢討這種誤譯現象（該文係為參加 2011 年愛沙尼亞塔爾圖大學所舉辦的研討會而寫的，尚未發表），主要的意思是：一種以 "science of the sign" 為宗旨的學問，不能只取 the sign 含義之中的一個末端局部現象，即「符號」，來當做全體的名稱。還有，semiotics 這個字的希臘文字根 semein，也不可能翻譯成「符號」。目前，由於牽涉到的使用範圍過於廣大，一時無法加以更正，只好暫時從俗。下文還有相關的討論，將會一再提醒讀者：誤譯會產生誤導，也會模糊我們的理解。

有這樣的想法：文本的歷史並不獨立於人民之外。毋寧說：文本就是人和人關係的副產品。文本從其用於關係中的方式而獲得意義。可以肯定的是，我們對於世界以及我們自己所作的建構必受限於我們的語言，但這些限制又必須追溯到最終的源頭，那就是我們自己。我們生產出論述的慣例——在科學及在日常生活中皆然。同時，正因爲我們對於「什麼是眞的」有能力生產出大家都同意的交代方式，我們也有能力加以改變。

這並不意謂語言之外別無他物，或在我們的創製之外就沒有別的東西。不過，這論點就在於：所謂「眞有其事」乃是由我們共同形塑而成，也就是說，這過程在我們的行動上是個典型的社會鑲嵌（embedding）作用，而形塑出來的表達方式對於建構我們的未來具有鉅大的重要性。關於我們身體的改變，本來沒有非把「死亡」稱爲「終結」不可的概念；然而一旦這種概念廣泛流傳成爲共有習俗之後，哀悼行動也會與此對應而實踐，於是這種語詞的召喚就變成對於未來事件有意義的預告了。此後，要讓社會發生改變，就既要進入文化的語言，還同時要尋獲其中的形變（transformation）方式。然而，要獲取這種形變，不能只經由單一的意志，即全知、全見的專家。這形變毋寧是內在於關係的質地中，其發生也是經由人和人之間無以數計的相互參照。

對於傳統的科學家治療者觀點，許多批評者會認爲：社會建構論的焦點在於指出其中的「理所當然」，而這是最吸引人之處。正因如此，才會引來批判理論、女性主義、前精神病患等陣營的人士持續質疑此一專業現行的眞理典律（canons of truth）。建構論所吸引的是那種能夠自我批判的人，好給未來開啓另類的理解形式。對於構設論和現象學，建構論以不同的觀點提出批判的挑戰，特別

針對其中的主體／客體二元論，而這是與傳統科學治療者觀點的共有基礎。對於家族治療師、社區心理學家以及自動控制論者而言，其中的建構論也不會把核心關懷擺在個體身上，而是擺在關係網絡上。和以上各種理論導向結合在一起，包括詮釋學在內，建構論所挑戰的立場乃是傳統科學模式所運用及宣稱的優越地位。

當然，這些挑戰會有什麼確切的結果，即是本書各章最主要的論點所在。為了方便閱讀之故，我們把本書分成四個部分，每一部分再配上若干帶有特殊要點的章節。這種分配很難達到理路純粹的地步，正如各章之間都難免有些層疊。不過，第一部分的各章比較是在詳述治療脈絡中的建構論有何理論、後設理論以及背景。第二部分，各章道出了實踐的特殊形式，用以描繪建構論者所運用的理念。此部分的四章討論了建構論治療者所接引的是哪些理論取向。　6
這幾章和下一部分的幾章，其不同之處在於：後者所強調的是一些實例，展現出有創意的治療程序如何創製出新的論述空間，來讓「問題」得以重新建構。最後一部分對於建構論以及某些更流行的治療實踐提出進一步更為周延的質問。總之，最後這幾章對於社會建構論及其實踐過程提供了一套較為廣泛的反思。

註 · 釋

本書的諸位作者要向新罕布夏大學文學院院長史杜爾・帕爾瑪（Stuart Palmer）先生致謝，因為他提供了經費補助，讓本書得以付梓。

第一部

理論脈絡的建構

CONSTRUCTING THE THEORETICAL CONTEXT

1 以反思立場看家族治療
A Reflexive Stance for Family Therapy

霖·霍夫曼（Lynn Hoffman）

7

在過去這五、六年間，[1]有一個觀點從一小群家族治療師中浮現。它的質地如此不同，以至於可說它是一種新的取徑。比起其他方式，它更有參與性，而比較不具目標導向——有些甚至可說是根本沒有目標。這可惹惱了一些人，但其他人卻拍手叫好。幾個很有代表性的團體出現了——有些是本國的，有些是國外的。其中引人注目的有：葛爾維斯敦研究群（Galveston group, Anderson and Goolishian, 1988）、特倫梭研究群（Tromsø group, Anderson, 1987）、布瑞妥波羅研究群（Brattleboro group, Lax and Lussardi, 1989），而加入者還會愈來愈多。我身為其中一員，也是在摸索中朝向這種莫名之物而奔去，還一直奮力想為它命名。但其中的想法流派之多，就像一條河是由許多小小支流匯聚而成的一樣，以至於到今天還無法為它們找到共同的源頭。

就某方面而言，我們之間目前的對話與一種運動同質，這運動就是我們所知的**後現代主義**——這暗示著現代主義已死，而新的觀點正在興起。以下這種說法一點也不誇張：很多後現代主義的擁護者正在從事一項工程，其目的在於拆毀西方思想的哲學基礎。有些時候，我們會用「後結構」來稱之，將它視為「後現代」的同義詞。譬如說，在社會科學的後結構觀點中，不論我們所談的問題屬

乎文本、家庭、或是戲劇，都在挑戰、質疑任何實體之中尚有內在結構的想法。而在家族治療師之中，所抨擊的對象乃是自動控制機式的家庭觀點，因爲這種觀點把家庭視爲一個會維持自我平衡的體系。由於後現代以及後結構觀念源自符號學（semiotics）[2]以及文學批評領域的研究者，所以每當談起社會領域的研究時，研究者們愈來愈普遍地用起敘事（narrative）或文本（text）來作爲類比。

8

在此脈絡之中，一些家族體系（family systems）[3]的研究者，像是賀琳・安德森以及哈洛・谷力顯（Harlene Anderson and Harry Goolishian, 1988），已從自動控制學陣營叛逃，而揭起了**詮釋學**（*hermeneutics*）的旗號。詮釋學原是文本詮釋（textual interpretation）中的一支學問，最近再度興起，其中某些很有自覺的擁護者認爲：它是導因於二十世紀末葉的「詮釋學轉向」（'the interpretive turn'）。對於支持此一觀點的家族治療師而言，自動控制學系統中的反饋迴圈（feedback loops）已被對話式的互爲主體迴圈（intersubjective loops）所取代。於是，對於治療的核心隱喻（metaphor）已轉變爲會談（conversation），然後，這隱喻又被「會談也是治療的基本媒介」這一事實所強化。

對我而言，一個更有用的取徑乃是社會建構論（Gergen, 1985）。雖然很多人，包括我自己在內，常將這個理論與構設主義（constructivism, von Glasersfeld, 1984）搞混，但這兩者的立場其實

1　譯註：本書原出版於 1992 年，因此「過去這五、六年間」就是指 1980 年代末葉。
2　譯註：Semiotics 譯爲「符號學」的問題，在緒論的譯註中已做過說明，再度提醒讀者，要念茲在茲注意不受此名的誤導。本書以下各章皆同，就不再提醒了。
3　譯註：值得注意的是原文的「體系」（系統）一詞用的是複數，亦即指「諸體系」。

頗不相同。雖然兩者共同的基礎都是在質疑現代主義的觀點——即有個現實存在的世界，而這個世界可以客觀地確知——但構設主義所提出的信念傾向於宣揚一種圖像，就是將神經系統視爲一部封閉的機器。根據這個圖像，感知與構設會形成有機的團塊，用來對付它所處的環境。相反地，社會建構論者認爲想法、概念、記憶均由社會交換所引發，並以語言爲媒介而進行。社會建構論者相信：所有知識都是在人際空間中逐漸演化的，這空間是個「共同世界」，或是一個「共舞」的舞池。只有透過不斷發生的親密會談，個人才能發展出身分同一性之感（a sense of identity），或一種內在聲音。

　　此外，社會建構論者還正好將自己放進了後現代傳統。他們認爲這個傳統應歸功於文本批評及政治批判。這些，可由解構主義的文學批評觀點所代表，例如法國的賈克・德希達（Jacques Derrida, 1978），同時也獲益於法蘭克福學派的新馬克思主義思想家。我們還須將傑出的法國社會歷史學家米歇爾・傅柯（Michel Foucault, 1975）的著作包括在這個智識發展的圈子內，因爲當他檢視鑲嵌在社會論述中的支配與順服關係時，他將「權力」（power）一詞恢復了它應有的顯著地位。

　　由於這些影響，我們正目睹著一場社會科學的革命；不過，更嚴重的，是挑戰了「社會的學徒竟敢自稱爲科學家」的想法。社會研究者，像是格根（Kenneth Gergen, 1991）以及羅畝・賀瑞（Rom Harré, 1984）正在翻轉當代心理學與社會學的基本想法。女性主義者也加入這場攻擊；他們從後現代思想家（尤其是從傅柯）的論述中找到大量的彈藥；他們堅認治療的語言本身即有偏斜，因而不利於女性。並且，女性主義的同情者，像是傑弗利・梅森（Jeffrey Masson, 1990），寫出了一個令人矚目的案例，認爲心理治療打從

一開始就是設計用來制伏那些不服從的女人。

在人類學以及民族誌方面也有類似的爆發。人類學家，例如詹姆斯·克立佛和喬治·馬可仕（James Clifford and George Marcus, 1986），對他們所研究的對象採取參與的姿態，並且發現傳統人類學家有一種無意識的殖民心態。他們的批判深刻影響到研究訪談的性質，並且也擴及臨床訪談。這樣，那些所謂心理治療的信念主幹受到了挑戰，因為那些「理心」之術實際上隱含著「攪心」的意思。為了仔細解釋我的意思，以下我要描述現代心理學中的「五頭聖牛」，以及批判者對他們所做的聲討——其中很多批判者即可歸在社會建構論旗下。

現代心理學的五頭聖牛

1. 客觀的社會研究

社會建構論者不只挑戰唯一現實這種想法，他們也懷疑有所謂客觀的社會研究這回事。他們指控道：我們根本無從知道什麼是「社會現實」。因此，傳統科學研究中的測驗、統計，以及由機率得出的商數，若不是個徹底的謊言，最多也只算是個虔誠的期望而已。如果接受此一主張的話，很明顯地，心理健康專業的現況將會大受威脅。

只舉一例就好。在美國，感情問題只有被描述為生理疾病之時，才能獲得健康保險理賠。診斷工業（diagnosis industry）就是整個理賠系統的核心，但這種（我們一向以為是基於科學研究的）

診斷，通常都是疑點重重、瑕疵處處。我們只要想想 DSM-III[4] 最近發明出來的分類範疇就好。這項分類是針對那些會虐待自己，或無法離開受虐關係的婦女。DSM-III 將之稱為：自毀性人格違常（Self-defeated Personality Disorder）。另一個類似的診斷範疇是創傷後壓力失調（Post-traumatic Stress Disorder）。這種診斷本來是為了越戰退伍軍人的回憶閃現有延宕難題（flashback problems）而發展出來的，但現在卻涵蓋了所有過去曾受過創傷的人。

我的歷史感告訴我，基於精神健康當前的經濟學，現在不是談上述那種想法的好時機。當危機來臨時，關於領域與正當性的爭議就會轉趨緊繃，而我們就會目睹一場倉促的對付行動：定義可治療的條件，建立一套正確治療法，以及發明更新、更好的臨床結果研究。於是，「現實乃是由社會所建構的」這個想法就再明顯不過了。就在同時，雖然它不曾如此不受歡迎，但更不曾變得如此必要。

2. 自我

格根提出一個令人矚目的案例，說明了「社會建構的自我」（1985）。他沒把自我歸於一種內在的、不可抹除的現實；那種內在現實一向由「認知」或「情緒」這類字眼所代表。早期的家族治療師對於自我也早已戰戰兢兢。他們傾向於相信：只有當周遭親朋對他的想法改變之後，才有可能使這個人改變對自己的想法。二十年前，在發現家庭這個場域之後，我從事了一項破我執的計畫。事實上，我只是將單位做了替換，就是將個人換成家庭，而所需做的事情，就是用不斷延伸的恆動歷史，來替換那將自我視為有內部結構的觀點。而那樣的歷史，很像一條河，或一條溪流。

　　所以，我開始將自我想像成一條如同澳洲原住民所想的那種「歌線」（'songline'）（Chatwin, 1987）。歌線是一條音樂的路線圖，每個人都依據它才能在土地上旅行，從一地走到另一地。每個人出生時都帶著一條他專屬的歌線，但都只知道其中一段。而找到歌線的其他部分之法，就是定期四處「走動」。藉這走動，一個人帶著他的一小段歌線遇見住在很遠地方的另一個人，他也帶著另一小段歌線。兩個相遇的人於是交換歌線，也成為重要的訊息交換。這些歌線與不同的祖靈相連，而祖先可能是動物、植物或是地標。祖先在人存在之前就已躍入他的「夢時」之中。一個人可能與住在完全不同土地上的人共享同一個祖先。

　　這則神話的妙處是：它用畫面呈現個人的身分認同不存於自身內部，也不存於其他任何單位；相反地，它由一種暫時之流動概念組成，且藉著歌唱及走路來達成；它像一小段路徑般簡單；但也很複雜，像一片有雲紋的綢布。這種將生態以及對社會的理解編織在一起的方式實在動人心弦。我提出這個詩意的例子，以說明自我的社會建構。

3. 發展心理學

　　就我所知，社會建構論者是第一個質疑發展階段論的人。格根（Gergen, 1982）提出一個極令人信服的觀點來反駁發展心理學的 11

4　譯註：DSM 乃是「診斷與統計手冊」（Diagnostic and Statistical Manuel）的縮寫。這套手冊就是精神疾病的分類寶典，從出版以來就在不斷修訂。原文所引的是第三版，目前已發展到第五版（DSM-5）。

理論。他認為，如果我們認為有個普世性的標準，可用來測量人的功能，那是很危險的。他也認為，將人的一生劃分成許多正常的階段性軌道是極為無效的作法。他說：

> 對於此一領域的研究者來說，愈來愈明顯的就是：人的一生之發展，其軌道實乃充滿變化。無論是就心理功能或外顯行為而言，人生軌道從來不存在一個凌駕歷史之上的通則⋯⋯。發展的形式看起來似乎有無窮多種可能，而且，一種特殊形式的出現取決於某些特定因素的匯流（confluence）。而基本上，這些因素的出現乃是非系統性的。（Gergen, 1982: 161）

格根的話迴映了一種想法，這想法首先由伊里亞·普力葛津（Ilya Prigogine, 1984）提出，後來更由混沌理論（Chaos theory, Gleick, 1987）所證實。這個想法是：當一個體系離開平衡點太遠時——也就是，超過某個可能會發生狀態改變的選擇點太遠之後——就會有隨機因素加入。在該選擇點上所發生的事會決定未來的發展，但到底哪件事會成為真正的觸動事件，則是無法預測的。

同樣的道理，演化理論家，例如史蒂芬·顧爾德（Stephen Gould, 1980），認為物種的發展方式不是依序也不是漸進。一個物種會根據它的基因群與環境的互動而慢慢演化，但在某一任意點上都可能發生突變。例如隕石撞上其發展路徑，就會突然開出一條新軌道來。於是，整個物種可能滅絕，新的物種乃取而代之。從類似這樣的研究成果中，我們愈來愈難以主張人格（human personality）的發展中有一條可辨識的、預先鋪設好的最佳路徑，無論是就個人或就群體而言；並且也愈難主張：如果有人偏離了這

條路徑，就會導致不良後果。但像這樣的最佳路徑觀念或某種類似版本，仍主導著大部分當代心理學治療實務。

我們可再提一個疑問：現代心理學怎會大量地拿植物的預定成長時程來當作基本隱喻？在許多關於人類的頑固迷思當中，有一項是：早年的創傷疤痕會造成人格損傷或扭曲；或者，如果錯過了某個重要階段，人格發展就會受阻。我把這稱為「用類比當成的科學」。創傷理論可能在很多方面適用於情緒問題，但我不至於對它毫不質疑，也不覺得它能涵蓋所有種類的問題。

4. 情緒

賀瑞（Rom Harré,1986）挑戰了一種信仰，即相信情緒以特質或狀態的方式存在於人的內部，且全世界的人都是這樣。但很多人沒有我們所賦予的這種情緒知識，或沒有這種紀錄。在我們自己的社會裡，情緒這個想法也是最近才出現的。社會建構論者將情緒視為人和人之間彼此溝通的另一種方式，屬於複雜溝通網的一部分，不可特別視之為人的內在狀態。

這個觀點在家族治療師的著作中早已出現。黑理（Haley,1963）在很早以前就抨擊過壓抑理論，該理論說：早期的情緒壓抑會在後來的生活中產生一些症狀。壓抑理論也埋藏在當代俗民心理學（folk psychology）的許多假定之中；這種普遍被人接受的信念，我指的是：為了健康，一個人必須「接觸到」自己的憤怒或悲傷；一個人如果不表達他的情緒，就可視之為處於危險狀態，就像不排掉體內的廢物一樣；每位母親都會自動地擔心自己的孩子是否憋住了情緒。事實上，這種近乎戀物癖的觀點源自於精神健康專

業；它在社區中形成災難潮，就像青少年的自殺潮。在過去，人只要彼此尋求安慰就好，但在今日，非得請個專業哀悼師（通常是社工師或心理師）來幫整個社群「通透」（'work through'）[5] 他們的情緒不可，否則就會導致可怕的後果，而這後果都已被含糊地定義成任何一種身心異常。

5. 層次

　　受到這種質問的啓發，我開始對一個想法感到好奇，那就是：凡是與人有關的事情都隱含著階層式的上下結構。例如，在表面的症狀之下還有一個形成的原因；在明顯的內容之下還另有一層潛伏的內容；在表面溝通之下還有底層溝通。普遍流傳的總體系理論（General System Theory）中存有一個信念，就是自然體系可用中國式母子盒（Chinese boxes）來表現，一個包藏著一個，而越有包容性的盒子影響力就越大。這些想法難道都是眞的？會不會這些相疊的階階層層只是一組又一組不同的因素，它們相互影響且具有相同的影響力，只是我們把其中一些挑出來，然後給它賦予了上下層次的地位？

　　皮爾斯與柯洛農（Pearce and Cronen, 1980）這兩位溝通研究者的作品爲我闡明了此一觀點。他們將溝通分成許多層次，就像貝特森（Bateson, 1972）使用羅素與懷海德（Russell and Whitehead）的邏輯類型論（Theory of Logical Types）（1910）來把訊息加以分類那樣，但羅海二氏提出的層次比貝特森更多。基本上，他們用包含的上升層次對溝通做了分析（把這層次修訂成從時間到時間）：從言說行動（speech act）到事件，到關係，到生命腳本

058

（lifescript），再到家庭神話，以及文化程式。他們堅認：雖然較高層次會以強大的力量（脈絡性的）往下施壓，但較低層次也會以較弱的力量（隱含的）向上揚伸。這樣一來，嬰兒的哭聲（言說行動），從母親這邊看來，可以成為一個提供餵食（事件）的脈絡。或者，也可能完全倒過來說。

但我和皮爾斯、柯洛農的不同，在於我認為我們完全不需要層次的概念。只要將溝通中的每個範疇視為另一個範疇的可能脈絡即足矣。至於哪個較強，或佔有更高位置，則取決於哪一個是另一個的脈絡，而這種定義只在某個給定時刻有效。這個想法強烈吸引我，因為我奮鬥多年，一直試圖找到一種不用層次式溝通的想法。

好了，對五頭聖牛已經講得夠多了。我想要談談下一頭超級聖牛：專業關係本身的性質。為了做這件事，我會利用殖民官員的隱喻，這個隱喻是由後現代民族誌研究者所提供，也被愈來愈多的家族治療師引用。

精神健康的殖民主義

對我而言，在所有對精神健康領域所發出的挑戰之中，最嚴厲者是來自後現代主義，他們辯稱：多數「正常社會科學」（因為這些理論家稱西方信仰為客觀的社會研究）的想法使得學院與實務

5　譯註：「通透」（work through）是個精神分析術語，就是指分析工作能做到把問題徹底解決。但這概念並不單純，因為佛洛伊德主張分析是個永遠不可終結的過程，不像常識以為「通透」就相當於「結案」。

工作者心中的殖民心態得以持續不斷。先前我提到的後現代民族誌研究者指出：從前，很多民族誌研究者所用的方式是「往下研究」（'studied down'）。也就是說，他們選擇較不「文明」的社會，或選擇社會中某些發展較有限的族群作為研究對象。與此類似的是，一些精神健康領域的研究者（Kearney et al., 1989）也主張：「正常心理治療」就使其實務工作者心中的殖民心態常駐不去。為了能維持這個類比，我們可把這種心態導出的行為稱為「向下實踐」（'practicing down'）。

法國歷史學家傅柯（Foucault, 1975）在此有很多話要對我們說。由於他對於論述作了極有意思的研究，尤其是關於已被結構化的言說及書寫方式。這種方式被一群人、一個研究領域，一種專業（例如法律或經濟），乃至一整個國家、一整個文化所共有。另一方面，傅柯也對現代國家建立規則的機制感到興趣。他研究一種發生在一個或是一群人身上的轉變。這些人本來要去審視社會關係的，後來卻將目標轉到**論述本身**，而那些論述是會塑造關係的。人一旦委身於一種既定的論述——例如某一宗教的論述、一種心理論述，或是一套關於性別的論述——他們就會促進某種定義，來使得哪些人或哪些議題變得最重要，或最具正當性。只不過，他們自己經常意識不到這些鑲嵌在下的定義。

凡是涉及實務的精神健康工作者絕對會被傅柯（Foucault, 1975）對於「告解」的想法吸引，那個想法就是將告解當成規訓來使用（disciplinary use）。他指出：天主教所進行的告解，就像精神分析所進行的自由聯想一樣，會說服當事人，在他心底深處藏著一些黑暗的秘密——通常與性有關。但，如果她向適當的權威人士坦承這回事，那麼她就會得到赦免，或能將精神上或任何其他的傷

害都予以作個通透（work through）。[6] 當這個不能接受的祕密，這個「原罪」，被一個未起疑的人所接受，並且認定是心中最底層的現實時，這個信以為真的想法就會繼續施行其有力的征服。

不論公平與否，這個觀點暗指著一個概念移轉：從一個親切的治療師變身為一個壓迫者。不過，我們毋須譴責任何人或任何團體。「父權制」並非只是一群男人致力於壓迫女人（雖然可以這樣理解）；這種對性別觀念的表達與經驗的方式是由文化給定的，它同時作用在男人與女人身上。由此而來的必然延伸就是：所有的治療師，不管是哪一種，現在都必須研究「支配與服從」的關係如何內建在治療工作的基本假設中。

結果，一種新的意識提升（consciousness raising）開始發生了——這包含了擁護馬克思主義的治療師在內，因為他們是窮人們的鬥士；也包含主張女性主義的治療師，因為他們是女人的捍衛者；也包含靈性治療師，因為他們尊奉另一個世界的理想。這些治療論述就像醫療方式一樣，都可能含有相同的殖民假定。它們讓人格缺陷理論中的壓迫思想體現出來。他們都可用拯救者的姿態去幫助案主（client）。對於治療，靈性主義者的觀點傾向於使用療癒（healing）這個詞，這使人想起從前的薩滿巫傳統（shamanistic tradition）；而從醫療觀點則會使用治癒（curing）這個詞；但這兩種觀點都已將案主擺在順服的位置上。

到此，我談完了這篇文章的理論部分。現在我要把以上所述的

6　譯註：由於本書中還有他多處提及 work through 這個精神分析術語。上文直接譯為「通透」，但在某些其他語境中，則會根據英文字面上的意思稍作改變。

一些想法轉到臨床應用。我會描述一些反思的樣式。因爲這些樣式提供了另一種可供選擇的專業位置，所以介預了治療產業中習以爲常的專業訓練過程。我也將焦點擺在後現代晤談方法的轉變，還會談到一些治療會談（therapeutic conversation）本身所受的影響。

漸增的疾病（不一安／Dis-ease）[7]

大約十年以前，我發現我自己愈來愈被一道悖論（paradox）所擾，就是糾纏在傳統家族治療法中的權力問題。看起來都是緣於秘密、階序，以及控制之故。即便有些經過調整的版本，例如許多艾瑞克森學派（Ericksonian）的工作者，以及令人景仰的米蘭協會（Milan Association）工作取徑，仍將案主遠遠摒除，不讓他們分享治療師的想法。這有個說得通的歷史緣由。打從一開始，家族治療就將單面鏡的想法內建到它的核心。專業者就是觀察者，而家族成員則是被觀察的對象。從來沒有一條雙向通行的道路。多數第一代家族治療師好像都支持治療師掌握控制權的想法，不管這想法是公開施行或秘密進行。以下兩件事我不知道我最不喜做的是哪一個。其一是直接推著案主去做我希望他們做的事，另一是我躲在暗地裡，在僞裝之下，設法讓他們做我希望他們做的事。

在這段期間，縈繞在我腦際的想法是該有個改變，這改變須朝向一種更能合作的前提。我讀了卡蘿‧吉利根（Carol Gilligan）的《不同的語音》（*In a Different Voice*, 1982）一書，深受她的想法震撼。她說：在做出道德選擇時，女人覺得應該先維護關係，而男人卻較關切什麼是「對的」。女人似乎更重視連結，甚於秩序、

正義、眞理。這只是我的許多領悟之中的第一個來源，其他不勝枚舉。現在這些作品被通稱爲文化的女性主義。

正當我不願回到那些所謂的「雞湯」療法（'chicken soup' therapy）時，我開始懷疑治療師在家族體系中建置出來的，橫在治療師與案主之間的距離。我的懷疑代表了我的轉變。我曾經忠於體系理論，也相信目前的家族型態（patterns）會限制及維持症狀。病理的機件不在個人「內部」，而在家族「內部」。我的治療目標就是要打亂或者改變那部機器。這樣，我和每個人的關係僅限於不讓他從療程中輟落而已，沒必要有更多發展。

不過當我開始搜尋不同的發聲（語音）時，我對這種技術官僚式的冷漠愈來愈感到不舒服。事實上，我對此是從來不買帳的。當沒人在觀察的時候，我就會對案主表露出更多同情，而那是我的訓練所不允許的。我會顯露我的感情，甚至暗泣。我將這種作法稱爲「傷感療法」（'corny therapy'），並且從來不告訴我的督導。但幾年過去了，我開始想：「爲何不說？」其他人，像是位於衛斯理學院（Wellesley）史東中心（Stone Center）的研究者，也正在重建體會（empathy）[8]的價值與信譽。我於是開始與其他女性治療師談這

16

7　譯註：把疾病（disease）拆開來寫，就會變成不安（dis-ease）。這樣的文字遊戲在後現代寫作風格中很常見，但都具有字源學的基礎。

8　譯註：Empathy 一詞在心理治療領域（以及往外延伸的影響範圍）都被譯爲「同理心」，但同樣的詞彙並不是因爲心理治療而進入我們的語言，最早是留德的美學學者朱光潛翻成漢語（1933, 1936），他譯爲「移情」。現在，漢語的心理學在翻譯精神分析著作時，把 transference 一詞也當作「移情」。這樣的語詞混用肯定會導致我們的思想淆亂。事實上，「同理心」絕對不是 empathy（德文原文 Einfühlung）一詞的準確翻譯。因爲此字的字根 path（pathos）、fühlung 都和「理」字無關，甚至在

件事，發現他們同我一樣，私底下做的正是我在做的事情，也都給這種療法取了一個暱稱。

我也允許自己先前的個人體驗對治療帶來影響。或許我運氣不太好，因為我與案主之間的主／僱（clienthood）遭逢關係常為我帶來羞辱與威脅。至少，這種體驗再度強化了「我是個人間可憐蟲」的想法。部分是由於對這些體驗的反應，我開始尋求可讓案主感到更寬心的方法。如果狀況適當，我會分享我的生命故事。如果案主對治療有埋怨，我會公開承擔這個責任，而不是將它視為案主正在抗拒的證據。我堅持要詢問案主對於治療的期待，也邀請他們對我的工作提出疑問。如果我卡住了，尤其是當我好像被個人的問題堵住路的時候，我會逕將此問題丟入會談之中。這樣做常常帶來奇妙的效果，能讓事情順得下去。

除此之外，我開始看出：階序式上下區分的觀點其實與橫向觀點在位置上沒什麼大不了的差異。換句話說，上下可被中央與邊緣取代。試圖尊重人們所站的位置以及他們看事情的方法，就成了經常性的提醒：那些參與治療的人各有自己的專擅之處。因此，價值在於參與的經驗，而此中體驗的表達有許多不同的發聲方式，各有其效，而不是只仰仗著一個專家的聲音來定奪。

在很多要點上，那正在逐漸形成的位置已超出我的言表能力，我無法將它翻譯到實踐之中。我不斷在作「禪思」（'think Zen'），卻無法理解如何「禪行」（'do Zen'）。後來一位來自挪威的同事湯姆‧安德生（Tom Andersen）提出一個令人驚奇的簡單想法：用反思小組（Reflecting Team, Andersen, 1987）。那是個溢出常軌的試探，就是當小組在討論一個家庭的時候，請家族成員給予意見回饋；這突然就讓所有事情發生了變化。專家不再是被保育

的物種，他們不再只是躲在屏風後面觀察家庭的「病理」，或只能關在辦公室裡偷談。於是，一個正常社會科學的假定——專家有優越的地位，而從該位置所作的評估總是正確——於焉崩毀。至少，對我而言，治療的世界在一夕之間改變了。

「反思」這個語詞

當我試圖將我的體驗用語言來作表述時，我發現我愈來愈傾向用「反思」（'reflexive'）[9] 這個語詞。此詞已被柯洛農等人（Cronen et al., 1982）用於溝通理論之中；在其中，他們提出反思論述（reflexive discourse）的構想。此詞也被卡爾‧托畝（Karl Tomm, 1987）用於體系治療法之中，他將此歸入返身提問（reflexive questioning）的範疇。不過，我不打算將反思（返身）這個字提升為另一個專門術語。在《藍燈辭典》（*The Random House Dictionary*）中，這個字只被簡單地定義成：「將自身的某部

某些語境中是對立的。譯者在此主張：要不沿用朱光潛的譯法，那就得另外鑄造更好的譯名。「踏破鐵鞋無覓處，得來全不費工夫」，就是和「理解」可以並列的另一種情感／認知狀態，在漢語中本來叫做「體會」——不必另造新詞。朱光潛（1933, 1936）的作品在台灣出版的是：《悲劇心理學》（板橋：蒲公英，1984）以及《文藝心理學》（台北：台灣開明，1969）。

9　譯註：「反思」在某些文脈中可能必須強調的是「返身」的意思，亦即要把「反思」改成「返身自省」這四個字。在本文，以及本書其他地方，此詞會因文脈的需要而譯作「反思」或「返身」。

分向內折返。」[10]

如果能用圖像作為同義詞的話，那可能會是數字 8，因為（把它打橫來看）這是一個代表無限的符號，[11] 也因為我認為這是圓圈或螺旋這一古老想法的更高階變化。當人在內部與自己對話時，你會有個位置；當人碰面交談議論時，你也會有個位置，你就在其中的交會之處。如果將 8 放在社會論述的脈絡中，這圖形就暗示一個流動的軌跡。這軌跡與人文學科中所新強調的敘事（narrative），以及物理學中的流（flow）相合。

如果將反思的概念應用到關係上，我們可採用夥伴（partnership）這個想法。對我而言，反思這個字所隱含的意思，就是在參與之中的平等，儘管參與的各方可能有不同的位置或特質。我從黎燕‧艾司勒（Riane Eisler）所著的《酒樽與刀刃》（*The Chalice and the Blade*, 1987）一書得到這個想法。在該書中，艾司勒為人類社會提出一個夥伴模型（partnership model）。對於這種平等，她給了個好例子：在邁希尼帝國（Mycenaean Empire）的奧林匹克運動會上，男人與女人一起競賽，翻身躍過公牛的雙角。

當你把尋找頭銜或符號的機會放棄時，你就很可能說：最能表現這種新方向的特性者，其形式都是「向自身折返」。從反思小組的發展、反思會談、返身提問的使用，以及在字詞上加個「協同-」（co-）的字頭，以描述治療談話（「協同作者」、「協同進展」），從這種種發展來看，都可以顯示我們偏愛諮詢者與求問者之間的相互影響過程，而寧願捨棄上下階序以及單向的過程。特別要指出的是，這種取徑都會對專業的高位階者提出質疑。

讓專家消失

　　第一次對我引介這種非專家位置（non-expert position）的，是首度觀摩賀琳・安德森與哈洛・谷力顯在葛爾維斯敦家庭研究所（Galveston Family Institute）進行的家族晤談之時。他們的取徑對於我自己的方法產生極大的影響，但有些時候我就是看不懂他們到底在搞什麼。我知道，他們相信指導性的治療模型是把人病理化，但他們自己的晤談顯得那麼漫無目標，以致他們好像什麼都沒做，也沒走到哪兒。他們的晤談方法很不正統。在整個過程中，治療師可能只對家族中的一個成員說話，這可震驚了像我這種接受過結構取向訓練的人。由於想把人放入對的地方，我就將這種新風格稱為「不覺察療法」（'imperceptible therapy'）。

　　的確，葛爾維斯敦治療群的招牌就是某種刻意的忽視。當他們描述他們在做什麼，或他們如何教時，他們說他們所在的位置叫做「不知」。這常會惹惱那些觀摩他們工作的人，因為他們顯然不是真的「不知」。但不管怎樣，他們的位置符合後現代的敘事概念。在談到敘事理論與治療的關係時，格根（Gergen, 1991）觀察到傳統治療師都相信在人的經驗之中有一種「本質」存在，必須在敘事中捕捉，然後將它當成貢品獻給案主，用來取代案主那些陳舊虛幻的敘事。治療師只要一踏進門，對於什麼是本質就早有定見。

　　後現代治療師根本不相信本質這種東西。知識既然只能以社會的方式達成，是則在每一刻的互動中都會改變，以及更新自身。在故

18

10　譯註：Reflexive 是 reflection 的形容詞。由此字典定義看來，除了譯為「反思」之外，當然亦可譯作「返身自省」。

11　譯註：在這句話裡，sign 一字正是指「符號」無誤。

事或文本之中，並不預藏著什麼意義。在會談中，帶有這種觀點的治療師會期待有個新的，以及更有用的敘事浮現，但他只能將這種敘事視爲心血來潮，而不是預先計畫好的。作者是會談本身而不是治療師。我想，這就是葛爾維斯敦治療群會使用「不知」的道理。

在這個模型中，「不知」通常伴隨著「不說」（'not talking'），或不用一般的方式說話。有個好例子是由湯姆·安德生、安娜·傅蘭（Anna Margareta Flam）、瑪那絲·哈爾德（Magnus Hald）以及其他人，在挪威發展出來的晤談風格。他們的提問或意見都帶有一種標記，就是探問、遲疑不定，以及長長的靜默無語。晤談主持人的聲音常會降得很低，低到讓人聽不清楚。他們慣用「是（這樣）嗎？」或「那又怎樣？」作爲句子的開頭。最初，我以爲這種奇怪的說話方式若非由於他們不太會使用英語，就是由於挪威人聞名的謙虛個性，是一種文化差異。結果兩者都不是。他們的晤談方法體現了一套深思熟慮的儀式，用最生動的方式將專業的自我當成祭品。而這樣做，對案主的效果是在鼓勵他們的參與及創新。

我用一句話來結束這一節：降低晤談者的地位也是一種後現代19 的想法。我最近在讀一本文集。是關於晤談的研究，由後現代研究者艾略特·米什勒（Eliot Mishler, 1986）所編輯。在其中一章，他審視了研究者美莉安·佩吉特（Marianne Paget）的方法。引述了她在一個研究計劃中詢問一些女性藝術家的創作過程：

> 她返身檢視了她的提問形式與性質，而這些都不是標準化也不是事先排好的晤談程序。她（佩吉特）觀察到：當她尋找如何能得出一個方法，以便學到她想知道的事情時，那些提問常帶有一種遲疑、暫停的特質；所提的問題是在晤談過程中形成，

然後反覆修正，又再形成。她暗示道：這種探究的方式允許也鼓勵一種特別的回答，其中同樣具有探索、遲疑的特質，並且也會在回答的過程中不斷受到修正。也就是說，她創造了一種情境，使得參與晤談的人也能夠進入探索、理解的狀態。佩吉特也提到她的靜默帶來顯著的效果，她的回應者會用自己的方式說故事。這常發生於，例如，當回應者暫停下來，而她則保持靜默，因為她覺得對方「可能進入了一條欲言的長河。」

治療師的敘事

首先，在專家與案主之間總是會有一條反思的迴路，把治療師自己所用的哲學包含在內。社會建構論者堅守一個信念：一種無可置疑的社會現實並不存在；關於這個世界，只存在著我們告訴別人，以及告訴自己的故事。多數治療師對於問題如何形成與如何解決，或如何消解（解決不了），自有一套故事。

班·傅曼（Ben Furman）（即將發表，中文版編按：出版當時尚未發表，請見參考文獻）挑戰了一種想法，他說：我們以為是先找到一個假設，然後才依據它進行介預（inter-vention）。他又說：真正的情況通常是反過來才對。**我們是帶著先入為主的介預走進去，然後找出能支持那個介預的假設。**例如一個治療師，如果她採用了精神動力學的（psychodynamic）[12] 架構，她就會假設她的工作是幫助人把從

---

12 譯註：「精神動力學」（psychodynamics）其實是「精神分析」的同義詞，也有人認為前者包含了對後者較廣義的應用。

前的創傷作個通透，因此會找到阻礙發展的故事。或者，一個家族治療師，她可能會相信問題來自於家庭中不正當的上下階序結構，於是她就會建議家族成員在世代之間形成不同於前的結盟關係。這種關於治療師敘事的例子不勝枚舉。

當時我正使用此一想法來演練我先前提過的皮爾斯與柯洛農溝通層次論。他們不是將溝通分成言說行動，事件，關係，生活腳本，家庭神話，以及文化程式等層次嗎？現在，就可將每一階都擺在同一水平來看待，也就是說，它們可彼此互為脈絡。兩個大人之間一串特別的互動可以成為一個小孩大發脾氣的脈絡，反過來說也可成立。治療師特別在意的一段溝通所告訴我們的，與其說是關於家庭，還不如說是關於治療師本人的事。

舉例來說。有些治療師，例如米蘭協會的成員，會尋索他們心目中的家庭神話層。其他人則瞄準個人生命腳本層。還有一些人會進入言說行動層；在這一層，他們所反思的只是案主所說的一個字，然後一點一點加以琢磨，朝向一個能開啟更多可能性的方向前進。我曾看過一段錄影，影片中谷力顯與安德森和案主會談。那個案主一直被視為「年輕的提包小姐」，但她會坐在漆黑的衣櫃裡久久不出。在會談過程中，這位女性改變了她的怨言，從「無聊透了的感覺」變成「不快樂」或「憂鬱」的感覺。這段晤談有機會使案主的描述從原本的「發瘋」變成一個因寂寞而受苦的人。

治療師到底該進入哪一層次工作，可以解釋這一領域之所以衝突不斷的緣故。舉個例：女性主義的家族治療師對體系治療提出反對意見。前者認為在毆打的案件中，是伴侶兩人的合謀而豁免了男方的責任，只怪罪於女方。這個觀點相當於進入事件層。在這樣的脈絡下，暴力是錯的，應該制止。這個女人不應該再和那個男人在

一起，以免她被打還要她負起像男方一樣的責任。但如果治療師在關係層工作，就像體系治療師那樣，她就會看見長期相互牽制的舉動。這觀點可讓這女人有能力做點不一樣的事；至少，可讓她免除受害者的封號。

　　當然，沒有一層會比另一層更現實；它們都是對於問題的不同解決方案，只是其中有些會落在治療師所專注的範圍之外。很可能，因爲停止暴力較爲優先，使得事件層優於關係層。同樣地，也有女性主義者偏愛進入文化程式層工作，他們會說，只將女人當成一個需要治療的人來治療，乃是反政治心態，就在不經意之際維持了現況。

可聯想的形式

　　但任何將社會互動分隔開來的構想都有相同的危險，就是我們太常選上一個範疇就開始信之不疑。我們需要的是能預防這種選擇的方法，除非我們這麼做是有其意圖、有其脈絡。就治療而言，一個能建立起這種不可或缺的懷疑之法，就是設計一個情境，在其中，自然會鼓勵故事的多種版本，而其間相互聯想的形式可使意義不會固著。現在這種方法到處可見。這是一件很令人驚異的事情，有那麼多的治療師正展現出新的興趣，致力於將反思模式、聯想模式，以及隱喻模式應用到治療中。

　　例如湯姆・安德生，他常用圖像來描述人的觀點與行動。我想起的是他與一對夫婦晤談的情形。這對夫婦中一個是佛教徒，另一個是基督徒。在小組反思期間，湯姆提供了這樣一個圖像：「美

21

妙且在微笑的兩個太陽」。接著，他對此想法作了一段像這樣的咒文：「把太陽放開，讓太陽上升。」以我實事求是的看法，他正在暗示太陽系如果有兩個太陽可能會出問題，而且的確，他們倆似乎已反鎖在意願之爭中。現在，我知道我當時只是將我的想法強加上去。根據事後的追蹤，這對夫婦只記得那場晤談很有用，並未對該象徵做出任何評論。反思所起之處至今仍曖昧不明，使得這對夫婦可依據各自的觀點來對這圖像進行聯想。

　　至於我自己，我會鼓勵人去與故事玩耍，也會提供一些我自己的故事來推動這個想法。我承認我自己的故事傾向於正面及轉變，意思就是我會試圖將那些很難處理的事情轉變成某種內含希望的事。通常，從我所居住的新世紀社區中，因果輪迴（karma）的觀念很容易浮現。我可能會順此而將一對夫妻的問題描述為「輪迴議題」（'karmic issue'），且建議說，這問題可能與過去的日子有關，甚至可能與幾代之前一樁未解決的困境有關。不論好壞，至少他們有機會一起去處理。如果他們成功了，下一代的小孩們就能夠向前迎接新的挑戰。

　　就這樣，用可聯想的形式（故事、觀念、圖像、夢）來玩耍，一向是治療的一部分，但直到現在才在一門描述性人文學科中取得了基礎地位。這是我認為社會建構論獲得採信的最廣義形式。當我繼續登入那些正在實驗的更新模型時，他們相當強調的語言遊戲令我震撼，因此對於我們沒能在體系諮詢（systemic consultation）中看出一個新的**完整形式**（*Gestalt*）就會感到十分疑惑。葛爾維斯敦研究群把目前正使用的取徑稱為「協作語言體系」（'collaborative language system'）；而格根建議用「敘事治療法」（'narrative therapy'）；我和其他一些人則一直在用「反思」一詞。但無疑

的，跟著社會過程以及語言學過程蜿蜒前行，隨著新研究場域的形成，其他字眼還會在反覆測試中出現。

參與的倫理

在要結束本文之時，讓我回到後現代人類學研究者的貢獻。克立佛和馬可仕（Clifford and Marcus, 1986）捨棄了超驗以及客觀觀察者的想法，代之以一個新的想法：協作（collaboration），也就是：沒人能說了算。以他們的話來說：

> 因為後現代人類學者喜愛「論述」更甚於「文本」，它凸顯的是對話而不是獨白，且強調民族誌情境中的合力、協作本質……。事實上，它拒絕「觀察者／被觀察者」的意識形態，因為沒有任何東西被觀察到，也沒有人是觀察者。相反的，有一種相互的、對話的論述產出，如故事之類。（Clifford and Marcus, 1986: 126）

這樣的說法所提議的是一種參與的倫理，而不再是尋找「真正的原因」或「真相」，並已逐漸成為社會思考及行動的核心價值。應用到治療之中，這會將我們的目標坦然地置於政治的燈光下。但我會抵制大家應該擁抱馬克思主義的想法。因為即便擁護解放，也沒人能片面決定理想論述該是什麼樣子，或決定哪個社會問題最為急迫。總而言之，我們的目標應該是批判的立場，這一立場主張要能覺察隱藏在社會論述背後所假定的權力關係，包括批判論述本

身。於是，不只是我們的理論，也包含我們的實踐，都應該反映出對於隱藏權力關係的意識。光只是不再責難女人，或光只爲族群賦權（empower）是不夠的。活躍份子的想法，尤其硬說是基於「好理由」，將會踏上一個險境，就是再次強化專業本身的權力錯覺。

在此，我終於要回頭談談專業主義的危險。就像我先前說過的，梅生（Masson, 1990）質疑健康專業所具有的高尚地位。他引述醫療社會學家艾略特‧傅萊森（Eliot Freidson）在一本名爲《醫療專業》（*Profession of Medicine*, 1972）書中所說的話：

> 我個人認爲，在一個自由社會中，專業人員的角色應該只限於提供技術資訊給那些需要的（男）人，[13] 讓他們依據自己的價值作決定。在排除其指導性的權威，乃至限制他人的權力（使其不能依據自己的價值作決定）之後，專業人員已不再是專家，而只是一群新興的特權階級，喬裝爲專家而已。（Freidson, 1972: 382）

我對這樣的聲明肅然起敬，並且同意，除了他用「（男）人」來代表所有人類之外。就像梅生在他書中其它地方指出來的一樣，早期談話治療（talking cure）[14]（我們現在稱爲心理治療）的對象多數是女人，到現在也依然如此。在一個自由社會中，女人和男人都必須能夠直接觸及諮詢者的想法，以避免「喬裝爲專家的專業人員」在替他們做選擇。我在本章中所說的反思（reflexive）、反映（reflecting）、以及返身自省（reflective），都是促使這種理想得以實現的一部分。

23

參·考·文·獻

Andersen, T. (1987) 'The reflecting team', *Family Process*, 26: 415-28

Andersen, H. and Goolishian, H. (1988) 'Human systems as linguistic system', *Family Process*, 27: 371-95.

Bateson, G. (1972) *Steps to an Ecology of Mind*. New York: Ballantine.

Chatwin, B. (1987) *The Songlines*. London: Jonathan Cape.

Clifford, J. and Marcus, G, (1986) *Writing Culture*. Berkeley, CA: University of California Press.

Cronen, V. E., Johnson, K. M. and Lannamann, J. W. (1982) 'Paradoxes, double-binds, and reflexive loops', *Family Process*, 21: 91-112.

Derrida, J. (1987) *Writing and Difference*. Chicago: University of Chicago Press.

Eisler, Riane (1987) *The Chalice and the Blade*. New York: Basic Books.

Foucault, M. (1975) *The Archeology of Knowledge*. London: Tavistock.

Foucault, M. (1977) *Discipline and Punish*. London: Allen Lane.

Freidson, E. (1972) *Profession of Medicine*. New York: Dodd Mead.

Furman, B. (forthcoming) 'Hindsight – the reverse psychology of the therapist', *Journal of Family Therapy*.

Gadamer, H. (1975) *Truth and Method*, tr. G. Barden and J. Cumming. New York: Continuum.

Geertz, C. (1983) *Local Knowledge*. New York: Basic Books.

Gergen, K. (1982) *Toward Transformation in Social Knowledge*. New York:

---

13 譯註：在引文此處，作者加上一個註記 [sic]（是指「原文如此」），因爲原文的「人」是用了 "men"，當代英文都會讀作「男人」，所以作者在下文會特別提醒：先前世代的寫作中普遍缺乏性別偏見意識。但由於中文沒有這個問題，故在以下有相同情形時將會逕行刪除，不再特別標註。

14 譯註：Talking cure 原是精神分析早期發展階段中的一個譯名。佛洛伊德與布洛以爾共同治療的一位女性患者（在佛洛伊德著作中化名爲 Anna O.）對精神分析療法所給出的說法，後來此譯名不脛而走。

Springer-Verlag.

Gergan, K. (1985) 'The social constructionist movement in modern psychology', *American Psychologist*, 40: 266-75.

Gergen, K. (1991) *The Saturated Self*. New York: Basic Books.

Gilligan, C. (1982) *In a Different Voice*. Cambridge, MA: Harvard University Press.

Gleick, J. (1987) *Chaos*. New York: Penguin Books.

Gould, S. J. (1980) *The Panda's Thumb*. New York: W. W. Norton.

Haley, J. (1963) *Strategies of Psychotherapy*. New York: Grune& Stratton.

Harré, R. (1984) *Personal Being*. Cambridge, MA: Harvard University Press.

Harré, R. (1986) *The Social Construction of Emotions*. New York: Basil Blackwell.

Kearney, P., Byrne, N. and McCarthy, I. (1989) 'Just metaphors: marginal illuminations in a colonial retreat', *Family Therapy Case Studies*, 4: 17-31.

Lax, W. and Lussardi, D. (1989) 'Systemic family therapy with young children in the family: use of the reflecting team', in J. J. Zilback (ed.) *Children in Family Therapy*, New York: Haworth.

Masson, J. (1990) *Against Therapy*. New York: Fontana Paperbacks.

Mishler, E. (1986) *Research Interviewing: Context and Narrative*. Cambridge, MA: Harvard University Press.

Pearce, W. B. and Cronen, V. E. (1980) *Communication, Action and Meaning: the Creation of Social Realities*. New York: Praeger.

Prigogine, I. and Stengers, I. (1984) *Order out of Chaos*. New York: Bantam Books.

Shotter, J. and Gergen, K. (eds) (1989) *Texts of Identity*. London: Sage.

Tomm, K. (1987) 'Interventive interviewing: Part II. Reflexive questioning as a means to enable self-healing', *Family Process*, 26: 167-84.

von Glasersfeld, E. (1984) 'An introduction to radical constructivism', in P. Watzlawick (ed.), *The Invented Reality*. New York: W. W. Norton.

Whitehead, A. N. and Russell, B. (1910-13) *Principia Mathematica*, 2nd edn (3 vols.) . Cambridge: Cambridge University Press.

2 案主是專家：「不／知」的療法

The Client is the Expert: a Not-Knowing Approach to Therapy

賀琳·安德森（Harlene Anderson）與
哈洛·谷力顯（Harold Goolishian）

這是一個有趣也複雜的問題。如果在當時，我第一次發瘋的時 25
候，我把自己妄想成偉大軍人的時候，能有像你一樣的人，能
找到一種對我說話的方法……我知道那（妄想）是個方法，是
試著告訴自己，我可以克服驚慌和恐懼，……而不是拿這些來
講我——我的醫師老是問我一些我叫做有條件的問題……（在
此，治療師問他：「什麼是有條件的問題？」）

你們（這些專業人士）總是在捕捉我……檢查我，看我知不知
道你們的知識，而不是找到一種跟我說話的好方法。你們會問
「這是不是菸灰缸？」來看看我知不知道。好像你們都知道那
是菸灰缸，然後要看我行不行……但那只會讓我更怕、更慌。
假如你們能對那個知道我很怕的「我」說話，假如你們能夠懂
我為什麼必須這麼狂，才能變得夠強夠壯，才能對付那要命的
害怕，……，那麼，我們應該早就能夠處理那個瘋將軍了。

這些話來自一位三十歲，名叫比爾（Bill）的男子，他曾經
住院多次。他被診斷為恐慌型思覺失調症。他是一個旋轉門療法

（revolving-door）的失敗案例。他先前的治療都不成功。他一直處在憤怒和多疑的狀態中。他有好一陣子無法工作。在成年生活的大部分過程中，他零零散散地靠著服用「維持劑量」（'maintenance doses'）的抗鬱性精神藥物過日子。當他第一次向筆者之一諮詢時，他的教職第二次被解聘。最近，他有大幅度改善，保得住一份工作。他堅認他目前的治療師與從前的都不同，而且，他現在比從前更能處理他的生活。就是這段會談的脈絡影響到這樣的問題：「你從前的治療師有沒有做任何事，好比改用一種不同的方式來做的話，會對你更有幫助的？」

在這段會談中，比爾所提的是他在休士頓葛爾維斯敦家庭研究所（Houston Galveston Family Institute）的治療經驗，而他的治療師是兩位筆者及一些同事。比爾所經驗到的乃是在過去二十五年來不斷發展的一種治療法。在這期間，治療構想曾經歷一次主要的轉變，撇開了常見的社會科學理論，而那些理論對心理治療一直有很大的影響。本章的構想代表一種當代的旨趣，在於如何經由詮釋法（interpretive）和詮釋學來理解治療。明確地說，本章將討論治療師的「不／知」（'not-knowing'）位置，以及這個位置對於治療式會談（therapeutic conversation）以及會談式提問（conversational questions）的重要性。

從社會結構到人性意義的產生

在過去幾十年間，體系性療法一直試圖發展出一套概念架構，希望它能越過早期實證主義式的治療理論。這種發展使得家

庭治療的思想有了轉變，成為一種第二階自動控制（second-order cybernetics），或者最終被稱為構設主義（constructivism）的東西。最近，我們的結論是（Anderson and Goolishian, 1988, 1989, 1990a）：這種自動控制的典範，就治療實務而言，仍有其嚴重的限制。這限制主要是把機械式的隱喻隱藏在自動控制的回饋理論之下，並使之成為整個理論的基礎。我們注意到，這隱喻使人不太有機會面對個人的體驗。我們也看出：認知及構設主義模型最終會將人定義成簡單的**資訊處理器**，而不是**會生產意義的存有**（meaning gencrating beings）。這種觀點雖然愈來愈普及，但它的實用性非常有限（Anderson and Goolishian, 1988, 1990a; Goolishian and Anderson, 1981）。

在此同時，我們所創的治療理論正快速朝向更詮釋學的，或更具詮釋性的位置而發展。這是一個觀點，強調的是意義，而我們所指的意義是人在彼此會談過程中所經驗到、所創造出來的意義。在追求這個新理論的基礎時，我們發展出許多構想，將我們對治療的理解與解釋放進一個充滿著體系轉換的競技場，場上只有讓人捉摸不定的論述、語言、會談。那是一個位置，是一個植基於語意學及敘說的位置。目前我們的位置大幅倚重一個觀點，就是：人的行動發生於對現實的理解，而理解是經由社會建構及對話來創造的（Anderson and Goolishian, 1985; Anderson et al., 1986a; Anderson and Goolishian, 1988）。人在這個位置上生活，且從而理解他們的生活，而這是透過社會建構來敘說現實，並組織他們的經驗並給出意義。早些時候，我們已藉著一些題目談過這些關於體系意義的想法。那些題目包括：由問題決定的體系（problem-determined systems），將問題組織起來的解消體系（problem- 27 organizing dissolving systems），以及語言體系（Anderson and Goolishian, 1985; Anderson et al., 1986a, b; Anderson and Goolishian, 1988; Goolishian and Anderson, 1987）。

我們目前正在談的敘說位置則倚重著下列幾個前提（Anderson and Goolishian 1988; Goolishian and Anderson, 1990）。

第一，人類體系是生產語言的體系（language-generating systems），而且，同時是生產意義的體系（meaning-generating systems）。溝通及論述會定義社會組織。社會溝通生產出社會一文化體系（socio-cultural system），而不是結構組織生產出溝通。所有人類體系都是語言體系，這種體系最好是由那些參與其中的人來描述，而不是由那些局外的「客觀」觀察者來爲之。**治療體系就是這種語言體系。**

第二，意義及理解是社會所建構的。在我們採取溝通行動之前，我們無法達到或擁有意義及理解；也就是說，溝通會產生關聯，係因參與體系內一些意義生產的論述或對話而然。**一個治療體系是一種能讓溝通透過特殊的對話交流而產生重要關聯的體系。**

第三，任何治療中的體系都是由對話結合著一些「問題」而組成。這種體系會從事於發展獨特的語言與意義，它們專屬於自身，專屬於自身的組織，也專屬於一種特別的不／解決「問題」，而是讓「問題」來圍繞其自身。治療體系用了這種觀點而成爲一種獨特的體系，其特徵不能由任意的社會結構（例如家庭）所標示，而較像是被它自己發展出來的，也是共同創造出來的，意義及「問題」所標示。**治療體系是一個將問題組織起來的，消／解／問題的體系**（*problem-dis-solving system*）。

第四，治療是個語言事件，發生於我們所謂的治療會談中。治

療式會談是一種透過會談來進行的共同尋求與探索，是一個雙向交流及渡過危機的概念。在這概念下，治療體系乃是透過共創出新意義，而演化成問題的持續「消／解」，也因此而解消了治療體系，於是，**治療體系乃成為一個問題／組織的，及問題／消／解的體系。**

第五，治療師的角色是一個會談藝術家——是會談過程的建築師——而他的專長是在競技場中創造空間以促進雙向會談。**治療師是這治療式會談的參與觀察者，也是一個參與的促進者。**

第六，治療師透過會談或治療式提問來執行這種治療藝術。治療式提問是主要的工具，它促成會談空間及對話過程的發展。為了達成此一目標，**治療師運用他的專長，從一種「不／知」的位置提出問題。他所問的問題不是來自工作方法，但那種問題自會要求特定的答案。**

第七，我們在治療中所處理的問題，其實是面對我們人類的一種敘事（narratives）行動，但其表達的方式減弱了我們對於行事權與個人解放的意識。問題之所以出現，乃是就事態本身而提出切身警覺到的反對：我們不能夠為自己定義出有能力的行動（行事權）。就這種理解而言，**問題存於語言之中，而問題對於敘事脈絡而言是獨一無二的，其中的意義也從這脈絡中衍生。**

第八，治療中的改變即是以對話的方式來創造新敘事，因此為新的行事權打開機會。敘事的轉化效力來自於把生命中的種種事件重新關聯起來，而這是在一種嶄新且不同的意義脈絡中發生。**在與他人的會談之中，我們發展出一個敘事的身分認同，並透過它而存活。治療師的專門技術就是參與此一過程。我們的「自我」總是變化不居。**

28

　　這些前提相當強調語言、會談、自我，以及故事，因為這些都影響到我們的臨床理論與工作。今天，治療師之中有些人對此類議題感到極大興趣，並且繼續嘗試以此來理解及描述臨床工作。不過，很不一樣的觀點正在其中浮現。有些作者強調治療時必須賴以工作的個人敘事時間，及其中的穩定性。相反的，我們關注的是關於自我的故事，並強調此故事總是在改變、展開，且是以對話為基礎。站在這個位置上，我們發現我們強調的治療師之「不／知」位置，其真正重點在於：我們是透過治療式對話方能發展我們的理解。不／知的概念就這樣而與另一種治療理解形成對比──後者是基於預先設定的理論性敘事。

　　不／知在治療中要求我們不可受先前經驗或理論所形成的現實或知識影響，這包含我們的理解、解釋，以及詮釋。這種對不／知位置的描述是受到詮釋學、詮釋理論，以及社會建構論、語言、敘事這些相關概念的影響（Gergen, 1982; Shapiro and Sica, 1984; Shotter and Gergen, 1989; Wachterhauser, 1986）。這個詮釋學位置的描述代表了詮釋的理論與實踐。基本上，它是一個哲學立場，它「主張：理解總是一種詮釋……就理解而言，沒有任何立場具有特權」（Wachterhauser, 1986: 399），以及「就理解而言，語言和歷史總不只是條件，也是限制」（Wachterhauser, 1986: 6）。意義及理解是社會建構的，是透過對話中的人以及他們彼此之間所使用的語言。於是，人的行動發生於對現實的理解，而理解是透過社會建構以及對話而創造出來的。人的經驗因為這些被社會建構的敘事性現實而有了意義及組織（Gergen, 1982; Shotter and Gergen, 1989; Anderson and Goolishian, 1988）。

治療式會談:一個對話模式

如果一個治療的過程是基於一個觀點,即一個對話觀點,那麼,我們就稱之爲治療式會談。治療式會談涉及一種努力,這努力是透過對「問題」的對話進行共同探索及尋找理解。治療,因此治療式會談,涉及「一起在那裡」的過程。人們彼此互相說話,而不是對著另一個人說話。那是一個機制,治療師及案主透過它而參與一個共同發展的歷程,目標是生產新意義、新現實,及新敘事。爲了讓這個「新」得以發生,治療師的角色、專業技能及重要性就是發展一個自由的空間,促進會談過程的浮現。重點不是製造改變,而是打開一個會談的空間。用這種詮釋學的觀點,所謂治療的改變就是透過對話生產新的敘事。隨著對話的開展,新的敘事以及那「還沒被說出」的故事被共同創造出來(Anderson and Goolishian, 1988)。故事及自我敘事(self-narrative)中的改變乃是對話本然具有的效果。

爲了要達成這種特別的治療式會談,治療師必須採用一個不/知的位置。這個不/知位置涉及一個整體的態度或立場;它使治療師的行動能引發一種豐富、眞誠的好奇。也就是說,當治療師面對那些已經被說出來的話之時,他的行動及態度是想多知道一點,而不是傳達那些先入爲主的關於案主、問題,或關於哪些事情必須改變的意見及期待。於是,治療師,將自己放在「總是要受案主告知」的狀態中。這個「受告知」的位置,在詮釋學理論中是個關鍵假設;因爲它之故,由對話生產意義方得以成爲持續的過程。當治療師處在不/知狀態之時,他就採取了一個詮釋的立場,仰賴著對場中發生的經驗進行持續不斷的脈絡分析。

因此，治療師不會事先「知道」任何行動的企圖，他必須借
30　重案主的解釋。經由學習、好奇，以及慎重對待案主的故事，治
療師參與了案主，相互探索了案主的理解與經驗。於是，詮釋的過
程，以及治療中所發生的掙扎，都變成一種協作。這個位置讓治
療師得以與案主的位置保持連續性，也對案主的世界觀、意義、理
解都能賦予首要的地位。這些，讓案主有足夠空間進行會談的移
動，因為他們不再需要向治療師推銷、保護，或說服自己的觀點。
這種放開，這種鬆綁的過程，與一個來自貝特森的想法類似：明確
的說，為了接待新版或創新的想法，必須先空出一個地方來安置
熟悉的想法。這並不意謂治療師必須為案主發展並提供新想法或
新意義；新東西都是從治療師與案主之間的對話浮現出來的，因
此是共同創造。毋寧說，治療師只不過是意義生成，或詮釋循環
（hermeneutic circle）的一部分（關於意義生成的循環，或詮釋循
環，見 Wachterhauser, 1986: 23-4; Warnke, 1987: 83-7）。

就治療而言，詮釋循環，或意義循環，指的是對話過程。詮釋
在這過程中進行，從治療師先前已有的概念開始。當治療師進入治
療場域時，他總是帶著有待討論的議題，以及自己的期待，這些是
基於他自己先前的經驗及接案時所得的訊息。然後，治療總是用一
個已被擬定意旨的問題來開始。在這過程中的意義，首先是以一個
整體（治療師先前的概念）來理解，但這整體後來又被新浮現的局
部（案主的故事）來接替理解，於是兩種理解依序輪替。治療師與
案主在這意義生成的循環中一來一往。他們從局部移向整體，然後
又從整體移向局部，就這樣一直循環不已。在此過程中，新意義在
治療師及案主身上都會浮現。

不／知不是指一種毫無根據或未曾經驗過的判斷，而是指一組

比治療師一開始就帶進臨床現場者更為寬廣的假定與意義。對治療師而言，令人興奮的事情是過程中逐漸發現每位案主獨一無二的敘事現實，那是生命的故事化，且形成連貫的現實。這意思是，治療師總會受先前經驗的影響而帶有偏見，但他們必須換用一種方式去聽，才不致在案主描述他們的經驗時，將自己與該敘述所代表的完整意義隔絕。除非治療師在趨近每個臨床經驗時都能採取不／知的位置，否則這種事情不會發生。一個與此相反的作法就是：治療師尋找可為治療師理論作佐證的規律與共通意義；但這樣做時，治療師就反面佐證了案主故事的獨特性，也因此否認了他們整個人的身分。

新意義的發展仰賴著新奇及「新」本身——治療師不／知他即 31
將聽到的是什麼。這對治療師的能力而言，是個高門檻，他必須能夠同時參與內在與外在的會談。伽達瑪（Gadamer）曾經這麼說：

> 但凡試圖理解文本的人，就是準備好來接受該文本即將告訴他的某事。這就是為什麼一個受過詮釋學訓練的心靈必須打從一開始就要對文本所具有的「新」品質敏感。但這種敏感並不是要對事物「保持中立」，也不是要抹滅自我，而是要有意識地吸收自己的偏見，因此讓文本得以用它所有的「新」來表達它自身，也因此讓文本得以肯定它自身的現實，以對抗任何先入為主的意義。

於是，詮釋及理解一直都是治療師與案主之間的對話，而不是預先設定好的理論敘事。那種預設好的敘事只是對治療師世界而言的重要元素而已。

　　很多由語言及社會推衍出來的敘事，是在行為的組織間進行的，這些敘事之中有些核心元素會以自我描述或以第一人稱敘事的方式表達出來。這些涉及自我定義的敘事是在社會及在地脈絡之中產生及發展的。這些敘事會包含與重要他者，以及包括自己在內的會談。也就是說，人藉由與他人不斷變化的會談而相互發展出敘事身分，然後當認同改變時跟著改變。每個人都是從這些對話性的敘事之中推衍出社會行事權的意識，以做為行動的依據。敘事會准許（或禁止）個人對自由或能力的感知，人用此來理解事情，然後行動（有行事權）。治療所處理的「難題」可作如是想：由社會發展出來的敘事及自我定義未能導致案主發展出有效的行事權，而案主藉著自我敘事將這隱晦的現象反映出來。治療對於新的及不同的敘事提供發展的機會，允許擴大範圍的另類行事權，而其目的變成「難題」的「不必消解」。治療之所以被一些人視為成功，是因為完成了一套新的敘事行事權（new narrative agency），在這些人的體驗中，這就是「自由」及解放。

　　在此同時，這樣的解放所要求的乃是離棄傳統，不再使用「治療師／案主」的區分概念。我們將案主與治療師視為體系中一起演化的人，這種關係隨著治療式會談的進程而開展。意義成為他們之間的關係函數。由此看來，會把案主及治療師視為互相影響意義的人，而意義則變成了這相互性的副產品。案主及治療師在相互依存的新理解中，分分秒秒都在互相創造。結果是，他們生產出一個對話式共享的意義；這意義僅存在於治療式會談的時刻，但總會與時俱進、不斷變化。

32

會談式提問：如何一路保持理解

　　傳統上，治療中的提問會受到治療師專業技能的影響，反映出他對理論的理解，對心理現象及人類的行為的知識。也就是說，治療師以先前知識作為基底，根據一般的理論來對此現象或行為作解釋（診斷）及介預（治療）。這麼一來，治療師所強調（以及保護）的，是他們自己的敘事連貫性，而不是案主的。這個知的位置與布魯納（Bruner, 1984）提出來的辨識法很類似——即他所謂的「典範姿態」與「敘事姿態」之不同。在典範姿態中，詮釋者將解釋聚焦於外延理解、一般範疇，及廣義規則的解釋。舉例來說，「伊底」（id）、「超我」，或「症狀的功能性」（'symptom functionality'）等概念，都屬某類的廣義範疇，通常是從治療性理解的過程中發展出來。在治療中，從知的位置來提問，與布魯納所謂典範姿態相同的地方是：案主的反應侷限於治療師先前就已抱持的理論觀點之中。相反的，不／知的位置——類似於布魯納的「敘事姿態」——倡議了一種不同的專業技能；它只受限於治療過程本身，而不受限於病理結構的內容（診斷）及改變（療法）。

　　治療式或會談式提問，是治療師用來表現這種技能的基本工具。這是治療師能夠一直維持走在通往理解之路上的方法。治療式提問總是出於一種需要，即對於剛剛所說的事情還想知道更多。於是，治療師就總是處於被案主的故事所告知的狀態，總是在學習新語言與新敘事。被方法過度主導的提問一直有個風險，會扼殺治療師接受案主引導以及進入案主世界的機會。治療式提問的基礎不是單純地要拷問案主，或蒐集資訊來驗證或支撐某些假設。毋寧是容許案主來引導治療師，使後者能就他的理解範圍來衍生問題。

用這個詮釋學的概念，在心理治療的過程中，治療師不是在實踐一種提問的方法，而是在不斷地調整他或她對另一個人的理解。這樣，治療師總是在理解的過程中，總是在朝向理解的路上，也總是在改變。不／知的問題反映出治療師的位置及治療的程序。這樣，治療師不用他專門的心理學知識支配案主，因為他正被案主引導，也正在向案主的專門技能學習。因此，治療師的任務不是分析，而是試圖去理解，從案主不斷改變的生活經驗去理解。詮釋學式理解的目標是讓現象帶領。本章開頭比爾的話似乎是對這種理解的悼念。

在地（local）意義及在地對話

從不／知位置所生產出的問題形成過程會導致兩件事，一個是在地（以對話）建構起來的理解，另一個是在地的（對話的）詞彙。在地是指語言、意義，以及對話中的人們所發展出來的理解，不是指範圍寬廣的那種文化理解。一個人藉著這種在地理解，從他的記憶、感知，及歷史中生產親密的道理（sense）。經過此一程序，為了延續新敘事及新歷史的空間會一直保持開放；因此，對於新的未來也是如此。

在地意義及在地語言的議題很重要，因為從一場治療到另一場治療，從此一知者到另一知者，好似各自有某種有限範圍的經驗及某種知道這種經驗的方式，且其方式相當不同。葛芬柯（Garfinkel, 1967）及蕭特（Shotter, 1990）提出一個強有力的觀點：在任何對話中，參與者只能依據現場脈絡，由直接對話交流所協商出來的意

義規則，用以理解現場說出來的話，而拒絕任何其他理解方式。據
葛芬柯之意，意義及理解總是涉及參與者彼此之間的協商。一般心
理學的傳統典範語言以及家庭理論從來不足以解釋或理解由在地推
衍出來的意義。治療師若試圖透過一般心理學、家庭模型及其相關
的術語來理解使用第一人稱敘述的經驗，其理解必會導入一個化約
的、刻板的、理論的概念。當治療師使用這種概念、亦即這種先入
為主知識時，他通常會與案主正在發展的意義隔離，進而限制了案
主的敘事。因此，治療師所提的問題只與為何來諮商的理由有關
（例如，紀錄上所顯示的問題），變成一個專門問那些在治療情境
中已知事情的人－－只聽已說過的故事。為了達成此一目的，治療 34
師就只能繼續在案主的語言中留意特別與問題有關的敘事發展及隱
喻。

治療式提問之所不是

　　一個從不／知位置發出的治療式提問在很多方面都與所謂的蘇
格拉底式提問類似。這裡所提的不是修辭式的，也不是教學式的問
題。修辭式問題是自問自答，而教學式問題則暗藏答案的方向。傳
統治療的提問法通常有這些特質；也就是說，其中暗示著方向（正
確的現實），也給案主留下些暗示，好讓他能達到「正確的」回
答。

　　相反的，不／知的提問替那些不知的、不曾見過的東西開
啟一個可能性的領域。有一種不同的理解在推動治療式提問，某
種社群知識的未來在牽引著尚未實現的可能性。在這種位置上提

問，治療師才能夠與那些「尚未說出的」一起移動（Anderson and Goolishian, 1988）。治療式提問意味著很多可能的回答。治療中的會談就是替這些「尚未說出的」敘事展開機會。這個過程會使新的個人現實及新的行事權加速演進，讓它們在不斷產生的新敘事中浮現。新的意義，以及因此而來的新行事權，會以一種個人的方式及社會組織的方式而得以體驗。

一個案例：「你得這個病多久了？」

　　有個受挫的精神科醫師同事向我們提出會診的請求，對象是一個幾乎無法穿透的案例──四十歲的男子，長期以來覺得他得了一種慢性傳染病，並且一直在傳染給別人，甚至害死他們。多次負面的醫療諮詢及心理治療都無法讓他釋懷，也始終無法中止這名男子繼續相信及害怕自己罹患傳染病。雖然他談到婚姻中的困難（他太太不理解他）以及他無工作能力，但他主要的擔心仍是他的疾病及一直在擴大的感染。他嚇慌了，他心煩意亂，無法安心下來，因為他知道他正在散播的是傷害及毀滅。

　　他搓著雙手，說著他早期的故事，關於他如何得病及如何變得有感染性。諮詢師（谷力顯）問他：「你得這個病多久了？」他臉上露出吃驚的表情，經過一段長時間的停頓之後，這名男子開始說他的故事。他說，開始時，他是個年輕的商船水手。當他在遠東地區時，曾與一名妓女有性接觸。後來，他想起船上提供給船員的課程，那是關於經由性傳染的疾病。他擔心他的縱慾讓他染上了其中一種很可怕的性病，於是他要求治療。在驚恐中，他到當地一家診所求診。在診所，他向一名來自教會的護士解釋他的恐懼。但她

叫他走開，說他們的診所不治療性變態——並且說他需要的是告解與上帝，不是醫療。在那之後，很久以來，由於羞愧與罪惡感的驅迫，他將他的憂慮留在心中，不曾向任何人提起。

當他從海上回到家，他仍舊害怕他染上的病，但他無法向任何人說這件事。他造訪很多不同的醫療診所，做身體檢查，但得到的結果總是說他健康良好。這些否認他染病的報告讓他相信：他的病比他原先想像的還要嚴重，因為醫療科技竟然還不知有此病。隨著愈來愈嚴重的憂慮，他開始認為他的病有傳染性，也正在毒害別人。傳染給別人這件事後來變成嚴重的問題，最後，他認為他正在用某種間接的方式感染別人；例如透過看電視，或聽收音機。他繼續找醫師諮詢，但不管是身體的或實驗室檢驗，結果都是否定的。這時，他被告知的不僅是他**沒病**，而**確**是有精神異常，並且有幾次被轉介給精神科。隨著時間逝去，他逐漸相信沒人理解他會傳染這件事的嚴重性，也不理解此一疾病的嚴重程度，更不理解他正在造成的毀滅。

隨著諮詢師繼續對他的兩難困境感興趣，這名男子愈來愈放開來了。他有點受到激勵，附和著諮詢師的好奇，仔細地說起他的故事。這位諮詢師並沒有重提歷史，或再次收集靜止的過去事件。他的好奇始終停留在這名男子的現實上（即疾病以及傳染問題）。他的企圖不是要挑戰這名男子的現實感或他的故事，而是學著想要知道，且讓故事用一種可有新意及新敘事浮現的方式來重說。換句話說，諮詢師的企圖不是要說服或操弄這名男子讓他脫離他的想法，而是經由不／知（不否定，及不判斷）讓對話可提供一個起點，打開會談的空間。

其他同事看著這段訪談過程，對於這種協作的位置及問題頗不

以為然，像是「**你得**這病多久了？」他們擔心這樣問會加強患者的「慮病妄想」。很多人建議安全一點的問題：「**你認為**你得這病多久了？」

但是，不／知的位置預先排除掉的立場就是「這名男子的故事是妄想」。他說的是他病了。於是，就有必要對他的病聽更多，知道更多，且帶著這種語言的現實（languaged reality）來與他對談。對這名男子的現實敏感，及試圖去理解它，是必不可少的步驟，這樣才能在連續的過程中逐漸建立及維持對話。對諮詢師而言有兩個關鍵：要維持在地的對話，隨著正在發展的意義生成規則移動；以及，諮詢師要使用案主熟悉的語言及詞彙來講話。這不同於放縱或僵化別人的現實。那是一種會談式的移動，緊跟在剛剛說出來的道理（sense）之中。這是跟隨著案主故事中的敘事真實（narrative truth）而移動，不是挑戰，而是與在地發展、在地協商的意義體系並駕齊驅。

問個更安全的問題，像是「你**認為**你得這個病多久了？」只會得到一個效果，就是將諮詢師預定的，或「知道的」，或「典範的」疾病觀點——也就是說：這名男子口中的疾病是虛構的，是想像出來的，是妄想及失真的，需要矯正的——強加在這男子身上。對於這樣的提問法，這名多疑男子的反應將會是：落回他先前對諮詢師既有的想法及期待之中。很可能，他又會感到被誤解及異化。眼前這個諮詢師只不過是另一個排隊等著不相信他的專家，而且還要問他一些「有條件」的問題。誤解及異化只會關閉，而不是打開對話。

在結束這場晤談時，轉介這名男子的精神科醫師（他一直在場觀察）問道：談話的感覺如何？男子的立即反應是：「你知道嗎，

他相信我！」在後來的追蹤會談中，這名精神科醫師描述了那次晤談對他自己及對案主所發生的後續效果。他說：療程中的困難好像變小了，而且男子的生活狀況變好許多。他說，不知怎麼的，有沒有被感染已經不再是個問題。這名男子正在處理他的婚姻及失業問題，後來甚至與他太太進行幾場聯合治療。諮詢師的不／知位置為可能性打開一個起點，也替案主與他自己之間，案主與精神科醫師之間，精神科醫師與他自己之間的對話交流打開了可能性。

　　這並不暗示諮詢師的提問產生了一個痊癒的奇蹟。也不暗示 37
任何其他提問就會使治療進入死胡同。沒有任何神奇的提問或介預可單獨影響生命的發展。沒有一個單獨的提問可以打開一個對話空間。問題本身也不會使人轉變意義，或出現（不出現）新想法。但毋寧說，每個提問都是整個過程的一個元素。

　　治療師的核心任務是找到一個提問法，使問題能促發緊接著的經驗重述，並在敘事中提供答案。這種提問法不可事先計畫，或事先知道。剛剛說出來的話，剛剛重述的故事，就是個好答案，讓治療師必須去找出問題所在。正在發展中的治療式敘事會一直向治療師顯示下一個問題是什麼。從這觀點看來，治療中的問題總是被緊隨在後的對話事件所驅動。不／知乃意指每位治療師所累積的經驗及理解要不斷接受詮釋的改變。在當地及連續的問答過程中，一個特別的理解，或一段特別的敘事於焉成為「新」以及「尚未說出」的起點。

結語

　　當案主的故事透過治療式對話而不斷被重述與細說之時，源自於不／知位置的治療式會談及治療式提問成為一個生產新意義的協作努力，這乃是基於案主的語言及解釋的歷史而然。這種對話式交流促進了第一人稱敘事法的改變，這對於治療而言實為非常必要。發展中的敘事導致新的未來，能對一個人的生命給出新意義及理解，且能啟動不同的行事權。在治療中，這最好是藉由提問來完成，而那樣的問題需來自真心的好奇，即對於那些剛剛說出口卻仍「未知」的好奇。

　　敘說故事即是經驗的再現；那是在當下重新建構歷史。這個迴映出來的再現是案主為了回應治療師的不／知，由茲而對經驗進行了再描述及再解釋。雙方同時演進，相互影響，也影響到經驗，於是，經驗乃再現而出。這並不意謂治療師在治療過程中只是說說那些已知的事情。他們不會只是把一模一樣的圖像或故事復原出來而已。毋寧說，治療師要探索的是那些「尚未說出」的資源。人有的是想像式的記憶。過去的所作的交代被重新提取，用的是一種可喚醒無數新可能的方式。於是，創造出了新版的虛構故事及新歷史。想像力是在語言的創發力之中組構而成的，是經過會談中的主動過程，也是透過對「尚未說出者」的追尋而然。

　　在治療中的詮釋，亦即想要理解的努力，一直是案主與治療師之間的對話。那不是治療師世界中具有重要意義的先決理論敘事之結果。為了試圖理解案主，必須對案主作出一個假定，就是案主總是有東西要說，而這些東西會使得敘事有道理；在案主故事發展的脈絡下，這些東西肯定了它自身的真實。治療師對於案主故事中

的道理及元素，所作的反應與傳統的位置相反；在傳統治療中，治療師總是把那些「已說出者」視為胡扯，或病理徵象。在此一過程中，這個新的合作敘事和理解必須用案主的日常語言來表達。一場治療式會談只不過是個緩慢開展的、充滿細節的、具體的個人生命故事，經由治療師不／知位置的刺激，以及治療師想知道的好奇心而產生的。就是透過這種好奇與不／知才打開了會談空間，也因此提高了敘事發展的潛能──為了新的行事權，也為了個人的解放之故。

參·考·文·獻

Anderson, H. and Goolishian, H. (1985) 'Systems consultation to agencies dealing with domestic violence', in L. Wynne, S. McDaniel and T. Weber (eds), *The Family Therapist as Consultant*. New York: Guilford Press.

Anderson, H. and Goolishian, H. (1988) 'Human systems as linguistic systems: evolving ideas about the implications for theory and practice', *Family Process*, 27: 371-93.

Anderson, H. and Goolishain, H. (1989) 'Conversations at Sulitjelma'. *Newsletter, American Family Therapy Association*, Spring.

Anderson, H. and Goolishian, H. (1990a) 'Beyond cybernetics: comments on Atkinson and Heath's "Further thoughts on second-order family therapy"', *Family Process*, 29: 157-63.

Anderson, H. and Goolishian, H. (1990b) 'Chronic pain: the individual, the family, and the treatment system', *Houston Medicine*, 6: 104-10.

Anderson, H., Goolishhian, H., Pulliam, G. Winderman, L. (1986a) 'The Galveston Family Institute: some personal and historical perspectives', in D. Efron (ed.),

Journeys: Expansions of the Strategic and Systemic Therapies. New York: Brunner/Mazel.

Anderson, H., Goolishian, H., Winderman, L. (1986b) 'Problem determined systems: towards transformation in family therapy', *Journal of Strategic and Systemic Therapies*, 5: 1-14.

Bruner, J. (1984) 'Narrative and paradigmatic modes of thought', Invited address, American Psychological Association, Toronto, Aug.

39 Gadamer, H. (1975) *Truth and Method*. New York: Continuum.

Garfinkel, H. (1967) *Studies in Ethnomethodology*. Englewood Cliffs, NJ: Prentice-Hall.

Gergen, K. (1982) *Toward Transformation in Social Knowledge*. New York: Springer-Verlag.

Gergen, K. (1985) 'The social constructionist movement in modern psychology', *American Psychologist*, 40: 266-75.

Gilligan, C. (1982) *In a Different Voice: Psychological Theory and Woman's Development*. Cambridge, MA: Harvard University Press.

Goolishian, H. (1990) 'Family therapy: an evolving story', *Contemporary Family Therapy: an International Journal*, 12 (3): 173-80.

Goolishian, H. and Anderson, H. (1981) 'Including non-blood related persons in treatment: who is the family to be treated?' in A. Gurman (ed.) *Questions and Answers in Family Therapy*. New York: Brunner/Mazel.

Goolishian, H. and Anderson, H. (1987) 'Language systems and therapy: an evolving idea', *Psychotherapy*, 24 (3S): 529-38.

Goolishain, H. and Anderson, H. (1990) 'Understanding the therapeutic system: form individuals and families to systems in language', in F. Kaslow (ed.), *Voices in family Psychology*. Newbury Park, CA: Sage.

Shapiro, G. and Sica, A. (1984) *Hermeneutics*. Amherst, MA: University of Amherst Press.

Shotter, J. (1990) 'The myth of mind and the mistake of psychology', in W. Baker, M. Hyland, R. van Hezewijk and S. Terwee, *Recent Trends in Theoretical Psychology* vol. 2. New York: Springer-Verlag.

Shotter, J. and Gergen, K. J. (eds) (1989) *Texts of Identity*. London: Sage.

Wachterhauser, B. R. (1986) *Hermeneutics and Modern Philosophy*. New York: State University of New York Press.

Warnke, G. (1987) *Gadamer: Hermeneutics, Tradition and Reason*. Stanford, CA: Stanford University Press.

治療過程之為改變的社會建構
Therapeutic Process as the Social Construction of Change

蘿拉·甫露葛理（Laura Fruggeri）

40　　　　在任何觀察、描述或知識過程中，對於觀察者的建構性角色
得以重新辨認，標誌著科學往更大領域擴展的轉捩點，而這一點在
社會科學上的表現尤其明顯。事實上，對個體具有建構性功能的承
認，即在他們與世界的關係裡，組構出了新基礎，好讓科學論述
能從機械元素和無時間性的邏輯與數學隱喻中解放出來（Bateson,
1972, 1979; Bateson and Bateson, 1987）。知識是在不斷進行的自
我指涉建構中產生的；即一個描述的循環復現會產生另一個描述
（von Foerster, 1981）。在建構世界的過程中，個體會因他們對世
界的信念、認知地圖及種種前提而受限（Bateson, 1972; Maturana
and Varela, 1987）。將知識定義為自我指涉過程，是個新的起點，
讓科學典範的精細闡述不必再依賴客觀性，亦即依賴一套準確描
述的語言，或一個普世通用的概念框架（Ceruti, 1986）。因為這
樣的典範沒有把客體和能知的主體這兩種研究分別開來（Morin,
1977）。

　　　　上述的認識論觀點乃是觀點的革命，對於臨床領域有極大
的影響。在此若要轉述伐瑞拉（Varela, 1979）觀點的話，我們
可以說：心理治療作為整體人類的大事，是建立在詮釋／行動
（interpretation-action）的詮釋循環基礎之上。「在每一個階段中，

觀察者透過一種理解而得以與體系連結，並改變他與體系的關係」
（Varela, 1979: 57），因此，治療師通過他們自己的理解與描述，
與他們所涉入的患者建構起一個互動過程。

　　這種思想所代表的挑戰已被一些學者廣泛地運用在各種治療模
型中。例如，認知治療起初固定在行為主義傳統，然而，如今很多
認知治療學派的治療師開始轉向體系─建構主義的觀點（Guidano,
1987）。在精神分析領域中，許多人將典型的詮釋學整合為一種方
法，即在精神分析的過程中，患者與治療師關係的建構被視為精　　41
神分析過程中最基本的元素（Bion, 1983, 1984）。體系理論也開始
從六〇年代的實用主義化約觀點中解放出來，發展出一套強而有
力的批判觀點，來對付指導性、工具性和以控制為目標的治療模型
（Dell, 1982; Keeney, 1983; Hoffman, 1986）。與此同時，奠基於建
構主義原則的非工具性模型也開始誕生。建構社會意義的互動過程
於焉成為心理治療理論與實務中最重要的課題（Cronen et al., 1982;
Fruggeri ct al., 1985; Ugazio, 1985; Anderson et al., 1986; Goolishian
and Anderson, 1987; Andersen 1987; Cecchin, 1987; McCarthy and
Byrne, 1988; Hoffman, 1988; Fruggeri and Matteini, 1988; Fruggeri et
al., 1991）。

　　在體系論的取向中，社會建構論已經發展出一些概念和經過修
正的方法。其中一群正在過渡之中的人，便是許多具有實際的、策
略性的和結構主義背景的治療師。他們嘗試整合新舊模型，亦即舊
的確定性與新的可能性。這個新的科學典範所質問者不僅是關於治
療技術的問題。相反地，他們挑戰了心理治療的基本概念和治療師
的身分。實際上，它所探討的心理治療基礎，不僅是科學思想，且
同時是社會現象。

　　這種認識論觀點所質疑的乃是治療師對自身定義的前提，以及如何能精煉理論與實務、模型與技術，用以發展人際、社會和組織間的關係。在這種轉變中，治療師發現他們面臨著諸多困境。其中最重要者包括：（1）對心理治療必須奠基於醫學模型才能發展的質疑；（2）對治療師的變化氣質技巧進行去神祕化；（3)對圍繞著治療師倫理與專業責任所感到的困惑。

有效變無能

　　知識過程中的自我指涉特徵隱含了個體之間的關係，或人與環境、人與他人之間的關係，都不可能是帶有指導性的互動，也就是說：「人對任何別人都不能做任何事」，這想法恰與原有的基礎相反，即治療師的行動正是奠基於治療師開始處遇案主之處。事實上，這並不是承認治療師具有使用其技術性工具來改變案主的權力。非指導性互動的概念修正了心理治療對現象作解釋的因果典範。治療師效力的讓渡打開了一個空餘的空間：如果基本構成元素不再存在的話，心理治療還剩下什麼？

丟開醫學模型

　　假定每個人都會建構現實，這就打開了一種討論，即關於如何對正常機制或病理化機制來進行描述的課題。建構論者認為個體或家庭功能的維繫，其特性不在於個體或家庭，而在於治療師的描

述。正如戴爾（Dell, 1982）所說，一個人或一個家庭的特性不計其數，每一特性都被某種描述的形式所定義。這種描述不屬於案主本身，而是治療師給案主帶來的。

　　然而，很多心理治療所依賴的醫學模型，乃至其治療和開題的原則，都教導我們說：所有不適狀態的治癒關鍵胥在於確認其病理學機制。事實上，這些病理機制都應以適當的療法來加以破壞。因此，假若我們認為治療師無從進入客觀病理學機制的知識，則我們怎麼還能將治療師定義為治癒者？如何仍能稱其實踐為療癒？

折斷的仙女棒

　　個體行為是認知和象徵過程的函數——由這種觀點開始，人際行為不能僅僅視為對他人行為的回應；而是個體對於他自己和他人行為的意義所推導出的函數。治療師的介預不再僅僅由於其本身有效，因為他們的努力也是與案主所歸之於他們的意義有關。那麼，治療師的工具有何重要性可言？學習乃至使用一種未被事先定好信度的技術，有何意義可言？這些技術，除非受到案主「承認」（'recognize'）才算數，那它還能視為治療的工具嗎？

對專業倫理出現懷疑

　　如果變化的方向不是由單方面決定的話，在某方面來說，治療師對其技術工具的有效性就不再擁有控制權。在此框架下，治療師　43

如何爲其介預負責？他們在社會上、體制上及法律上所應負的責任空間何在？治療師到底要爲什麼負責？總之，這些兩難困境不斷提出一些重要的問題。

身分認同危機的爆發

如何可能確定治療師的意向（intentionality）？他與案主的會談、對話和關係與其他會談、對話和關係有何不同？

邁向新身分認同的建構

由於上述的困境，有些治療師因此反對建構論觀點，指責它太像自言自語；另外一些人則對此感到很無能。但也有不少作者，尤其是封‧佛爾斯特（von Foerster, 1981）和封‧葛拉塞斯菲（von Glasersfeld, 1984），已經嘗試支持建構論者的觀點來反駁有關自言自語的批判。在他們的想法所誕生的歷史脈絡中，二位強調的是觀察者（the observer）或知者（the knower）。我們可以清楚認出這種重要轉向代表的是什麼。不過，在當今的歷史脈絡中，我們可以進一步看到：對於觀察者的強調，可能會導致傳統取向中同樣的主體／客體二元論，並重演只注重被觀察者的戲碼。我們需要把焦點移開，不再管主體和客體二分的傳統，而把關注轉到知識過程上。爲此，我們必須強調：知識即是社會建構。我們不能忽視的是：詮釋—行動的循環不會發生在真空中。對觀察者／治療師的描

述不能當作一種抽象；他們正在社會性地建構現實。我們不能忘記我們每人每天都要面對建構的現實，而不會經歷到抽象世界。建構這些現實的信念並不是在人腦中的想法，而是產生於溝通過程中（Moscovici, 1961, 1982, 1984, 1988）。因此，詮釋循環（詮釋—行動）可說是如此：個體持有的信念會建構現實，而這種現實透過社會互動維持下來，再反回來，確認了由社會互動所產生的信念。

由於放棄傳統的二元認識論，我們有可能克服前面所提到的困境所造成的癱瘓感。二元對立的認識論提出的選擇總是在兩者之 44 間：控制與無能、有效與無效、客觀知識與無知識。換句話說，二元論的邏輯很死板地把不能控制等同於無效，科學等同於客觀性。於是，客觀性的缺如被視爲無知，而有用就等於有效。換言之，有效性因此而嚴格地與客觀性和控制聯繫在一起。建構論的理路爲我們提供的是打造出一種新架構的可能性，用以克服所有的二元論。事實上，建構論是從觀察者的觀點出發，其眼光的移動是從自我觀看宇宙，進而看到自己是爲社會多元宇宙中的一部分。這是一個互補的、非二元論的觀點。這並非正反概念的互替；它認爲體系的封閉組織需在互動中維持，變化生於穩定，自主源於約束，而在限制中我們才找到可能性。

基於這種觀點，我將重新思考上文所提到的臨床議題。根據知識過程中自我指涉的特徵，治療師對案主處境以及與案主關係的描述不能再視之爲客觀描述。沒有一種描述是比較精準或正確的描述，沒有更正確的觀察工具可以使用。實際上，治療師的描述與其認知地圖有關，治療師只會看到他們的觀點之所能見。然而，這並非自我獨白。觀察者／治療師的描述**受限於**案主對其自身的描述。因此，案主與治療師的社會過程交會於繼續限制他們的觀點，或讓

這些觀點發生改變的可能性上。這種限制使得自我指涉成為一個建構過程，而不僅僅是獨白的遊戲。治療師的觀察受限於案主的觀點，反之亦然（Fruggeri, 1990）。因此，治療師的建構會連結到他們被案主所詮釋的行動上，也連上他們被案主「聽到」的問題、評論和介預方式。

讓我們以家族治療師的一個典型情境為例，因為他用來描述家庭的地圖，在很多可能性的特徵中「看到了」父母之間有衝突。我們先假定：治療師不受線性地圖所限，譬如：「父母的衝突導致了孩子的症狀」，則治療師要為父母衝突與孩子受苦之間的關聯畫圖時，就不僅取決於治療師自己的圖式，還取決于家庭成員如何尋求這些事件之間的關聯，及其**意義**何在。如果家庭使用的是線性解釋，則無論治療師的意圖和所使用的地圖為何，這個家庭都會「聽到」父母的衝突導致了孩子的痛苦。

對不同介預脈絡下的治療關係所進行的研究（Fruggeri, 1988, 1911）已經辨識出：「專業協助愈多，問題也愈持續且增強」的現象反覆發生，而這是與家庭所自認的不足、不良、錯誤有關。然而這種自認的觀點是在他們與專業人員的互動中產生的。這並非由於對給定情境作了錯誤詮釋，毋寧說是根據相關人等的某種特定信念體系而得出的正確詮釋。也就是說，這是來自這個家庭作為文化和社會群體成員的經驗而得到的信念。特別是，這種已被確認的反覆循環型態甚至無關乎難題的呈現、介預的類型、指涉的樣態；也與案主、家人或專業人員參與此問題的方法無關。這種反覆的類型甚至無關乎他們所有人互相之間如何聯繫。反而該說：問題的產生是串通行動的結果，是當時牽涉在此情境中每一個人對於行為所歸因的意義。

　　這樣，心理治療以一種溝通過程的姿態而浮現。在此過程中，不同的夥伴們建構互相的角色，並共同建構起雙方都有共識的人際脈絡情境。知識原係一種發現的運作，在這種觀點之下，這基本的定義已被置諸腦後。毋寧唯是，心理治療實踐亦不再是一種操弄。如此，知與行的區分也消除了。知識事實上就變成一種行動，在其中，意義透過案主與治療師間相互參照的信念而產生。

　　這為不同階段的治療過程帶來了新曙光。以理解案主動力為目標的晤談和以修正這種動力為目標的晤談之間會有的差異，看起來其實是人為造作。在治療師所主導的晤談中，資訊提取和資訊給予可以同步發生。例如，當開始一段治療時，我通常會這樣問：「什麼風把你吹來的？」和「對這狀況，你怎麼看？」我對家庭中的每一成員都問這兩個問題。我可以想出很多不同的方式作為開頭。我可以問行為而非意見，徵狀而非解釋，我也可以只問家庭中的一員（案主或父母的一方）。事實上，我故意只問這兩個特別的問題，而這並非隨意。這問題是與我所指的理論模型相連的。但這也不是唯一的原因。對每個人都問「你怎麼看」，這不只是一個連貫於建構論的行動，還可辨認出晤談即是建構的過程。類似於此，我們可以看到，對某個人問道：「你有什麼問題？」──這不僅是一種客觀主義架構的表達（它假設有問題存在），而且它也可能使得整個家族都把這問題建構成客觀的。「可能」這個詞用在這裡，是為了強調，到了最終的分析時，可看出不同的現實會帶來共同建構（co-construction）。治療師並非只是易於返身自覺其行為和信念的觀察者，但卻是一個能夠在觀察的同時，也自知是在建構當時被觀察到的情境（Fruggeri, 1990）。把這轉譯成一種方法論取向，即意指能夠看出：治療師在他的行動中不斷做出假設，使他在與案主

46

共享的互動脈絡中得以從而認定其意義。

　　這裡有一個明顯的問題是，「治療師如何知道案主把什麼意義歸因於治療師的行動？」簡答之，根據這裡所發展的模型框架而言，應說是治療師不知。然而，我認為這對於隱含在問題當中的方法論議題，卻如同一種否定。在每一個晤談階段中，每位治療師都要決定：是否該做、該做什麼，以及如何做，來幫助案主。所有的治療師都會用某種標準來做出判斷。努力讓這種判斷標準變得能清晰明示，有利於特定的治療方法，同時有助於治療師對其建構治療現實的方式加以反思。

　　這種方法論上的導引（例如，反問自己的標準）並不意味著要探求真理或客觀性，甚至連接近都算不上。當考慮到所有社會互動中未曾意料的後果時（Shotter, 1990），這種方法論強調的是：治療師須對自己的建構負起責任。因此，如果對上面問題的簡答是「治療師無法知曉案主對治療師的行為如何歸因」，那麼，長一點的答案便是：治療師固然無法通過客觀的方式獲知，但可以通過他們在治療中所建構的語境脈絡，來對這些問題進行假設。基於治療師不斷地假設而能夠對於這個標準有所覺察，遂成為一種治療工具。更廣泛些的答案就該說：治療師既然無法避免扯到信念體系的社會建構這個議題，因此，他們既然身陷其中不能逃避，他們就必須從中學習。

　　讓我們回到治療師的兩難困境。與上面提到的方法論相連的話，承認「無人能對其他人做什麼」，或從專業倫理的質疑所衍生出「對於案主如何涉入也是不可能控制的」，這種不舒服感，若能與上述的方法論問題一起討論的話，就能夠消除。治療師沒有改變的權力，或不能單方面決定改變的方向。只有把心理治療重新定義

為建構社會現實的脈絡，才能再建立治療師的責任。治療師會發現他們所在的位置要求他們必須處理他們在這關係當中本來就存在的非中立性（Marzari, 1991）。這種信念體系與治療師的實踐相關，同時他們對案主行動方式的參照，也使他不能用想當然爾的方式來看待自己，亦即他們不能視而不見。治療過程的發展及其效果都與他們有密切的相互依存關係。

治療師的權力和責任於是必須重新定義。他們從單方控制的觀念中解放出來，而被另置於共同建構的動力體系中。這種用權力與責任相互對抗的理論觀點使得這兩概念原先被賦予的單純道德解釋完全瓦解——即權力永遠是不好的，而責任永遠是好的。從另一方面來看，如果在人際社會脈絡之外過於強調責任，最終也會導致一個萬能型的（如果不叫權力的話）控制取向認識論框架。我們對於權力既不必額手稱慶，亦不能使之妖魔化。應當用貝特森關於「全體」和「部分」的區分，來對權力和責任進行重新考量。在本質上，可以說：治療師的問題既不是擁有權力，也不是屈從於權力。毋寧說，治療師應當負責的乃是他們在關係／社會領域的限制內進行了什麼樣的權力建構。

一方面，建構論觀點對我們的挑戰是能將操弄視為一種幻覺；另一方面，它也要求對於單方面定義的民主和平等態度進行反思，看出它所代表的操弄也是一種幻覺。由於權力不是單方面決定的，因此平等主義和尊重他人也不是單方面的決定。這些都是互動過程的結果，在此過程中，提供尊重和對於那種提供的接受／承認，都是必要的。

新問題的出現

　　從建構論者的觀點來看，心理治療可以在理論上重新定義。從機械論中鬆綁出來，不再受限於技術範圍的心理治療，可以成為人際建構的過程。故此，心理治療不能脫離其發生和其受決定的社會脈絡。心理治療在社會層面上被定義為問題的解決、進化和改變。每一次一人或多人找到治療師來投訴他們的問題時，也是隱約地在尋求幫助。他們帶著會得到些東西的期望而來。治療師不能避開的目標就是對於當前問題要進行處理。治療師不能避免的是以根本非中立的方式和前來求助者建立關係（Marzari, 1991）。

　　為了使心理治療情境能夠有效地持續下去，從這個角度來看，處理社會指定的難題，就定義了治療師的身分認同（即作為「專家」）。但是，同時對於「有效處理」必須念茲在茲的是一個理論上的原則，即關係的改變不可單方創造或統轄。如果連案主會抗拒改變的想法都可以放棄的話，則治療師作為改變的建築師這一想法，也一樣可以不痛不癢地予以放棄。

　　在建構論的框架中，除了心理治療之外，連病理學都要一起進行概念更新。問題的核心不在於症狀的病因，而在於人際過程和社會動力使得該症狀得以維持。研究並未涉及問題的原因，而是發現在個人及人際體驗中，信念和行為之間相互決定而產生了一個奇特的迴路（Cronen et al., 1982）。值得注意的是，這個奇特的迴路通過社會和科學社群、文化價值，以及診斷和治療實踐，會維持持並擴大其功能。

　　根據這種觀點，肯因尼（Keeney）提出如此的建議：心理治療應針對的目標是修正有問題的體系改變方式，以便維持其穩定性。

因此，「治療性的改變涉及了改變之改變——體系的慣性改變過程當如何改變才能導致穩定」（Keeney, 1983: 177）。心理治療因此被定義為二次學習（deutero-learning）的過程（Bateson, 1972）；也就是說，一個共建脈絡的過程，在其中，有一組改變的選項，使選擇成為可能。

依此定義，治療師就是參與此人際現實建構之中的一人，他擁有的特徵與案主及其歷史／體驗／實踐下所建構起來的重要體系有所不同。如果治療師能夠成功介入，致使案主能重複地在原有的體驗中尋尋覓覓，他就能啟動改變的過程（Maturana, 1988; Anderson et al., 1986; Fruggeri et al., 1985; Fruggeri and Matteini, 1988; Fruggeri et al., 1991）。

因此，我們辨識出心理治療的方法論指南有以下幾點：（1）差異的引介；（2）對同一件事建議作出不同的描述；（3）行為和事件的重新聯結；（4）引介返身自省（reflexivity）之道。

如果我們不致力於指出個體是怎樣受困於前提和人際行為的迴圈之中，而這個迴圈又不允許他們做出選擇來跳出這些前提的話，則再重要的方法論原則也都只會繼續在表面上滯留（Bateson, 1972），使他無法「看見」治療師提出的差異。差異、創新和返身自省等等並不是治療師提問與評論的本然特性。可以引入差異的這種介預，需由案主認出方能有以然。我們是否甚至該說：無論治療師做了什麼，治療過程的效果總是取決於那些案主選擇了「什麼才是對他們有利的改變」。在我看來，這種立場是以講反話的方式重新創造了一個聲明，即認為治療過程的效果原是由治療師決定的。而且，如果後者算是會導致控制取向的話，那麼前者所能導致的，也就只能稱之為心理治療現象的不嚴謹定義罷了。

　　依我之見，這就是建構論取向在心理治療中運用的核心課題。為了致力於提取出它的能見度，嚴謹的研究是必要的。我們仍然無法回答信念如何在社會中產生，我們甚至都還遠遠不及說出信念如何改變。我們聲稱成功的心理治療是一種如此的改變過程：案主對於他們的前提，或他們所涉及的談話和敘事作了改變。我們假設敘事、會談和前提乃是問題產生的脈絡所在，而需要改變的也正在於此。然而我們尚不知我們所提及的自創（autopoetic）[1]和內生（endogenic）觀點如何影響前提、會談或敘事改變的過程。促使關係中進行二次學習過程的究竟是什麼？促使會談中某一特定典型的會談能改變所有其他會談的究竟是什麼？哪種特殊的敘事方式會產生新的敘事法？我認為心理治療師應該在以非控制導向為名的建構論思維中，回答以上這些問題。

　　在這個方向上，我與一位同事一起開始進行了第一步的研究（Fruggeri and Matteini, 1991）。我們對家族治療會談進行了體系分析，目的是辨識出案主（個人或家族群體）對於他們所體驗到的，與治療師的特殊介預方式（提問或評論）如何描述、解釋和對於意義如何歸因，及其彼此之間是否有相關的規律。到目前為止，這研究只包括了一些次數有限的會談。下面是在分析中可反覆看出的一些規律。

　　首先，對於家族成員的介預，案主對於治療師不同的描述、解釋、歸因方式所形成的問題或評論有所反應——才發現這些都挑戰了他們的描述、解釋、歸因和認知地圖，亦即挑戰了他們的前提及信念體系之間的一致性。此外，每次治療師提供了不同的描述、解釋或歸因之時，家族成員會傾向於將這種介預整合到他們的信念體系、認知地圖和前提當中。這似乎表明了，在治療關係當中，對描

述和信念之間的連貫性進行挑戰，對所有個體構成了攪擾，但卻因而能使他們產出新的連貫性。

　　其次，會談中最重要的改變（也就是在描述、解釋和歸因中的型態改變）是相應地發生於治療師所作的介預上——這一介預在會談過程中和個體所呈現的多重描述、解釋、歸因能夠關聯起來。在此意義上，我們可以假設：光光提供一個多元的觀點並不足夠；治療師必須提供一個讓家族成員都能看出他們之間有互聯的可能性。而這一點只當家族成員對於產生不同觀點的可能性都已經有所體驗之後，才會發生。

結論

　　從上述的考量中，我們可以得出一些方法論上的指導方針。

　　第一，在建構論的工作框架下，治療師的實務工作有個特徵，即他們必須對自己的前提、信念和偏好有所認知。只有通過這種認知，他們才可以觀察到對於自己所觀察的現象如何建構，以及他們與此的關係方式。

　　第二，治療師對於行動的決定是對被觀察的意義建構過程作過考量，且是在與他人的關係中共同建構的認定。患者[2]的故事和

51

1　譯註：自創（autopoetic）一詞比較完整的原形是 autopoiesis，auto=self；poiesis=creation，所以可譯為「自我創生」，簡稱「自創」。

2　譯註：原文在此確是使用「患者」。

他們的期望、指涉的模態、對協助的請求、先前在治療體制中的經驗、在社會領域內共享的信念等等，都構成了治療師行動的意義脈絡，而所有這些都是由患者的建構而來。

第三，治療師的行動是為了創造差異或翻新。我們需要從方法論的觀點進一步研究這意味著什麼。從目前進行的觀察來看，當治療師持有不同的觀點並挑戰信念與行動（此兩者即建構）之間的自我指涉循環是否有連貫性時，案主就會產生差異與翻新。觀察／建構的脈絡差異不是由於治療師改變了觀察的對象，而是當他們的觀察方式改變之時。不同型態的觀點不僅僅是從個體移動到關係，從內容到過程，從患者到治療師，從行為到意義。這種移動觀點仍屬二元論，它指的應是考量到個體與家庭的關係，內容與過程的鱗狀重疊，行為與意義的相互指涉，以及治療師與案主的共同建構。

以此來觀照，治療師需要對他們的建構權力（the power of construction）負起責任，就不僅僅是基本的原則問題。建構權力之為一種責任，其產生既是科學的，同是也是倫理的和社會性的。

參 · 考 · 文 · 獻

Andersen, T. (1987) 'The reflecting team'. *Family Process*, 26: 415-28.

Anderson, H., Goolishian, H. and Winderman, L. (1986) 'Problem determined systems: toward a transformation in family therapy', *Journal of Strategic and Systemic Therapies*, 5: 14-19.

Bateson, G. (1972) *Steps to an Ecology of Mind*. New York: Ballantine.

Bateson, G. (1978) 'Afterword', in J. Brockman (ed.) *About Bateson*. London; Wildwood House. pp. 235-47.

Bateson, G. (1979) *Mind and Nature: a Necessary Unity*. New York: Dutton.

Bateson, G. and Bateson, M. C. (1987) *Angels Fear*. New York: Macmillan.

Bion, V. R. (1983) *Attenzione e interpretazione*. Rome: Armando.

Bion, V. R. (1984) *Discussioni con Bion*. Turin: Loescher.

Cecchin, G. (1987) 'Hypothesizing, circularity and neutrality revisited: an invitation to curiosity', *Family Process*, 26: 405-13.

Ceruti, M. (1986) *Il vincolo e la possibilità*. Milan: Feltrinelli.

Cronen, V., Johnson, K. and Lannamann, J. (1982) 'Paradoxes, double binds and reflexive loops: an alternative theoretical perspective'. *Family Process*, 21: 91-112.   52

Dell, P. (1982) 'Beyond homeostasis: toward a concept of coherence', *Family Process*, 21: 21-40.

Fruggeri, L. (1988) 'I sistemi di significato nello sviluppo delle relazioni fra educatori, genitori, bambino nell asilo nido', in W. Fornasa (ed.) *Nido futuro: strategie e possibilità*. Milan: Angeli. pp. 65-101.

Fruggeri, L. (1990) 'Metodo, ricerca, construzione: il cambiamento come costruzione per la conoscenza', in M. Ingrosso (ed.), *Itinerari sistemici nelle scienze sociali*. Milan: Angeli. pp. 247-64.

Fruggeri, L. (1991) 'Servizi sociali e famiglie: dalla risposta al bisogno alla construzione delle competenze', *Oikos*, 4: 175-90.

Fruggeri, L., Dotti, D., Ferrari, R. and Matteini, M. (1985) 'The systemic approach in a mental health service', in D. Campbell and R. Draper (eds.) *Applications of Systemic Family Therapy*. London: Grune & Strutton. pp. 137-47.

Fruggeri, L. and Matteini, M. (1988) 'Larger systems? Beyond a dualistic approach to the process of change', *Irish Journal of Psychology*, 9: 183-94.

Frugger, L. and Matteini, M. (1991) 'La struttura della narrazione terapeutica', in V. Ugazio (ed.), *Soggetto, emozioni, sistema*. Milan: Vita e Pensiero. pp. 67-83.

Fruggeri, L., Telfner, U., Castellucci, A., Marzari, M. and Matteini, M. (1991) *New Systemic Ideas from the Italian Mental Health Movement*. London: Karnac Books.

Goolishian, H. and Anderson, H. (1987) 'Language systems and therapy: an evolving idea', *Psychotherapy: Theory, Research and Practice*, 24: 529-38.

Guidano, V. F. (1987) *Complexity of the Self*. New York: Guilford Press.

Hoffman, L. (1986) 'Beyond power and control: toward a "second order" family systems therapy', *Family Systems Medicine*, 4: 381-96.

Hoffman, L. (1988) 'A constructivist position for family therapy', *Irish Journal of Psychology*, 9: 110-29.

Keeney, B. (1983) *Aesthetics of Change*. New York: Guilford Press.

McCarthy, I. and Byrne, N. (1988) 'Moving statutes: re-questioning ambivalence through ambiguous discourse', *Irish Journal of Psychology*, 9: 173-82.

Marzari, M. (1991) *La costruzione della differenza*. Bologna: Clueb.

Maturana, H. (1988) 'Reality: the search for objectivity or the quest for a compelling argument', *Irish Journal of Psychology*, 9: 25-82.

Maturana, H. and Varela, F. (1987) *The Tree of Knowledge*. Boston. MA: New Science Library.

Morin, E. (1977) *La méthode: la nature de la nature*. Paris: Seuil.

Moscovici, S. (1961) *La psychanalise, son image et son public*. Paris: Presses Universitaires de France.

Moscovici, S. (1982) 'The coming era of representations', in J. P. Codol and J. Ph. Leyens (eds), *Cognitive Analysis of Social Behavior*. The Hague: Nijhoff.

Moscovici, S. (1984) 'The phenomenon of social representations', in R. Farr and S. Moscovici (eds), *Social Representations*. Cambridge: Cambridge University Press.

Moscovici, S. (1988) 'Notes towards a description of social representations', *European Journal of Social Psychology*, 18: 211-50.

Shotter, J. (1990) *Knowing of the Third Kind*. Utrecht: University of Utrecht.

Ugazio, V. (1985) 'Oltre la scatola nera', *Terapia Familiare*, 19: 75-83.

Varela, F. (1979) *Principles of Biological Autonomy*. New York: North Holland.

von Foerster, H. (1981) *Observing Systems*. Seaside, CA: Intersystems Publications.

von Glasersfeld, E. (1984) 'An introduction to radical constructivism', in P. Watzlawick (ed.), *The Invented Reality*. New York: Norton.

53

第二部

實踐的形式

FORMS OF PRACTICE

4 與家族成員一起作反思的反思

Reflections on Reflecting with Families

湯姆・安德生（Tom Andersen）

54　　託本書之福，我有幸再度踏上過去幾年以來我曾走過的道路。而這次再訪，是爲了描述及理解一些東西，就姑且稱之爲我的專業發展吧。隨著時間推移，我的描述及理解方法也一直在變化。所以，我的專業故事必須從結尾倒過來說起，也就是我現在如何思考描述，描述所對應的理解，以及我是如何把它們建構起來的。

現在我怎麼想

　　我對生活（life）是這麼看待的：它是我自己以及我週遭環境的一種移動，也是環繞著環境而朝向未來的移動。那些繞在我身旁的生活及其變化是自己跑來的，不是由我造成。我唯一能做的就是參與其中。而參與的意思是：我學習運用歷年來從各種經驗中累積而得的理解及行動的庫存清單（repertoire）。其中最重要的，似乎是領悟到：哪些事**不該再做第二次**。這是從前當我與哈洛・谷力顯〔原註1〕交換意見時所激發出來的一個強烈想法。他說：「如果你知道可以做的是什麼，那它就會限制你。但如果你更知道不可以做的是什麼，那就會出現無限多可做的事。」我如何運用我的行動庫存

116

與我如何理解當下所參與的生活有關，而我的理解與我如何描述有關。我所描述的是我所在意的，也是我所專注的。生活無時無刻不是如此豐富與完整，以致想要同時在意，並專注於每樣事情，是不可能的。不管是否出於我的意願，我必須選擇，將焦點放在某個地方。這種情形時時刻刻都在發生。因此，對於生活中未曾在意的部分，以及因此而未能專注的部分，我無法描述。我的描述及理解是用語言形成的，而且我只能依據我所有的語言庫存來做這件事。因此，我只能在意並且專注於那些我能用語言描述及理解的事情上。

當生活找上我，它碰觸到我的皮膚、我的眼睛、我的耳朵、我舌上的味蕾、我的鼻孔。當我開放於我所看見、聽見、感覺到、嚐到，以及聞到的什麼，且都敏於感受時，我同時還會注意到自身對那些碰觸都會做出「回答」，因為我的身體會用很多方式「從內在」讓我知道它對於外部碰觸的想法；我應該以及不該專注於什麼。對於這種狀態我喜歡稱之為「直覺」（'intuition'），也就是開放於來自「外部生活」（'outside life'）的碰觸以及對其敏感，同時也開放於來自「內部生活」（'inside life'）的回答以及對其敏感。就在眼前這一刻，我最仰賴的，似乎就是我的直覺。當我再次走上我的專業道路時，我的直覺告訴我，我該做的第一件事就是逕行參與，而不是先坐下來想想然後再參與。當我參與時，由於我確信我的思考不會就此不見，因此我會舒坦地遵循那些直覺向我提出的建議。

這或許可與湯瑪斯·庫恩（Thomas Kuhn, 1970）所提出的，一些關於理論的想法相呼應。他說：在一個典範（paradigm）中，在那些訂好目標、方法、理論基礎的所有研究中，人最常做的就是生產一些足以支持理論的「發現」。庫恩間接地建議人最好能等

待，等到機會出現時才應用理論；然後，在尋找「相關的」描述及
理解時，讓實踐盡可能地自由。於是你才可能對著各種既存理論的
背景來討論這些「發現」（描述與理解）。這可能會「挑戰」，甚
至也可能會擴展這些理論。我就是用此想法來編排這一章的。也就
是說，我將先從實踐談起，然後偶爾停下來，以便討論一下，以及
將我所描述的實踐予以理論化。這或許也符合於我所知的，從某些
後現代哲學中浮現出來的理念。貝因斯等人（Baynes et al., 1987）
就說過：理論本身也就是敘事。所以，如果我的敘事以某種我既有
的「舊」敘事架構說出來——例如，又重複說了一遍——那麼它就
失去了它的自由度。

早年生涯：家庭醫師

我在挪威南方（奧斯陸）讀完醫科學位之後，搬到這個國家的
北極圈區域，當了四年的鄉村家庭醫師。

56　　　在那四年當中，產生了許多疑問與關切，其中有兩個凸顯出
來。第一個問題是社會對疾病的影響。當一個人生病時，尤其是小
孩，我很好奇如何才能理解這個生病小孩周遭所有那些會促成疾病
的活動。我以為精神醫學是有可能提供答案的領域，所以後來我進
入了該領域。第二個問題與那些在病人身上進進出出的疼痛與苦厄
有關：我所能做的檢查不足以處理。該如何才能理解所有這些？當
時，我不知道該去哪裡才能找到解決的途徑。我只能等，希望有一
天那條途徑會自行出現。

精神醫學沒回答我的第一個問題。它其實引發了一個新的關

切：除了那些舊有的，能使「精神生病的人」恢復健康的方法之外，還有沒有其他選項？除了將「精神病人」從家庭、朋友等抽離出來之外（在挪威，住院的意思通常就是他會發現自己已經離家很遠），還有沒有其它選項？除了「病人」之外，還能怎麼稱呼他們？除了標準治療（也就是被關在病房裡、吞下不想吃的藥，以及被迫改變行為等等）之外，是否能有一種更接近於原有的「病人」－家庭－朋友－工作－鄰居的環境脈絡？這些，只是很多問題當中的一小部分。

尋找另類方法

在 1970 年代初期，我們之中某些人會每月一次在週末非正式地聚在一起。我們讀旻努欽（Minuchin, 1974）、黑理（Haley, 1963），以及渥茲羅威克等人（Watzlawick et al., 1974）的著作。我們試著應用他們的技術。但，我們未能成功地達到預期的改變。

當我們相信我們比家庭成員本身更理解問題所在，並對他們提出一個新的、「精明的」理解，或提出一個「聰明的」解決方案時，我總是覺得不舒服。

渥茲羅威克等人（Watzlawick et al., 1967）將我們的注意力轉向貝特森。我們很幸運，透過米蘭團隊的兩位成員——切欽（Gianfranco Cecchin）以及玻斯科洛（Luigi Boscolo）——使我們得以熟知米蘭團隊的取徑（Selvini et al., 1980）；我們很幸運也因此得以鬆了一口氣。此外，來自紐約埃克曼研究所（Ackerman Institute）的霖・霍夫曼及佩姬・潘（Peggy Penn）也幫助我們詳細

理解貝特森著作（Bateson, 1972, 1978, 1979）裡的整體概念，及米蘭取徑裡的具體步驟。

米蘭取徑的構成因素，是讓一個小組與家族聚會。小組中的某個成員與家族談話，而其他成員則在單面鏡後跟隨他們的會談。這個和家族談話的與談者，對於這家人如何理解他們的問題，會有個預先的想法。但這只是個假設，用來主導他們的晤談。在晤談進行到中途時，與談者會離開那家人，與小組其他成員會合，以討論他們是否有不同於家人的詮釋。然後與談者和小組脫離，再度接回到家族間，向他們說明新的理解。這就被稱爲「介預」。

當我和我的同事試圖應用此一米蘭取徑，並且將介預傳達給家族時，我總是覺得有點不安。有些話總是很難說出口，例如「這是我們看見的」、「這是我們所理解的」，或「這是我們希望你們做的」。用這種方式傳達介預，讓我有一種感覺，就是我們這個治療小組對於問題有更棒的觀察及理解。我們似乎假定我們一定比這家人更曉得該如何處理他們的問題。

爲了避免這些問題，我們在 1984 年底開始改成這樣說：「除了你們已理解到的之外，我們還理解到這個」，或「除了你們已經著手嚐試的之外，我們很好奇你們是否也能試著這樣做」。我們很快就發現我們已經從「非此／即彼」（'either-or'）的二擇一立場轉變成「即此即彼，二者皆然」（'both-and'）的立場。對於這樣的轉變，我大大鬆了一口氣。似乎，那種感到不舒服的狀態一直是促使我做出改變的主要緣故。

主要的轉變：反思

愛娜・史溝本（Aina Skorpen）是和我一起工作的精神護理師，我們兩人從 1981 年底就開始討論一些構想。這構想和我們對首度碰面者的觀察有關，我們想知道他們第一次最常說些什麼。他們典型的說法是：「我們不知道**怎麼辦**！我們該做什麼？」在討論中，我們開始思考：為何我們需要在會談中間離開那家人？為何我們不讓家族知道我們的商議過程？或許，我們應與家族在一起，讓他們看見及聽見**我們**到底做了什麼，以及**我們**如何處理問題？或許，藉由向他們呈現我們的過程，會讓他們更容易找到他們自己的答案？起初，我們不敢「公開」我們的討論，因為我們認為我們的語言裡有太多「壞話」。例如，一位小組成員可能會說：「我真慶幸我不是他們的家人，因為這母親實在是太嘮叨了！」或者會說：「嫁給這麼頑固的老公，會是什麼感覺啊？」我們以為如果我們在家族面前討論，這些話會禁不住脫口而出。儘管有這些擔心，在 1985 年三月的某一天，所有事情都公開了。在那一天，有個小組〔原註2〕仍在單面鏡後觀察治療會談的進行（那位晤談者與家人之間的會談），但小組後來向這家人提議，邀請他們聽聽我們的討論。我們說，我們可能會談到一些剛聽他們談話時所想到的事。我先前擔心的事沒發生。那些「壞話」都沒出現，而我們在那次談話當中也沒特別努力避免那些「壞話」。自從那天之後，這小組就被稱為「反思小組」（'the Reflecting Team'）。〔原註3〕

當我們向這家人建議我們要分享我們的看法時，我們很自然地說：「或許我們討論的一些想法對你們的談話會很有用。」我們沒說「對你們很有用」，而說「對**你們的談話**很有用」。從那時候

58

121

起，我就一直在想那些專業人員所使用的種種語言。我故意說「種種語言」（複數），這自然是指至少有兩種以上的語言，一是「公開的」，用來與家人談話時使用；另一則是「私下的」，只限於專業人員之間使用。這種「私下的」語言很容易引出「壞話」，以及所有那些「有知識的」、「學院派的」、「外國的」的話語和概念，也就是那些只在專業人員之間才會用得上的。我一直很好奇，當專業人員從這一刻「私下的」語言切換到下一刻「公開的」語言時，那會很容易嗎？如果從「私下的」元素中提煉出「公開的」談話真有些困難，那麼，這些困難會如何影響專業人員與案主之間的會談呢？

這個公開反思小組（open-reflecting-team）的工作模式乃是嘗試從專業語言移向日常語言，後者只包含我們都能使用的話語及共通的概念。這種與案主建立關聯的方式，包含了遠不止於語言的轉換。

程序的模式

以下，我將帶領讀者們朝向這份工作的實踐部分，雖然還是偶爾會提到一些相關的想法。

引入一些不至於太不尋常的差異

當我還是個家庭醫師時，我遇見一位名叫辜德倫・歐弗瑞堡（Gudrun Øvreberg）的生理治療師。認識她之後，我先前有關病人

疼痛的疑問終於有了答案。她給我介紹她的老師畢樓－韓生（Aadel
Bülow-Hansen）；這也是一位生理治療師。畢樓－韓生注意到緊張
的病人有一種傾向，就是會把他們的身體彎曲到「捲成一團」。

　　當他們這麼做的時候，他們的呼吸也會變得不順暢。為了對他 59
們有所幫助，畢樓－韓生給他們一點刺激，試圖使他們伸張到「打
開」他們的身體。其中有一種方法，就是引起病人的疼痛。例如，
她注意到，如果她緊壓病人小腿肚的肌肉，就會引起病人疼痛，進
而刺激病人伸開身體。當身體開始伸張，就會引起病人深一點的吸
氣。而這深一點的吸氣又會引起更多的伸展，於是如此互相牽引，
直到胸腔充滿空氣為止。最後，把空氣吐出來時，身體的緊張在某
種程度上消失了。但她也注意到，如果壓得太鬆，就不會引起身體
伸張，也不會引起吸氣。如果她抓得太用力或抓得過久，就會引起
病人大吸一口氣，但這時病人會將吸入的氣憋住而停止呼吸。如果
她的手能抓到引起適當的疼痛，且維持適當的時間，病人就能持續
地深呼吸。

　　我從畢樓－韓生那裡學到的，可說是貝特森一句名言的變形：
「資訊的基本單位——就是會造成差異的差異」（Bateson, 1972:
453）。那些不知道怎麼辦的人需要一些差異（不尋常的東西），
但這一些卻不能太過於不同（不尋常）。這適用於我們要與家族談
些**什麼**，也適用於我們**如何**與他們談，以及理解**談話的脈絡**是什
麼。我們如何才能知道我們的貢獻是否太不尋常？答案在於注意案
主參與談話的方式。案主在談話中是否出現一些徵象，透露出他的
不舒服？這些徵象可能在每人身上都不一樣。我們於是面對一項挑
戰，即我們必須熟識那些從不同人身上所發送出來的徵象，並且對
其敏感。我們必須依賴我們的直覺來注意到這些徵象。

這些關於不能太過於不尋常的想法與洪貝托‧馬土拉納以及法蘭西斯科‧伐瑞拉（Humberto Maturana and FransiscoVarela, 1987）關於攪擾（或騷動）的想法相當一致。我們需要受到「攪擾」，因為這些攪擾會讓我們活起來，且使我們能對周遭正在變化的世界做出相應的改變。但，如果這些攪擾大過於我們的行動庫存所能整合的程度，而我們還是硬要將它們納入的話，我們就會瓦解（失整）。

非此即彼（Either-or）或二者皆然（Both-and）

自從反思小組的工作模式啟動之後，我們的工作程序出現自發性的改變。先前，在幕後的小組會一邊討論一邊觀察；後來，小組變得愈來愈安靜。我們最後才理解這種安靜地聆聽對小組工作很有幫助，我們的想法比先前多出許多。先前，當我們邊聽邊談的時候，小組只能形成一個或專注於少數幾個想法。

我們也發展出一些程序規則。首先，就是小組的反思必須以會談期間所出現的東西為基礎，或者從那裡開始，而非從其他脈絡。我們可能會用這種方式開始說出我們的反思：「當我聽到……」，或「當我看到……我就有了這個想法」。我們常常從不確定開始：「我不太確定，但在我看來似乎是……」，或「我不太確定，但我有種感覺……」，或「或許你聽到不同的東西，但我聽到的是……」。隨後我們會說：「當我想到時，我很好奇……」、「當我想起她提到這個或那個時，我看見……」，或「當我想到這個或那個時，我心裡突然有個問題……」，或「我注意到他們已經完成這個或那個，我很想知道如果他們……的話，那會發生什麼」。我

60

們非常強調家族的自主選擇。我們鼓勵那些聽我們說話的家人「摘取」他們喜歡的內容。現在，在反思開始之前，我比較偏愛的是以下的說法：「當他們（也就是小組）說話時，如果你們想聽的話，你們可以聽，或者你也可以想些別的，或只是休息，或做任何你想做的事。」這似乎是個重要規則，就是讓他們知道這只是個提議，而不是非專注不可的活動。讓聽的人知道他們可以避開他們覺得不舒服的東西，這是很重要的。對他們而言，很重要的是有能力**說不**。

第二條規則是，當這小組「公開」說話時，它應該自我節制，以避免產生「負面的」含意。儘管並沒有一種東西本身就是負面的（只有當聽者以負面的方式感知它時，它才會變成負面的），但當我們說話時，我們將這些想法謹記在心。一位反思小組成員做了說明，他舉出一個可能會被聽成批評的例子：「我不懂他們為何不試試這樣，或試試那樣」。為了避免如此，可用另一種說法取代，例如「我很好奇那會變成怎樣——如果他們試試這樣或那樣的話？」

最後一條規則，也就是第三條，與反思模式有關。就是當所有人——家族以及整個小組——同在一個房間時，也就是沒有單面鏡的時候，小組成員說話時必須儘量只看著其他反思成員，而不是看著聆聽者。這樣會讓聽者有**不聽**的自由。

當小組完成他們的分享之後，家族和那位晤談者再次談話。這位晤談者給家人提供機會，以討論他們在聽小組談話時所產生的想法。不過，晤談者不會對家族施加壓力，如果他們寧可私下保留他們的想法。我們希望想法能分享，使之成為新會談的起點，或希望能藉此找到新的描述與理解。在一次會談中，這種轉變可能發生一兩次，或許更多。到目前為止，以上所列的工作方法意味著事態與

61

情境總是有很多版本，也就是說有很多描述法，因此也有很多理解的方法。而那些來向我們諮詢的人通常認為情境只有一種正確的理解方式，其他很多理解都是錯的。

　　或此／或彼這組詞似乎承自於柏拉圖。他以及他的很多門徒，都在追尋真與善（the Truth and the Good）。他們努力鑄造出各種描述，來**再現**（*representation*）那些真理。他們認為那些再現能帶給**我們用來解釋及預測的知識**。知識有對有錯。但後現代哲學所引進的討論質疑了這種非此即彼的立場（Baynes et al., 1987; d'Andrade, 1986）。這些討論在那些已主導我們很久的思想之外，引發了許多新的概念，包括：真理之外的神話，概念之外的隱喻，字面之外的意象（figurative）、理性之外的想像、邏輯之外的修辭，以及辯論之外的敘事。

　　最重要的是，這些討論引介了一個新觀念：我們是基於我們的感知、描述，以及對於世界的理解才得以與生活發生關聯。直白地說，我們無法和生活「本身」關聯起來，而只能透過對生活的理解方能如此。這代表著一個思想上的重大轉變，且這個觀點與構設論者（constructivist）[1]的思想（這思想也被稱為第二階的自動控制學〔second-order cybernetics〕）一致。構設論者主張：生活的理解是被創造出來的，而我們強力地參與了這個創造（Maturana, 1978; von Foerster, 1984; von Glasersfeld, 1984）。這些作者也極力強調：對於情境的理解，有多少人就有多少版本。而反思小組的模式就是試著收納各種版本，愈多愈好。以下是一些例子。

會談時的兩個起始提問　「你要如何利用這次會談？」這是我在會談時會提出來的第一個問題之一。當我試圖將談話變成「公開」

時，這提問似乎是個自然的結果。如果在會談開始之前就避免設定任何計畫，例如該談什麼、或該如何談，會讓人覺得更舒適些。而且，這也可以在治療過程中創造更平等的關係。

「促成這次會談的幕後想法是什麼，它有什麼來由？」這是第二個提問。誰是第一個提出這想法的人？以及不同成員如何被這個想法打動？當這些答案揭曉時，我們就可辨明誰最渴望來談，以及誰最有保留。最渴望來談的人所提出的議題會立即成為焦點。然後我們會邀請那些較有保留的家族成員，當他們覺得舒服的時候，也來加入。

談談這次談話　我們也發現「談談我們該怎麼談」很有用。例如，我們探討談話的最佳環境是什麼——在家或在辦公室？需不需要反思小組？在什麼時候，誰可和誰談（間接地問誰不可談）什麼議題？這些只是許多可能重要的程序問題之中的三個。談這些的作用是提供一種環境脈絡，讓參與者覺得自在。

談談從前以及未來的談話　安德森等人（Anderson et al., 1986）曾提出一個有用的概念，關於「**問題－製造**，以及**問題－消解**系統」（'problem-creating and problem-dissolving system'）他們說：一個問題通常會吸引許多想要提供解決的人。為了解決問題，他們創造了他們自己的意見，也就是說，他們會形容及理解什麼才是問題，

1　譯註：作者在此使用「構設論者」（constructivist）應是與「建構論者」（constructionist）同義，雖然在其他的建構論文獻中可能會對此兩者作嚴格區分。譬如格根就會如此。在本書中，這兩種情況都會出現。

以及該如何對付。如果這些意見不會太過於不同，那麼互相交換意見就是件可能的事，也可能生產出新的、有用的意義。但如果這些意見太過於不同，那麼意見交換就會停止。藉著詢問先前的談話，我們可得知哪些不該再重複。藉著問：「關於這個議題，現在誰可以和誰談？」我們可能發現更多有用的談話。那些帶有適度不同的意思的人，當他們開口時，通常會帶來新意義。如果有人堅守那些太過於不同的意思，談話就會迂邁難行，且他們通常會相當執著於既有的意思，即便那些已經證明是沒用的。當人們各有非常不同的觀點時，我就不鼓勵他們對話，而會請他們與我談，因為我會很努力地不對他們的意思表示任何意見。

內部及外部談話　反思小組的工作模式可提供機會讓各種人都能展現其能力，讓他們在談論同一議題時也能在聽與說之間來來回回。對於同一個議題的兩種不同立場似乎提供了兩種不同的觀點，而從這兩種觀點中的相同處，最有可能生產出新見解。有無限多方法可促使人們在一場談話中來回穿梭於聽與說之間，而反思小組的模式只是其中之一。最簡單的方法是把小組撤除。一個專業工作者可以選擇與團體中的某個成員談一陣子，通常是五分鐘，有時十分鐘，而其他人則聽他們在說什麼。然後，專業工作者轉向其他成員，問他們在聽到這個談話時是在想什麼。當專業工作者與這些「其他人」談完之後，就可以回到與其談話的第一人，然後問他在聽到其他人的想法之後有什麼想法。目前，這種輪換談話有個最佳的「名稱」：**反思程序**（*the reflecting process*）。這個程序提供「內部」及「外部」談話輪換的機會。這種「內部」及「外部」談話的概念已存在很久了，幾乎和人類歷史一樣久遠。反思程序只是將日常對

話中某種我們本來已握有但尚未被「組織起來」的東西，給彰顯出來。當我與他人談話時，我某部分得與對方談，某部分也得與自己談。我的「內部」談話中有一大部分與那些正在發生的「外部」談話有關，我會將那些「外部」想法「收進來」，而我也終將會在談話使用那些想法。

會談的流動：提問及共在

當我們進入問題場景時，標定現有的意思（meanings）及意見（opinions）是一件重要的事。我們可藉著提問來達到此一目的，且效果最好（Penn, 1982, 1985）。提問通常也能再度開啓一個已經停止的會談。如果專業工作者能提供他的意思及意見，這通常會挑激到一個已然表示的意思，將它推向更堅固的位置。最安全的提問是對談話對象提出一些他方才說過的，與他有很強關聯的問題。目前，我寧可押著我的問題來等待，直到對方說完**及**想過了之後才提出。我的問題通常是**我的直覺**告訴我且會聚焦於對方覺得重要的，且願意繼續談的議題。我的直覺也幫我找到該問的問題，以及我該如何發問。我在此不揣淺漏向讀者推薦我所寫的關於提問的著作（Andersen, 1991）。

當我聽對方回答時，我會試著營造一種共在（co-presence）的氛圍。這種聆聽的方式是在我遇見來自芬馬克（Finnmark）郡內陸的一個團體之後，才成爲我的核心。他們屬於山米（Sami）族人（在英文的文獻中，他們常被稱爲 Lapps）。他們過的是游牧生活，會隨著他們的馴鹿群而遷移。多天來臨時他們會遷往內陸；夏天到時，他們會去北極海岸邊。在他們的傳統裡，如果殘酷的命運

降臨到一個家庭，也就是家人突然死亡，則整個大家族的各家各戶就會來到這家人的住處。他們通常不講話，只是靜靜坐著。那些哀傷的人知道他們的近親都在那裡，即共在也可交談——如果有需要的話。**那不就是我們可能作出的最顯著貢獻嗎：去傾聽受難者想法中的寧靜？**

64 *語言及存有的體質*

很多人會小心地搜尋話語（words）[2]來表達他們自己。他們**時時刻刻**都在搜尋那些對他們而言最有意義的字眼（words）。我發現我自己逐漸熱衷於談論他們的用語。通常，話語中未被注意到的幽微之處會透過這種談話而浮現出來。很常見的是：當他們對其使用的語言及詞彙進行「微調」（'unancing'）之時，他們就改變了語言本身原本試圖澄清的東西，因此而促成描述、理解及意思的改變。

大衛・黎里（David E. Leary, 1984）就說：我們用隱喻來建構所有的談話：

> 我們的視覺或瞭解——在科學、醫學，以及在日常生活中——都是由隱喻所構成。我相信所有的理解乃是基於一種比較的過程，即在不知與已知之間，將不熟悉與熟悉連結起來，將某個領域的經驗及從中獲得的理解範疇（categories of understanding）當成樣板或尺標，然後以之分析源自於另一個領域的經驗。這是我所謂的隱喻以及隱喻式思維。以如此的廣

義而言，隱喻只是替一個東西或經驗命名，或是給個描述。而在習俗中該事物本係另一事物，其所以能如此，乃是基於兩者之間某種已被指出的相似性。依據這個定義（此定義可溯及亞里斯多德，且可得到當代大多數研究具象〔figurative〕言說及思想的學者同意），隱喻在邏輯上與一般的比喻（trope）無法區分，因此隱喻包含類比（analogy）、比擬（simile）、換喻（metonymy）等等，以及更狹義定義的隱喻。同時，透過此一定義，諸如寓言（fables）、格言故事（parables）、寓意（allegories）、神話、模型（models）等──包括科學模型──皆可視為衍生出來的隱喻，或是已被證成的隱喻（sustained metaphors）。

從黎里的文章，我得出推論：我們不只是用隱喻來建構我們的談話，我們也用隱喻來建構我們的思考。海德格（Martin Heidegger, 1962）以及伽達瑪（Hans Georg Gadamer）（Warnke, 1987）在考察語言的使用時，就非常強調這部分。而且，就我的理解，格根（Kenneth J. Gergen, 1985, 1989）也贊同這個觀點：當人透過語言表達自我時，他就是在強力地構成他的存有，或他是誰。與自己談話，與他人談話，就都是在定義自己。就這層意義來看，當我們使用語言之當下，我們的語言構成了我們是誰。首先將這些觀點應用到臨床實踐的人是賀琳·安德森以及哈洛·谷力顯（Harlene Anderson and Harold Goolishian, 1988）。

2　譯註：「話語」不是 "words" 唯一適用的譯法，譬如在下文中也譯為「字眼」，在其他篇章中也可譯為「語詞」。

　　也許可以這麼說：當人在搜尋新意義時，通常是經由搜尋一種新語言，也就是在為自己搜尋一個最感到舒適的自我。所謂「治療性」談話，或許可視之為一種搜尋的形式：搜尋新描述、新理解、新意義、話語中新的精義，以及到了最終，即自我的新定義。

　　這種對於會談意義的理解曾對我造成一個難關，就是我很難打斷一個正在說話或正在思考的人，因為說話或思考的過程構成了一個對於新的搜尋，而這個新包括他想要成為什麼樣的人。

　　如今，在我說出第一個字之前，先聽另一個人說話，已不再是一件困難的事，即令他已連續說了四十五分鐘。我與畢樓—韓生及歐弗瑞堡的會面也提供了一個寶貴的背景，使我得以一種不同的方式來思考談話這件事以及語言。他們說：吐氣階段是我們表達自己的時候，也是我們釋放內部緊張的時候。每句話，及每個表達出來的情感，都是在吐氣過程中發生的。我們的悲傷哭泣、我們的生氣吶喊、我們的低吟恐懼都是由離開我們的氣流所帶動的。這氣流是由腹腔壁及下背部的肌肉產生的。這些肌肉可以做出快且強，或慢且弱的氣流，這與我們表達的強弱一致。

　　每個人有自己的節奏與速率，當我參與會談時，我必須將它納入考量。當氣流通過喉頭時，音的高度或深度就會被調變（modulated）。當氣流通過口腔及鼻腔時，位於那裡的肌肉就會對它加工，使它變成帶有母音及子音的語詞。那些位於舌頭、嘴唇、上顎、下顎以及鼻子的肌肉各自活動，以不同的方式影響氣流。子音就是這些肌肉對氣流的介預而形成的。重子音（例如 k、p，及 t）是由氣流突然中斷而形成的，輕子音（m、n，及 l）則是一種較緩和的中斷。至於母音，則是由未中斷的氣流所形成的；這些氣流因此能自由地流動。為了形成不同的母音，口腔及鼻腔會

做出不同大小的開啟。

　　在隱喻及氣流，及其形成之間，有個很有趣的對應關係。有些話，在說出之時，也會被說者自己聽見，這可能會立即影響腹腔壁的活動，使它變弱，或變強。於是，如果會談中的說話是一個過程，而且是人在搜尋他所欲成為的人，那麼搜尋就不只是心理的，而且是生理的。而且我們很可以這麼說：說話是以心理的（隱喻的）及生理的方式，二者同時在定義自己。我們也可這麼說：疼痛以及身體的僵硬，與空氣在身體裡受阻而無法自由流動有關。換句話說，這些都與人處於一種不表達他們自己的狀態有關。當我持 66 有這個想法時，不去打斷一個說話中或思考中的人，就變得更為重要。當我在聆聽時，我偶爾能聽到小小的嘆氣，這與身體內部某些緊繃部位的放鬆會一起出現，因此也會讓空氣更容易流出。當我們更努力聽，我們就會帶著更多注意力，聽到更多這種輕微的嘆氣。當我從畢樓－韓生那裡得知以下這件事時，我感到十分興奮：如果鼻子、上顎、下顎、舌頭，以及嘴唇上那些參與形成話語的肌肉有些緊繃，那麼腹部及胸部就會出現相應的動作來抑制呼吸。

　　最後幾句話，提供了一個隱喻：

　　　腹腔壁是管風琴的風箱，喉頭是管風琴位移的風管，而口腔與鼻腔則是我們的教堂，我們的變位教堂。有些來到這些教堂的話語是神聖的，有時會神聖到無法說出，而只能用想。

結語

　　開放式會談構成的「反思程序」也爲案主及專業工作者帶來更平等的關係。在這樣的關係中，也就是在會談之間，他們的共同處自然會成爲主要的焦點。在「反思程序」啓動之後的長長期間，有件事凸顯出來，就是對一位專業工作者而言，與其提供意義及意見，倒不如提問；後者是更好的工具。當人面對已被定義好的問題時，有件事也變得很自然，就是返身搜尋所有內在於、但尙未被用及的描述和理解。這麼做來，有件事會成爲主要的興趣所在，就是將焦點放在那些用來描述及理解的語言上。人會以一種很個人化的方式使用語言，而那語言包含了許多細心篩選過的隱喻。當話說出口時，那些話本身，以及嵌在其中的情感，會透過呼吸這個生理動作而傳至他人。這呼吸的動作非常個人化，是生產意義的動作之一。它使空氣開始流動，變成一股風，帶著話語及感情來觸動別人。

　　聆聽者不只接收了故事，而是藉著在場，成爲一種鼓勵，讓故事在行動中生產出來。而生產故事的行動，就是個建構自我的行動。

註·釋

67

1. 我有幸能與哈洛·谷力顯及他的同事賀琳·安德森、德州葛爾維斯敦家庭研究所（Galveston Family Institute Texas）交流想法。他們對我的思考及實踐有很大影響。若非那些交流，本章不會以這樣的形式及內容呈現。

2. 這是兩個組的其中之一，在 1984-88 年間由以下這些人組成，他們在不同期間在這小組工作：Carsten Bjerke、Eivind Eckhoff、Bjørn Z. Ekelund、John Rolf Ellila、Anna Margret Flåm、Magnus Hald、Torunn Kalstøl Per Lofnes、Torill Moe、Trygve Nissen、Lorentz Notø、Tivadar Scüzs、Elsa Stiberg、Finn Wangberg，以及 Knut Waterloo。

3. 這裡所說的反思（reflecting）近似於法文的 réflexion（將某種聽到的東西納進來，想過一遍，然後將想法說回去），而不是英文中常用的意思（複製，或如鏡子般地反映）。

參 · 考 · 文 · 獻

Andersen, T. (ed.) (1991) *The Reflecting Team: Dialogues and Dialogues about the Dialogues.* New York: Norton.

Anderson, H. and Goolishian, H. (1988) 'Human systems as linguistic systems: preliminary and evoking ideas about the implications for clinical theory', *Family Process*, 27: 371-94.

Anderson, H., Goolishian, H. and Winderman. L. (1986) 'Problem determined systems: towards transformation in family therapy', *Journal of Strategic and Systemic Therapy*, 5: 1-11.

Bateson, G. (1972) *Steps to an Ecology of Mind.* New York: Ballantine.

Bateson, G. (1978) 'The birth of a matrix, or double bind and epistemology', in M. Berger (ed.) *Beyond the Double: Communication and Family Systems, Theories, and Techniques with Schizophrenics.* New York: Brunner/Mazel.

Bateson, G. (1979) *Mind and Nature: A Necessary Unity*. New York: Bantam.

Baynes, K., Bohman, J. and McCarthy, T. (1987) *After Philosophy: End or Transformation?* Cambridge, MA: MIT Press.

d'Andrade, R. (1986) 'Three scientific world views and the covering law model', in D. W. Fiske and R. Shweder (eds), *Metatheory n Social Science*. Chicago, IL: University of Chicago Press.

Gergen, K. J. (1984) 'Theory of the self: impasse and evolution', *Advances in Experimental Social Psychology,* 17: 49-115.

Gergen, K. J. (1985) 'The social constructionist movement in modern psychology', *American Psychologist,* 40 (3): 266-75.

Gergen, K. J. (1989) 'Warranting voice and the elaboration of the self', in J. Shotter and K. J. Gergen (eds), *Texts of Identity*. London: Sage.

Haley, J. (1963) *Strategies of Psychotherapy.* New York: Grune & Stratton.

Heidegger, M. (1962) *Being and Time*. New York: Harper & Row.

Kuhn, T. S. (1970) *The Structure of Scientific Revolution.* Chicago: University of Chicago Press.

Leary, D. E. (1984) 'The role of metaphor in science and medicine', Paper presented as part of the Program for Humanities in Medicine Lecture Series at the Yale University School of Medicine, 19 Oct.

68   Maturana, H. (1978) 'The biology of language: the epistemology of reality', in G. Miller and E. H. Lenneberg (eds), *Psychology and Biology of Language and Thought.* New York: Academic Press.

Maturana, H. and Varela, F. (1987) *The Tree of Knowledge*. Boston: MA: New Science Library.

Minuchin, S. (1974) *Families and Family Therapy*. London: Tavistock.

Penn, P. (1982) 'Circular questioning', *Family Process,* 21: 267-80.

Penn, P. (1985) 'Feed-forward: future questions, future maps', *Family Process,* 24: 299-311.

Selvini, M., Boscolo, L., Cecchin, G. and Prata, G. (1980) 'Hypothesizing-circularity-neutrality: three guidelines of the conductor of the session', *Family Process,* 19: 3-12.

von Foerster, H. (1984) 'On constructing a reality', in P. Watzlawick (ed.), *The Invented Reality.* New York: Norton.

von Glasersfeld, E. (1984) 'An introduction to radical constructivism', in P. Watzlawick (ed.), *The Invented Reality.* New York: Norton.

Warnke, G. (1987) *Gadamer: Hermeneutics, Tradition and Reason*. Stanford, CA: Stanford University Press.

Watzlawick, P., Beavin, J. and Jackson, D. D. (1967) *Pragmatics of Human Communication*. New York: Norton.

Watzlawick, P., Weakland, J. and Fisch, R. (1974) *Change: Principles of Problem Formation and Problem Resolution*. New York: Norton.

臨床實踐中的後現代思維
Postmodern Thinking in a Clinical Practice

威廉・D・雷克斯（William D. Lax）

「我猜想，故事所能做的，應是使事物呈現。」

（Tim O'Brien, 1990: 204）

69　　過去十年間，由於後現代思維日漸升高的影響力和接受度，社會科學已有了重大的變革。〔原註1〕這思維挑戰了許多關於心理治療理論與實踐的公認觀念，特別是家族治療。本章討論了其中的若干挑戰，並探索家族治療中這些轉變在理論與實踐兩面皆有的涵義。會特別著重解構理論（deconstruction theory）及敘事（narrative）、文本（text）與反思性（返身自省）（reflexivity）[1]的角色，因為這些都與臨床論述有關。我要提出的是治療的敘事觀點：案主對自己生活的描述方式，限制了他們對於生活處境發展出新觀點及新取徑。心理治療對於案主現下「充滿問題的」（'problematic'）論述是個轉變的過程，也就是發展出另一個更為流動、允許更大範圍可能互動的論述。在擁護敘事觀點之同時，我也會討論文學批評的文本類比法（text analogy）在人類體系的應用中會如何受限，還會以討論布瑞妥波羅家庭研究所（the Brattleboro Family Institute）目前的工作來作結——其中例示了許多上述的臨床實踐觀點。〔原註2〕

後現代思維

　　後現代主義的著作經常著重關於文本和敘事的觀點，特別注意會談的／多元的觀點、自我揭露、以水平結構來對抗上下階序結構，並注意過程勝於目標。此外，這種著作還時常強調下述的特徵：認為自我（self）並非一個具體化的實體，而是一套敘事；文本不是被詮釋之物，而是不斷演進的過程；把個體視為處於社會意義的脈絡之中，而不是精神內部的實體；更強調科學知識之所以被視為關於世界的不可否認的「事實」，其實是出自世界如何在社群信念（Communal belief）中運作的敘事知識（見 Gergen and Davis, 1985; Lyotard, 1988; Sampson, 1989; Sarup, 1989）。

70

　　當家族治療已經認出個體是在情境脈絡之中，而非只是精神內部的實體時，目前大多數思維方式仍然帶著「現代」觀點更勝於後現代。〔原註3〕現代觀點視家庭結構為本質上的階序安排，視家庭為獨立於觀察者之外的存在，視治療師是在維持著專家的位置，並將「合於規範的家庭發展」視為健康家庭和良好運作的榜樣（見 Haley, 1976; Bowen, 1978; Minuchin, 1974）。

　　最近，隨著米蘭協會（the Milan Associates）的出現及其返回貝特森的思維（Selvini et al., 1980; Boscolo et al., 1987），以及理論家和治療師諸如湯姆·安德生（Tom Andersen, 1987, 1991）、哈洛·谷力顯與賀琳·安德森（Harold Goolishian and

---

1　譯註：reflexivity 一詞在本書中有兩種譯法：反思性、返身自省，兩者都是過去譯法「反省」的修訂。反思＝反省，意思明白；但反省＝返身自省，除了把詞拉長之外，更重要的是關於「折返自身」的意思，作者在本文中會有詳細的交代。

Harlene Anderson, 1987, 1990）、霖‧霍夫曼（Lynn Hoffman, 1988, 1990）、麥可‧懷特（Michael White, 1989; White and Epston, 1990）的開創性工作，這個領域開啓了更爲後現代的轉向。其中包含了一些顯著的改變：普世的眞理或結構讓位給多元宇宙論或多元的世界觀（Maturana and Varela, 1987）。把家庭視爲內在平衡體系的觀點屈服於家庭是有生產力的社會體系；不平衡狀態是具創造性且正常的社會體系（Elkaim, 1982; Hoffman, 1981）。家庭可設想爲一種由意義生產、問題組織的社會體系所構成（而非由症狀來爲功能服務的體系），問題本來就存在於其中，且需透過語言來作爲中介（Anderson and Goolishian, 1988, 1990; Epstein and Loos, 1989）。此外，階序的、專家導向的治療模型轉變爲橫向的組態，案主和治療師二者都對治療過程有更平等的責任（見 Andersen, 1991; Caesar and Roberts, 1991）。這些轉變需要對家族治療的許多傳統思維作重新評估。家庭不再是治療處遇的對象，必須視之爲獨立於觀察者之外，或竟是問題的源頭；反而是一個由彼此共享意義的人所組成的彈性實體（Jorgenson, 1991）。

敘事、解構與文本

此種新興觀點的主要特徵爲：對於敘事在臨床實踐中所扮演的角色有所理解。撒賓（Sarbin, 1986）把敘事辨識爲人類體驗中的一個根隱喻（root metaphor），這就提供了一個本質上的轉變。敘事觀點認爲：敘事乃是發展一個人生命故事的過程，並成爲所有身分認同的基礎，因此挑戰了所有統一或穩定自我的潛在觀念。

71

　　敘事或故事的發展，就是我們在與他人交會之時所做的事（見 Gergen, 1989; Shotter, 1989）。這是在我們和他人互動的過程中，以他人所感知的理解來定義我們是誰。這是個輪流呈現的過程。我們形塑我們所居住的世界，從而創造我們自己在他人社群脈絡中的「現實」。我們的敘事是透過這些界限而得以建構的：政治、經濟、社會、文化的約束和潛勢，而我們在其中的敘說選擇並非毫無所限，但卻存在於指定脈絡中。這敘事或自我感不僅是透過與他人之間的論述而生成，也正是我們與他人的論述本身。沒有什麼隱藏而尚待詮釋的自我。我們在互動中的每一刻，透過我們和他人共同維持的、正在進行中的敘事而「透露」了我們自己。根據哲學家列維納斯（Emanuel Lévinas）（取自 Kearney, 1984）的說法，「我（the I）並非在某個純粹而自主的自我意識時刻以它自身來開始的，而是在與他人的關係之中開始，由茲而永遠必須自負其責。」固定的自我（permanent self）只是我們緊握不放的幻想；在與他人關係中與時推移而發展出的敘事裡，我們才得以辨識出我們是誰。〔原註4〕

　　要強調此一敘事觀點，我發現最有用的是與文學解構理論的連結。簡・傅雷克斯（Jane Flax）在她對後現代思維的評論中說道：所有後現代論述基本上都是在解構——「他們試圖讓我們疏遠並懷疑我們時常視爲理所當然，並視之爲當代西方文化合法性的，關於真理、知識、權力、自我、語言的這一切信念。」（1990: 41）解構理論扎根之處特別是源於康德、胡塞爾、黑格爾和維根斯坦等作品的哲學傳統（見 Eagleton, 1983; Taylor, 1986）。這些思想家持續提出疑問——我們如何能認識這個世界（現實）？在我們對世界的描述中，語言的角色爲何？

　　根據法國的解構理論家德希達（Jacques Derrida, 1976,

1978），語言是個沒有生來正向或負向價值的符徵體系（system of signs），價值是透過我們的意義創造而賦予的。一個語詞的存在，自動包含了它自身以及它和其他未出現之語詞的關係中所有的區別。因此，多樣的理解總是可透過區別而獲得：無論是在文本中出現或未出現的語詞及其相對概念。這些其他可能的理解可在文本的痕跡中找到「總是已經」被喚起的理解。另外，根據「讀者反應」觀點（'reader response' perspective）（見 Culler, 1982），這些新的區別不像是等待被發掘的器物，而是每位讀者基於閱讀文本的不同觀點而可得出的不同看法。

　　心理學家艾德華・參普森（Edward Sampson）指出，這兩者有明顯的相似性：德希達的**延異**（*différance*）——德希達描述之為「既非語詞亦非概念」（1986: 400）——與貝特森對差異（difference）的見解：二者都「描述了關係，而非實體」（Sampson, 1989: 11）。然而**延異**比貝特森的差異概念具有更多的性質（quality）。德希達提出，同時有被言說之物與未被言說之物，這二者之間的張力即為**延異**，此張力創造了新理解浮現的潛勢。這個新理解不是在語詞和意義間「或此／或彼」的二元性，而是起碼轉變出「二者皆是」的位置。隨著這被言說的與未被言說的，出現的與未出現的之間發生的交互影響，總是有另一個位置或觀點的潛在，雖然尚未受到區辨，但都等著要浮現。由於這個「其他位置」，德希達進一步建議我們去看看：一個甚至在二者皆是觀點之外的描述。對德希達來說，有另一個觀點在等著我們，我們總是應該嘗試去解構我們所知道的世界，尋找那可能會取代該觀點的意想不到之物。

　　新的敘事／觀點可在治療中透過案主的隱喻和治療師的隱喻

及措辭二者之交互影響來產生。因此，治療師可以處理案主未說之事，並回饋案主不同的觀點，來作為反思（reflection）。例如，我們看見一對治療中的夫妻，談到他們對彼此感覺「失落」。〔原註5〕觀察會談的治療團隊在案主面前給了他們一些建議，他們想知道「得到」看起來會像是什麼，並談到在旅程中，人和想法都會有得有失。他們細想，這對夫妻在這樣的旅程中會發現什麼，他們沿路會碰到哪些路標。在這些反思之後，這對夫妻對他們的旅途開啓了不一樣的談話，並討論他們覺得會發現什麼路標。由於他們發展出包含得與失及他們自己新觀點的新「路程」（'course'），絕望的感受很快就變為希望。他們說治療團隊的建議使他們能發展出他們處境的新圖像。

該團隊不同的故事不是為了要取代這對夫妻的故事。在二者之間允許**延異**或張力的產生。這張力是這對夫妻新敘事發展的起點，一個既非這人也非那人的故事。它可能既是某個新東西，也是其他早已發展出的故事之整合／變形。這對夫妻的新生命故事，其存在可視為他們戲目中早有的痕跡，只是尚未被區辨出來而已。

73

從文學文本到人的體系

最近在不同的學科中都很流行的是把文本是否可類比為人的體系（human system）的問題做個檢查。葛茲（Geertz, 1973）和呂格爾（Ricœur, 1979）都很讚揚將文本用作人類體驗的隱喻。在臨床實踐中，懷特與艾普斯敦（White and Epston, 1990）以及潘與夏恩伯格（Penn and Sheinberg, 1991）已利用了文本類比。格根也檢

查了文本類比，但質疑它是否為有用的隱喻。他不但挑戰人類互動中可找出什麼潛藏意圖的角色，並質問道：「如果人是文本，那麼誰是讀者？」（1988: 43）他提出，人無法真正知道自己或另一人的意圖，唯一的可能性是多元詮釋，「沒有一個人的詮釋會是客觀且優於其他的。」（1988: 35）理解並不是經由檢查深層結構，或檢查潛在、無意識的物質而產生，而是經由個體之間的互動。因此格根在揭示人類行為的意義和意圖時，強調脈絡和個體間關係的角色。因此，這個挑戰將理解的觀點從個體轉移到了觀察者和被觀察者之間互動的競技場：理解之共同建構（co-construction）歷程。

循此觀點來看，文本類比在人的體系中較之在文學中要更為複雜。案主並非消極等待讀者來詮釋的文本，就算這詮釋本非固定、正確，或者具有特權的觀點。每次的閱讀都不相同，是由案主和治療師之間的互動所為。案主其實並沒有獨立於「讀者」之外的單一「真實」故事，而能對讀者敘說那特定的故事。互動本身，就是文本存在之處，也是新的生命敘事浮現的地方。揭露的文本永遠是在人與人之間（*between*）所發生的事情。案主和特定的讀者／治療師一道揭露他們的生命故事，因此治療師永遠是所欲揭露故事的共同作者（co-author），而案主是另一位共同作者。產生的文本既不是案主的，也不是治療師的故事，而是二者的共構。

74 　　這個敘事觀點並非意謂案主沒有獨立於治療師之外的故事。然而，故事總是與觀察者（在場的或隱含的）一道揭露的，而這觀察者可以是那人自己。歷史與其說是「記得的」，不如說是來自持續的創造／建構，因為我們對自己發展了「洞識」，可在另一脈絡中重新詮釋和美化我們的生命史，讓故事隨著時間而改變。真實事件確實在我們生活中發生，但我們繞著它而發展出敘事，乃至有時就

將它凍結起來。當我們對於事件發展出新觀點，而我們又與這事件互動，我們會就此而改變我們的敘事。由此看來，洞識僅可視為人對該時刻的新理解：不是發現關於個人存在的某些真理，而是一個新故事的展開；直至新的洞識浮現之前，人都可以在未來一直利用這故事。

如果治療師是共同作者／共構者，其工作是共同產生（co-generate）新的文本或故事，那他是怎麼做到的？我發現最有用的想法是：將案主目前所纏身其中的論述（discourse），轉變成另一個（不帶有目前問題的）論述。這個敘事觀點的治療法提出了：案主對生活方式的描述，限制了他們發展出看待生命境遇的新觀點或新方法。於是，治療師的工作是和他們一同發展出新的生命故事，提供他們和處境不相同但又不至太不同的觀點，來推動這場會談。這個觀點不會使問題凝固，不會使任何參與者認為比另一個更為「恰當」，也不會告訴人們什麼是「正確的」反應、態度，或應有的行為。治療是持續致力於會談的歷程，**意圖**和案主一同促進／共創／共寫新敘事，而不是拿一個故事來強加於案主身上。起點永遠是案主關於他對世界之理解的故事，其脈絡在於告訴身為觀察者／參與者的我們。故事不應是把我們的故事放在他們之上。治療師不再被視為專家，擁有特權的故事或觀點，而只是這場治療會談的促進者、會談藝術的師傅（Goolishian，私下交談，1989 年 6 月 21 日）。

敘事治療：論述與反思性

對於這種兼具改變與共構的敘事觀點，其核心重點在於論述

和反思／返身性的概念。我們持續生活在論述之中。在治療中，我們可以置身於案主他們對已有體驗的論述之中。這可以是對問題**內容的討論**，用來檢驗他們在解決特殊問題時所發展出來的特殊資源；也可以是**過程的**論述，用以檢查治療關係如何相似或相異於其他關係或概念。我們可以選擇致力於一個關於現在、過去或未來的論述，視我們的方向和與案主的交流而定。不論選擇爲何，論述會持續地勾勒並具現我們的世界。我們選擇什麼論述，是取決於案主「帶給我們的」是什麼；以及身爲治療師的我們帶入治療互動的方向或論述是什麼──包括性別、文化、理論觀點，和生命體驗。每種類型的會談，都是經由我們自身與另一人的互動所產生的不同論述。我們工作的獨特性和品質，視這些多元論述所決定。它們不應是被修正，而是應被案主和治療師二者解構，且隨後一起重構。

因此，論述是與他人的會談，以及社會歷程。它並非反映現實，而是社會歷程本身的函數性元素（Rorty, 1979）。接著談到安德森與谷力顯（Anderson and Goolishian, 1990）的工作，會談被他們定義爲任何人與人之間的互動，在其中有某個「共享的空間」且在此空間裡產生互動。在這個共享的空間中，有一種理解的感覺，在其中產生出彼此的思想、感覺，及行動的意義。

反思／返身是「任何能用作意指體系（signification system）的能力，以指涉自身來轉回自身，成爲自己的對象」。這也被理解爲折回（fold back）自身的概念（Ruby, 1982: 2）。是這樣的行動才使得自己成爲自己的觀察對象。透過反思／返身的會談，一個人能把自己先前的談話變成觀察的對象，人就這樣轉移了論述和隨之而來的觀點。人能從起初所置身的論述中「旁跨一步」，且因此而能從另一觀點來觀看。〔原註6〕

　　這個過程在我們與一位媽媽及其十一個孩子中最小的孩子一起工作時，昭然若揭。〔原註7〕她因為她的兒子詹姆士而來找我們。詹姆士十三歲、在學校有些困難。學校推薦他來接受治療，說他總是在教室裡到處走動、和其他小孩講話、不交家庭作業、常說自己生病必須回家。學校開始覺得他有過動症，需要接受醫學諮詢。媽媽描述他的小孩「年紀很小」、經常生病、似乎一直在「找麻煩」。她覺得他的很多問題都跟他還太「小」有關。然而，她又說兒子很有愛心、非常關心她的健康、在家裡不那麼靜不下來。

　　在我們一開始的會談中，她告訴我們，她跟孩子的爸爸從未結婚，也已經不住在一起，但詹姆士每天都可以看到爸爸。她解釋道，她的健康狀況非常差，需要當地救援服務定期「緊急」照料她的呼吸問題。詹姆士的爸爸健康狀況也很差，有高血壓，還有終生的藥癮，到最近才戒斷。

　　治療師茱蒂・戴維斯（Judy Davis）跟他們討論誰應該參加治療，媽媽和兒子都同意：讓爸爸加入會有幫助。到下次會談時，他來了，但有點不情願。爸媽對兒子有不同的看法，並且說很難和他討論。茱蒂討論了不同的談話方式，其中有個提議是：兒子和我待在單面鏡後面，觀看並聆聽爸媽討論他們的不同觀點，大家都同意如此。下次會談時他們回來了，但爸爸說他很掛心，治療讓他的生活變得更困難而不是更容易，他不能同時處理自己的問題又處理兒子的問題。茱蒂再次提議按照上次會談所說的那樣做，他們就照此安排繼續進行。雖然爸爸仍在討論他在治療中的困難，但當茱蒂問道：如果他們轉而討論對兒子的不同看法，對他們來說會如何？於是會談迅速地發生轉變。他們的回應是都希望這麼做，於是詹姆士和我便走到鏡子後面，觀察他們的會談。媽媽說她把兒子看成很幼

76

小，需要極多的關注；爸爸則把兒子看得較年長，且較有能力承擔更多責任。

然後詹姆士和我跟他們換房間，讓他們兩個和治療師一起觀看、聆聽我們對於面談的觀察所作的討論。詹姆士談了很多，關於他如何想要幫助他們倆的感覺，談他如何可讓兩個人都容易接近自己，並討論到他對未來的計畫。他說他想擔任的工作是「救難隊員、消防隊員，或能幫助他人的那種人」。他也說他不想離家太遠。

我們再次換房間，茱蒂問爸媽對兒子的意見有何看法。媽媽流著眼淚，說了她深刻的印象：「我的小男孩就在那兒、在我的眼前長大了。」爸爸也激動地回應說，他從未聽到他兒子和誰說過「他和比爾[2]一起做事的方式。」顯然可見，他對兒子出現新的尊重。此外，爸爸說他非常喜歡這個過程，希望繼續來治療。關於未來會談的想法也討論出來了，包括談到媽媽對她最小的孩子離家的感受。

治療結束後八個月，我們在媽媽家和這家人見面。爸媽都說兒子在學校的表現好了很多，下課後在一所地方醫院工作，而治療結束後只出了一次事故：兒子引發了火警，而必須在消防隊做一些社區工作來「補償」。完成這項工作之後，他繼續留在消防隊擔任志工。

我們相信這治療工作有一方面對這家庭產生幫助：由於他們彼此觀看聆聽以及進行會談反思，爸媽和兒子的論述有了轉變。在此之前，他們所參與的只是一種論述，而沒有其他的觀點。分開使每個人得以從一個新的位置來觀察原初的論述內容，並加入一個關於前者的不同論述。爸媽不需要互相說服兒子到底是年長還是年幼，

兒子也不需要抗辯他在學校或家裡是在做什麼。

　　在我們的治療互動中，我們時常靠著返身／反思讓新的會談得以在個體之間發生，並且讓所有參與者體驗到對於自己和他人一定程度的理解。治療師不斷把案主說的話轉譯成他們自己的語言，來與他們共享，看看是否能與他們的語言／意義體系形成對應關係。因此，理解比起解釋更能提供新敘事展開的可能性，因為可對初始的處境／描述提供了稍微不同的觀點。在臨床實踐中，當治療師把他對案主處境的版本／圖樣告訴了案主，且的確「合身」時，就可以看見這點，即使它已與案主原本的故事不同。案主通常會這樣回應：「你了解我。」為了進一步說明，我來舉個例：我和一個形容自己是「一輩子有懼曠症（agoraphobia）」的女人會談。我問她，如果我對她的處境有些不同的看法，那對她而言會是怎樣，她說：那「要看那些看法有多怪。」我告訴她也許會很怪，但只是些想法，如果太怪，我們可以棄之不用！她說，那我就可以告訴她。我使用一段和自己的會談，來間接告訴她（見 Wangberg, 1991）：

> 我想要知道，你的懼曠症是否像個風箏，用線繫在你褲子背後 78
> 的腰帶上。你忘了它在那裡，但在生活中總是把它和你拉在一
> 起。有時風比較大，會提醒你它是存在的，這讓你不會走太遠
> 而陷入暴風雨中。如果把線放開、讓風箏自己飛，那會怎樣？
> 事情對你而言會有什麼不同？有沒有幾次，你甚至已經渾然忘
> 記這風箏還繫在你身上？

2　譯註：這個「比爾」顯然是爸爸的名字。

她安安靜靜地聽我的故事。她說這故事對她很切合，接著我們討論了我和她的故事，把焦點放在風箏和自由，以及懼曠症和約束。她說她現在開始對自己的處境有了不受太多限制的新觀點。

我相信她感受到被我瞭解的體驗，使我們都能在我倆之間開始發展出新的故事。我再說一次：我之所以提出不同的故事，不是嘗試要「給」她一個新的生命故事。相對於她跟我先前的談話，藉由我的談話方式，我把她放置於一個反思的位置（a reflexive position）。然而，在她和我所涉入的論述之中，我得以參與一個與反思之前不同的論述。她在聆聽中，也得以將她的論述轉移到另一個位置。我們二人的「會談」相互疊合，就像揉麵糰，揉出一個對我們倆而言都是新的糰子，同時涵括了自由和約束的概念。

我們當前的工作

我們在布瑞安波羅家庭研究所的工作，將後現代思維的觀念整合到臨床實踐之中。我們受到霍夫曼（Lynn Hoffman, 1988, 1990）的工作和著述，以及安德生（Tom Andersen, 1987, 1991）在北挪威和他的同僚所發展出的「反思的位置」（'reflecting position'）強烈地影響。我們的工作特別強調會談參與者之間的反思，包括案主和治療師。在實務應用上，我們使用提問、反思，和位置變換，作為治療的主要臨床方法。治療師和家庭之間的晤談，是遵循由米蘭團隊首先介紹，並由潘（Penn, 1982, 1985）和托畝（Tomm, 1987）拓展的提問模式。提問常會導向於貝特森所描述的那種資訊或差異。

這並不是爲了要提供新的解決辦法，而只是爲了要創造出一種張
力，以便導致差異的整合，和新敘事的發展。

　　貫穿於晤談之中的關注在於：誰可以和誰談話、談什麼，和如
何談（Andersen, 1991）。我們的意圖是維持治療性會談，並且不
要讓進行的方式和案主的風格、步調，或意願太不相同。如果會談
變得太相似於或相異於他們平常的互動和理解模式，這會談就可能
中斷。治療師一開始會進行提問，問題是關於會談的來龍去脈，以
及與現有關係相關的想法與歷史：「怎麼會有來接受治療的念頭？
是誰先有這想法的？誰最同意／最不同意？如果你過去有這念頭，
當時爲什麼沒來？如果我們現在要談這些議題，那對你們每個人來
說會怎樣？還有沒有誰是你覺得加入會談會對我們有幫助的？」

　　在提問時，治療師要維持一種在會談中沒有高低階序安排的觀
點。這治療法不是讓會談困在同心圓裡的「剝洋蔥」式，治療師的
工作是層層穿越，直抵「真實」的素材。每種論述都是參與者認爲
有意義才有意義的，會談的脈絡要和內容有同等價值。一種論述不
一定比另一種論述更完整或不完整。這對參與者來說可能更具「意
義」，但這是和每個人歸因於論述的意義程度有關，而不是因爲論
述的本質使然。

　　隨著晤談的進行，晤談者、團隊或案主有別的構想時，可以把
構想「攤上檯面」來讓其他的參與者一起考慮。在前面提到的爸媽
和兒子那個案例中，會談的成員資格和會談形式將會如何，治療師
要把構想先讓家人知道。這種方式可顧及潛在的討論議題，不必然
是要把案主們帶向討論的目標，而是要讓他們投入這個論述本身。
新的構想可以持續從這個位置提出，過程允許案主和治療師都能作
決定：可考慮或不可考慮的是什麼構想和什麼問題。治療師甚至可

79

以對案主提出直接的建議或構想，這些也可以**作為構想**而提出，甚至算是個強勢構想，讓案主們去考慮。對案主可以問道：他們對於這些構想／提議，乃至提出這些強勢構想的治療師，有什麼看法。

在轉換觀點和引入新構想時，某些描述／討論並不盡然能含括在會談中。正如在文學批評中，能被理解或產生的敘事廣度，可能會受到脈絡的限制。例如，在某些家庭中，對於家人是否酗酒，會持有不同的意見，因此要在會談中談及酗酒的細節，可能與該時間所能討論的問題大爲不同。在有可能討論酗酒的會談，以及對酒性之差異詳作檢查，此兩者之間，在治療中比較可行的是前者，也允許他們繼續談下去。一旦治療師開始催促他們去做可行範圍之外的事，他們也許就不會再回來治療了。這並不是說治療師得用「娃娃手套」來小心翼翼地對待他們。他們可以從自己的觀點引出困難的話題來討論，也可以詢問這樣的討論會是如何。

學生在我們的訓練計劃裡經常提出一個意見，這意見是關於我們會談中談到「內容」的適當時機。我們常被問道：「你們總是在『談論談論』，好像你們總是在水池邊緣測試水溫。那你們什麼時候才會跳進水池裡？」一開始我認爲，我們首先需要和案主「在他們所在的地方」碰面，然後慢慢地移入「水池」中，盡可能只用他們的速度往前，尊重他們的進程。現在我則相信，一旦我們與案主會談時，**我們總是都已在**水池裡。這個水池是我們之間互爲主體的（intersubjective）互動，亦即時時刻刻都在進行的論述。它不比任何其他的論述更重要或更不重要；它就是內容，如此而已。因此，我們無須假定有任何特權的位置來指導這會談的正確論述，我們也不能預測會談應該在哪裡、如何展開。當我們覺得什麼可能會發生，或什麼在過去對其他的案主有用，這僅僅是一種觀點。這些多

出來的觀點可以討論，但都不應強加於案主身上。

　　這種治療觀點和後現代思想在若干方式上有顯著的一致性。它是從這領域中的其他模型轉換而來的，因為是把一種很鮮明的方式引入治療師的思維。在案主背後，沒有秘密的會談。取而代之的是，所有的會談都在案主面前進行，不論是從鏡子背後走出來的整個團隊，或是單獨一個治療師和她自己之間的自言自語。治療師是完全納入治療體系中的一個參與者，會把她對於治療的構想全部讓案主知道。可以發生的會談總是有其他方式，但參與者目前所從事的會談是最主要的。如果治療師說某個會談比另一個更重要，這只是治療師的「偏見」。對這個偏見不要漠視，而應將它視為這場進行中的會談的另一種觀點。舉個例子，在暴力或性侵的情況中，治療師可能會對這情況有一種特殊的觀點，好比說「女人絕對不該被男人打」。與其忽視這個觀點，讓它成為可能暗藏的鏡片而悄悄影響會談，不如有個辦法來把這觀點公開，讓治療的參與者都知道。治療師可以把這觀點「搬上檯面」，以提問或意見來進行討論，比方說：「在像這樣的情況裡，我通常會有個強烈的反應，像是⋯⋯如果我在我們的會談中維持這觀點，那我們的會談會怎樣？誰會感到困難？」用這種方式，構想可以具體化、可以分享，而參與者可以提出意見，對這情況的討論，可能導致不同的方式。但這方法維持住的是尊重的觀點——所有的成員對於接下來要參與哪個構想而作出區別和選擇之時，都是平等的合作者。

　　該強調的是過程而非目標。如上文所述，人無法知道新的敘事何時會浮現，而會談不是事先決定或設計好的，不是根據任何設定好的處遇計畫或命定的「步驟」來進行。案主和治療師是在共同探索，而不是導向心中定好結果的標準程序，或讓治療師只圖維持他

的專家位置。治療所專注的是案主和治療師之間的會談；如同羅狄
（Rorty）所述：「可以開導哲學的重點，在於讓會談前進，而非
尋找客觀的真理。」（1979: 377）

如果真有目標的話，那目標將會維持住這個會談，並分辨出
事先未及檢驗但卻是潛在的方便面向，直至新的敘事發展出來。
治療師總是不斷尋找提出差異的其他方法，不論是透過故事、重
新架構（reframe）、隱喻，或是改寫措辭。不是要去找出「真
實的」意義，也不是要提供新故事。治療師沒有一個後設位置
（metaposition）或後設觀點（metaview），只有對這位置與觀點之
假定作持續提問。從這互動之間會浮現出來的新敘事，也就是由所
有參與者共同發展的敘事。

總結

本章辨認出後現代思維中的一些內在特性，並將它們與治療關
82　聯起來。但願這只會刺激出更進一步的交談，而不是提供治療的另
一種「法門」。很顯然地，這種思維理路和臨床實踐對於治療師的
專家角色、診斷和治療處遇計劃的意義，皆有嚴肅的臨床意涵。這
個模型的主張在於：我們無從得知新敘事何時會發展出來，因此其
他提出治療有特定階段的治療模型，以及那些屬於治療師導向的、
階序結構的方法，都受到直接挑戰。如同安德生（Tom Andersen,
1991）對他自己工作所作的卓越評論中指出：這是一種沒有套式，
沒有固定工作模型的思維。我相信我們只是看見了過去三十年裡開
端的一場基進啟程，但願這種治療法足以挑戰專家模型——在社會

性、政治性、文化性等各方面，無不皆然。

註 · 釋

我在此向布瑞妥波羅家庭研究所與新英格蘭的安提阿研究學院（Antioch New England Graduate School）的同僚們致謝，因為他們協助我形成本章的觀點。我也要感謝席尼・克里斯妥（Sydney Crystal）、茱蒂・戴維斯、尤金・艾普斯坦（Eugene Epstein）、馬吉特・艾普斯坦（Margit Epstein）、肯・格根、霖・霍夫曼、瓊・雷爾德（Joan Laird）、霖蒂・諾蘭德（Lindy Norlander）、席拉・邁可納米，與喬・潘米里亞（Joe Pumilia）等人，對於本章早先的草稿所給予的意見。

1. 後現代思維主要是彰顯於社會科學的人類學／民族誌（Geertz, 1973）、自動控制論（von Foerster, 1981）、女性主義（Flax, 1990; Hare-Mustin and Maracek, 1988; Fraser and Nicholson, 1990）、詮釋學（Ricœur, 1979; Gadamer, 1975）、文學批評理論（Barthes, 1979; Derrida, 1976, 1978, 1986; Lyotard, 1988），與社會心理學（Gergen, 1985, 1989; Sampson, 1989; Shotter, 1989）。
2. 在布瑞妥波羅家庭研究所的批判工作，深受霖・霍夫曼（Lynn Hoffman, 1988, 1990）以及由湯姆・安德生（Tom Andersen, 1987, 1991）及其在挪威特倫梭（Tromsø）之同僚所發展出的返身／反思團隊（reflecting team）觀點的影響。這項工作已在其他地方有所討論（見 Davidson et al., 1988; Davidson and Lussardi 1991; Lax, 1989, 1991; Lax and Lussardi, 1988; Miller and Lax, 1988）。
3. 此處所指的現代觀點，是哲學本質之一，它在意義建構中對主體賦予特權。也假定了專家和權威的位置（見 Barnaby and Straus, 1989; Reiss, 1982）。
4. 在其他領域也可發現類似的思維。例如佛教的思想與教義，特別是上

座部佛教，主張我們的所「見」只是我們的概念，而非實存之物。這些概念也非憑空而來，而是透過我們在世界裡與他人的互動（現在與過去的）之中產生。生命的一切皆被視為無常，包括對自我的任何感覺在內。

5. 治療師是威廉・雷克斯（William Lax）與藍岱・科亨（Randye Cohen），以及由榮・侯勒（Ron Hollar）與佩里・威廉生（Perry Williamson）所組成的團隊。

6. 使用一套論述來觀察另一套論述的過程，素來為許多不同理論觀點的治療師們所熟悉。有一些心理動力論的治療師努力在他們的案主中發展出「觀察的自我」（observing ego）；認知行為學派的治療師使用停止思考的方法，以便在論述中協助這同一種轉變；以解決為焦點的治療師發展出的新論述叫做「不尋常結果」或「例外」。霍夫曼（本卷）把這過程看作所有優秀治療法的核心，並將之描述為「脈絡共振」（'context resonance'）。

7. 治療師是茱蒂・戴維斯以及由威廉・雷克斯與喬・潘米里亞所組成的團隊。

參 · 考 · 文 · 獻

Andersen, T. (1987) 'The reflecting team: dialogue and meta-dialogue in clinical work', *Family Process,* 26 (4): 415-28.

Andersen, T. (ed.) (1991) *The Reflecting Team: Dialogues and Dialogues about the Dialogues.* New York: Norton.

Anderson, H. and Goolishian, H. (1988) 'Human systems as linguistic systems', *Family Process*, 27 (4): 371-95.

Anderson, H. and Goolishian, H. (1990) 'Some fundamental assumptions'. Unpublished paper, Galveston Family Institute.

Barnaby, B. B. and Straus, B. R. (1989) 'Notes on postmodernism and the psychology of gender', *American Psychologist,* 44 (10): 1328-30.

Barthes, R. (1979) 'From work to text', in J. Harari (ed.), *Textual Strategies.* Ithaca, NY: Cornell University Press.

Boscolo, L., Cecchin, G., Hoffman, L. and Penn, P. (1987) *Milan Systemic Family Therapy.* New York: Basic Books.

Bowen, M. (1978) *Family Therapy in Clinical Practice.* New York: Jason-Aronson.

Caesar, P. L. and Roberts, M. (1991) 'A conversational journey with clients: therapist as tourist not tour guide', *Journal of Strategic and Systemic Therapies,* 10 (3/4): 38-51.

Culler, J. (1982) *On Deconstruction.* Ithaca, NY: Cornell University Press.

Davidson, J., Lax, W., Lussardi, D., Miller, D. and Ratheau, M. (1988) 'The reflecting team', *Family Therapy Networker,* 12 (3).

Davidson, J. and Lussardi, D. (1991) 'Use of the reflecting team in supervision and training', in T. Andersen (ed.), *The Reflecting Team: Dialogues and Dialogues about the Dialogues.* New York: Norton.

Derrida, J. (1976) *Of Grammatology,* tr. G. C. Spivak. Baltimore, MD: Johns Hopkins University Press.

Derrida, J. (1978) *Writing and Difference,* tr. A. Bass. Chicago: University of Chicago Press.

Derrida, J. (1986) 'Différence', in M. C. Taylor (ed.), *Deconstruction in Context.* Chicago, IL: University of Chicago Press.

Eagleton, T. (1983) *Literary Theory: an Introduction.* Minneapolis, MN: University of Minnesota Press.

Elkaim, M. (1982) 'Non-equilibrium, chance and change in family therapy', *Journal of Marital and Family Therapy,* 7 (3): 291-7.

Epstein, E. S. and Loos, V. E. (1989) 'Some irreverent thoughts on the limits of family therapy', *Journal of Family Psychology,* 2 (4): 405-21.

Flax, J. (1990) 'Postmodernism and gender relations in feminist theory', in L. J. Nicholson (ed.), *Feminism/Postmodernism.* New York: Routledge.

Fraser, N. and Nicholson, L. J. (1990) 'Social criticism without philosophy: an encounter between feminism and postmodernism', in L. J. Nicholson (ed.),

Feminism/Postmodernism. New York: Routledge.

Gadamer, H. G. (1975) *Truth and Method.* New York: Continuum.

Geertz, C. (1973) *The Interpretation of Cultures.* New York: Basic Books.

Gergen, K. J. (1985) 'The social constructionist movement in modern psychology', *American Psychologist*, 40 (3): 266-75.

Gergen, K. J. (1988) 'If persons are texts', in S. B. Messer, L. A. Sass and R. L. Woolfolk (eds), *Hermeneutics ad Psychological Theory.* New Brunswisk, NJ: Rutgers University Press.

Gergen, K. J. (1989) 'Warranting voice and the elaboration of self', in J. Shotter and K. J. Gergen (eds), *Texts of Identity.* London: Sage.

Gergen, K. J. and Davis, K. E. (eds) (1985) *The Social Construction of the Person.* New York: Springer-Verlag.

Goolishian, H. and Anderson, H. (1987) 'Language systems and therapy: an evolving idea', *Psychotherapy,* 24: 529-38.

Goolishian, H. and Anderson, H. (1990) 'Understanding the therapeutic system: from individuals and families to systems in language', in F. Kaslow (ed.), *Voices in Family Psychology.* Newbury Park, CA: Sage.

Haley, J. (1976) *Problem Solving Therapy.* San Francisco, CA: Jossey Bass.

Hare-Mustin, R. T. and Maracek, J. (1988) 'The meaning of difference: gender theory, postmodernism, and psychology', *American Psychologist,* 43 (6): 455-64.

Hoffman, L. (1981) *Foundations of Family Therapy.* New York: Basic Books.

Hoffman, L. (1986) 'Beyond power and control', *Family Systems Medicine,* 3: 381-96.

Hoffman, L. (1988) 'A constructivist position for family therapy', *Irish Journal of Psychology,* 9 (1): 110-29.

Hoffman, L. (1990) 'Constructing realities: an art of lenses', *Family Process*, 29(1): 1-12.

Jorgenson, J. (1991) 'How families are constructed'. Unpublished doctoral dissertation, University of Pennsylvania.

Kearney, R. (1984) *Dialogues with Contemporary Continental Thinkers.* Manchester: Manchester University Press.

Lax, W. (1989) 'Systemic family therapy with young children in the family: use of the reflecting team', *Psychotherapy and the Family*, 5 (3/4): 55-73.

Lax, W. (1991) 'The reflecting team and the initial consultation', in T. Andersen (ed.), *The Reflecting Team: Dialogues and Dialogues about Dialogues*. New York: Norton.

Lax. W. and Lussardi, D. (1988) 'The use of rituals with adolescents and their families', in E. I. Black, J. Roberts and R. Whiting (eds), *Rituals in Families and Family Therapy*. New York: Norton.

Lussardi, D. L. and Miller, D. (1990) 'A reflecting team approach to adolescent substance abuse', in T. C. Todd and M. Selekman (eds), *Family Therapy with Adolescent Substance Abuse*. New York: Allyn & Bacon.

Lyotard, J. -F. (1988) *The Postmodern Condition: a Report on Knowledge*, tr. G. Bennington and B. Massumi. Minneapolis, MN: University of Minnesota Press.

Maturana, H. and Varela, F. (1987) *The Tree of Knowledge*. Boston, MA: New Science Library.

Miller, D. and Lax, W. D. (1988) 'Interrupting deadly struggles: a reflecting team model for working with couples', *Journal of Strategic and Systemic Therapies*, 7 (3): 16-22.

Minuchin, S. (1974) *Families and Family Therapy*. Cambridge. MA: Harvard University Press.

O'Brien, T. (1990) *Things They Carried with Them*. Boston, MA: Houghton Mifflin.

Penn, P. (1982) 'Circular questioning', *Family Process*, 21: 267-80.

Penn, P. (1985) 'Feed-forward: future questions, future maps', *Family Process*, 24: 299-311.

Penn, P. and Sheinberg, M. (1991) 'Stories and conversations', *Journal of Strategic and Systemic Therapies*, 10 (3/4): 30-7.

Reiss, T. J. (1982) *The Discourse of Modernism*. Ithaca, NY: Cornell University Press.

Ricoeur, P. (1979) 'The model of the text: meaningful action considered as a text', in P. Rabinow and W. S. Sullivan (eds), *Interpretative Social Science*. Berkeley, CA: University of California Press.

85

Rorty, R. (1979) *Philosophy and the Mirror of Nature*. Princeton, NJ: Princeton University Press.

Ruby, J. (1982) *A Crack in the Mirror*. Philadelphia, PA: University of Pennsylvania Press.

Sampson, E. E. (1989) 'The deconstruction of the self', in J. Shotter and K. J. Gergen (eds), *Texts of Identity*. London: Sage.

Sarbin, T. R. (1986) *Narrative Psychology: The Storied Nature of Human Conduct*. New York: Praeger.

Sarup, M. (1989) *An Introductory Guide to Post-structuralism and Postmodernism*. Athens, GA: University of Georgia Press.

Selvini, M. P., Boscolo, L., Cecchin, G. and Prata, G. (1980) 'Hypothesizing – circularity – neutrality: three guidelines for the conductor of the session', *Family Process*, 19 (1): 3-12.

Shotter, J. (1989) 'Social accountability and the social construction of "You"', in J. Shotter and K. J. Gergen (eds), *Texts of Identity*. London: Sage.

Taylor, M. C. (1986) *Deconstruction in Context: Literature and Philosophy*. Chicago, IL: University of Chicago Press.

Tomm, K. (1987) 'Interventive interviewing: Part II. Reflexive questioning as a means to enabling self-healing', *Family Process*, 26: 167-84.

von Foerster, H. (1981) *Observing Systems*. Seaside, CA: Intersystems Publications.

Wangberg, F. (1991) 'Self reflection: turning the mirror inward'. *Journal of Strategic and Systemic Therapies*, 10 (3/4): 18-29.

White, M. (1989) *Selected Papers*. Adelaide: Dulwich Centre Publications.

White, M. and Epston, D. (1990) *Narrative Means to Therapeutic Ends*. New York: Norton. (Also printed as *Literate Means to Therapeutic Ends*, 1989, Adelaide: Dulwich Centre Publications.)

6 建構起治療的可能性
Constructing Therapeutic Possibilities

吉恩弗蘭可‧切欽（Gianfranco Cecchin）

在家族治療的領域中，我們已注意到一個緩慢但不斷的認識論轉移，從自動控制論的原則（來自神經機械學）轉向「人的關係發生於社會生產的故事」之論。每一則獨特的家庭敘事都是在社會領域中才成為存在。從這觀點看來，我們可以說：兩者間的互動為我們的世界提供了一個既是瞭解也同時是限制的機會。

在本章中，我將重新建構一個故事，用來說明從控制論原則轉向社會建構論的演進，並會論道：此一過程之所以發生，是經由一連串的提問，以及針對信念、模型和特別的實踐方式所生的好奇心使然。我也要提議：同時擔任既是策士又是非工具性的臨床師，這雙重角色使治療師可免於確認有所謂終極真理的存在。

要揣摩如何從控制論轉向社會建構論，這是一件趣事。任何穩定的形式都會創造出新的變化條件，進而又形成新的穩定，如是反復。心中有此圖象的話，再來看看家庭治療領域發生了些什麼，特別是我自己參與了米蘭體系模型（Milan Systemic model）的演變經驗，這才更令人耳目一新。在 1971-72 年間，我是米蘭團隊的四人之一，想以不同的方式嘗試進行治療。經過幾年使用精神分析的治療模型之後，這種工作的努力讓我們感到不滿，並開始尋找新的模型來進行新的工作方式。許多概念性的轉變標誌了我們朝向體系模

型的發展：這個轉變是（1）從能量到訊息；（2）從實體到社會建構；（3）從家族爲焦點到治療師本身爲焦點。

從能量到訊息

作爲一個團隊，我們面臨著 1967 年由渥茲羅威克等人（Watzlawick et al., 1967）所提出的新想法。這些想法看來構成了一套宏偉的理論。根據此一理論，能量的概念已不再有任何需要。一切都是溝通。一切都是訊息。

我們發現了一種新的自由，不必再由一個人的內在去找出什麼東西，而是要看看人如何在同一個溝通網絡中相互適應——每個人都有所從事，又同時在回應別人。這裡呈現的是許多故事和有輸贏的遊戲（games），其中大部分帶有精美的戲劇性，有時甚至很像喜劇。我們迷上了這類遊戲，開始尋找各種方法以便在每一個家庭中把「眞實」的遊戲帶出來。花時間跟一個家庭，也跟我們的同事，共同找出人們在玩什麼遊戲，這實在是個令人愉快和著迷的體驗。當然，既然選擇了這個立場，某些後果也一定會隨之出現。

開始出現的是些困擾和矛盾。首先，我們注意到，一個家庭的病理愈多，這個家庭及其中的遊戲形式就愈容易描述。我們採取的立場使我們將家庭視爲以回饋來調節的機械體系。這時候，疑問悄悄出現：「我們的理論把家庭比擬爲機械體系，這樣好嗎？那其他不像機械的人類體系呢？」其次，因爲我們常被遊戲的想法所誘惑，所以我們最終的描述往往都會變成：人在一起相處，唯一目的就是互相競爭，彼此以智取勝，或都是從「高位」（'up' position）

87

來定義他們的關係（就是當時的所常用的語言）。有時候，我們覺得人之所以會待在一起，其原因就是爲了要打架，因爲打架的戰鬥情節提供了「贏」的機會。在配偶或家庭中，我們總是會看到激烈的競爭，而當一切歸於平靜之時，我們認爲這只是永恆戰鬥情況下的一個單純、暫時的表面平衡。

當然，戰役不僅限於家族成員之間，當他們來到我們這裡，我們也會因此被捲入戰鬥中。治療師經常會和同事們躲在鏡子後面一起規劃反擊策略。我們常用戰爭術語，譬如說，「這個家庭正在對我們布置某種陷阱」，以及「什麼樣的戰術行動，可讓我們反擊？」此外，「我覺得他兒子正在與治療師建立聯盟，以便壓制父母」。最後，「老婆雖有迷人的外表，心中想的卻是要羞辱她的丈夫」等等。

每一個舉動都成了戰術演習，每一句話都會有十種不同的理解方式。當這個家庭來找我們，我們的問題通常是：「他們彼此在玩什麼遊戲？」「他們跟我們又在玩什麼遊戲？」以及「我們可以和他們玩什麼不同的遊戲？」通常我們是想在這些戲局中得勝，而我們相信：以這種方式，我們可以說服他們放棄自己的權力鬥爭。如果這辦不到，我們會換用說服來使他們改變遊戲的方法，或把戲局帶向較可容忍的水平，使得症狀沒有存在的必要。在這情況下，治療師必須控制每次療程。例如，假若我們邀請了四人，卻僅出席了三人，我們會請他們回去，直到四人都能到場爲止。如果我們妥協的話，那就像是輸掉一場戰役。這樣的關係是一種對抗，而不是合作。

我們在那時使用的「武器」之一，我們稱之爲弔詭介預（paradoxical intervention）（Selvini et al., 1978）。我們可以看到，在家

庭和夫妻之間就常使用弔詭的溝通來爭吵。弔詭之論是一種用來獲得控制的方式，但在同時，這種方式會使戰鬥癱瘓，或形成一種明顯的休戰。家人彼此還用弔詭之法來對付我們。這是同時製造和平及戰爭的一種方式。所以當治療關係的強度增加後，我們也會成為製造弔詭的專家。這其中並沒有什麼新意，我們只是運用了 1967 年渥茲羅威克等人（Watzlawick et al., 1967）所提供的方法而已。但在某些方面，我們卻和「弔詭治療」的名聲緊黏在一起。很多次，有人來參觀或一些學生來觀察治療過程，到某些時刻他們總是會問：「弔詭在哪裡？」有時我們對一個家庭問個簡單的問題：「你好嗎？」就會有人問：「你要怎樣讓那變成弔詭？」我們被弔詭的「標籤」套牢了。一切都必須是弔詭。並且，當然一切都在權力遊戲的框架中。過了一陣子之後，我們認出了另一種概念上的轉變。這一轉變的顯現是我們自己觀察到的——身為團隊成員，我們會互相爭鬥且常感到不舒服。事情到了非改變不可的地步。

再說一次，能幫助我們克服僵局的是另一種理論。我們發現了貝特森《邁向心靈的生態學》（*Steps to an Ecology of Mind*, 1972）一書。我們看到，保羅‧阿爾托集團（Palo Alto Group, Watzlawick et al., 1967）是由貝特森的著作得到啟發。所以，我們開始從貝特森的原始形式中擷取不同的想法，來超越我們自己的僵局。

從實體到社會建構

從能量到訊息的轉變乃是建構的基礎，我們將溝通視為一種關係的過程，在這過程中訊息是被社會建構出來的。其中。貝特森

在他對權力的討論中說出了這個位置。貝特森說權力是一種想法，一套建構。人先製造出權力的想法，然後就以權力存在的方式來行 89 動。權力是在情境脈絡中建構，並由其中的主角所發明。

　　採用這種思路，我們總算能從家族成員的權力遊戲和戰術操演觀點中移出來。我們開始將人視為彼此依存，不是彼此控制或控制關係，而是要在彼此之間產生意義。這是一個很有意思的概念轉變。夫妻和親子之間不再是力圖智取對方。他們正在試圖讓關係有意義。在某種程度上，對治療師而言，這是一個更加「人性化」的位置。對權力的戰鬥和爭奪只是很多人試圖瞭解意義的方法之一，當其他的選擇用不上或見不到時，我們可以只稱它為「試圖把事情講通」。

　　這種轉變提供了機會，讓治療師在治療情境下能有更新的旨趣。一旦戲局或戰鬥的比喻拿開不用之後，有輸有贏的這件事也一併消失了。現在，我們可以投入的是一個返身自省的過程。一旦我們確定了這個轉變，我們就意識到了一個很有意思的現象。當一位特定的治療師與家族成員談話時，他會「發現」某種類型的遊戲，而另一位治療師則也許看到了另一類型的遊戲。第三位治療師看到的是第三類。我們於是意識到：戲局所賴以成立的不單只是家庭，也依賴著治療師。或許，其中沒有「真正的戲局」。戲局中的比賽完全是由治療師和家族之間的關係而出現的。有了這個觀察，我們開始懷疑「發現」（'discovery'）這一詞的想法。在很長一段時間中，我們總認為：「發現」就是我們這些作為科學家／臨床師的工作。只有在一個良好的、可信的發現之後，我們才算是做出醫學上和道德上正確的事。但是，現在我們面臨的矛盾是：我們的發現仰賴著「發現者」及提問的類型。從本質上說，我們的發現，也只是

我們和家族成員之間的共構。

轉變的焦點：從家庭觀點到治療師

因此，我們被迫進行另一場轉變。我們關注的焦點，從「家庭」移到了「治療師」。長期以來，我們從未討論過觀察者，但現在，終於相信我們的「發現」這件事最終取決於觀察者，我們得開始看自己。而我們從學生那兒得到很大的幫助。在我們的培訓中心裡，學生一直顯示他們對於治療師作法的關注，遠比家庭中的遊戲更感興趣。我們這些治療師，對家族成員提出很多有關於他們如何組織的問題，而學生們卻問了很多關於我們在幹什麼的問題。在我們開始注視治療師時，出現了兩個焦點：假設應是什麼觀念，以及好奇算是什麼立場。

從真理到假設

當我們把焦點轉向自己時，我們意識到：我們心中一直持有一套假設。在進入一段療程前，或在療程當中，我們對事情的進展總有些想法。這可能導致治療師與家庭之間有點緊張的關係，因為如果我們太喜歡我們的想法（假設），我們會在不經意間試圖把假設強加於這個家庭。我們也許認為：如果他們能以我們的方式看問題，那麼他們的問題就會消失。

我們花了不少時間才發現：會造成不同的，不是我們的假設有何性質。相反的，不同是來自我們的假設和家庭的假設之間的對

比，以及在會談中出現了不同假設所產生的對比。我們很掙扎地放棄了我們的假設，就算它是極有吸引力的，且看起來頗似眞理。同樣的，假設只是一個與體系連結的建構方式，而不能進一步去發現「眞實」的故事。我們可以工作了半個小時，開發出一個漂亮的假設，其中包括所有的體系機制也包含好體系假設的所有元素，但如果發現它是無用的，在幾分鐘之內就會把它丟棄。〔原註1〕

　　假設是一種有助於治療關係的貢獻。這是會談開始的基礎。通過會談，治療師透露他自己對於當前事態的想法到底是什麼，並用引起所有參與者的共鳴的方式來和家族相處。這種共鳴（身體訊息，口頭發聲，想法和假設的組合）是一張門票，可用以邀請或參加創建一個新體系。假設的價值並不在於它所包含的事實，而在它具有在共同參者間創發共振的能力。我可以想像：一個人即使不說話也可以處在共鳴之中，但可用類比於會談的方式進入。然而，人類用話語來互相安撫。因此話語和假設是一種方式，可不管其內容而用來相互碰觸。綜上所述，假設是用來創建與體系之間的共鳴，無論其是否具有作爲眞理的價值，或作爲解釋的效度。

從中立到好奇

　　中立性（neutrality）是米蘭體系取徑的中心概念（Selvini et al., 1980; Cecchin, 1987）也是來自戰爭的語言。既然我們在所觀察的鬥爭中不能偏袒任何一方，我們就選擇保持中立。在某種程度上，中立反而把治療師抬上「權力」的位置。我們怎樣才能避免這類的矛盾？就是花了不少時間，才讓人看出：中立在某種程度上應視爲一個「活動狀態」（參見 Cecchin, 1987）。治療師努力搜索出

91

合適的活動型態，而不是找到「爲什麼」或行爲的原因，才造就了
治療師「行動」的中立性。

在這種情況下，兩位理論家給了我們拉拔之助。從生物學組織
觀點來看，馬土拉納與伐瑞拉（Maturana and Varela, 1987）兩人得
到的結論是：不同的生物單位並不以直接的方式來相互影響行爲，
而是通過結構偶合（structural coupling）。換句話說，不同的單位
只是或此或彼地相互適應，任何試圖解釋其間有因果互動方式，
都只不過是由觀察者所說成的故事罷了。這個故事可能是無用的，
甚至誤導。我們看到如同一個體系者，指的是成員彼此間的契合
關連。契合變成互動的一種美學性質。我們所看到的情況只是不可
能不發生。如果某些事件互不契合，那就不會存在於此。以這種美
學的方式去觀察問題，會讓我們產生好奇感。人如果對於他們目前
的處境不甚滿意，但卻能沉浸在其中，則一定有某種「契合」。這
契合並不意味著「善」或價值，而只代表有連結關係。對這個連結
產生好奇，有利於建設更成功的關聯。好奇心，作爲一種治療的立
場，提供了機會，來建構新形式的行動和詮釋。

不敬的治療師像是個社會建構師

我上面所描述的是「觀察者－治療師」的位置，正使用他的反
應作爲一種工具來進入體系。但治療師也可用其他可能的方式來進
入故事。安德森與谷力顯（Anderson and Goolishian, 1988）建議：
治療會談是可用以融入家庭的一種方式。我想提供另一個建議：身
爲治療師的我們可以成爲治療故事的參與演員。「參與演員」和

「會談者」之間的區分只是任意而爲的。然而，爲了澄清之故，我會用人爲的方式區分這兩個位置。作爲一個會談者，治療師試圖把那些被體系邏輯限制而「卡住」的狀態予以「疏通」（參見 Sluzki, 1992）這通常是透過利用循環提問（circular questions）而得以完成（Selvini et al., 1980）。而治療師作爲參與的演員，會利用互動脈絡中浮現的特別角色來採取行動、給予處方，成爲一個「社會控制者」，乃至成爲「說教者」。只有當治療師能謹記以下兩個顯然互相矛盾的原則時，才能對體系認識論維持效忠。 92

　　首先，治療師必須記住，幾個不同的關係有助於讓治療師成爲一個道德教訓者、社會控制者等等。因此，如果治療師採用道德家的姿態，去處理家庭中的亂倫難題，治療師在某種程度上之所以能進行「道德上」的扮演，是緣於其他各種背景和關係提供了如此建構的機會。一些相關的關係包括：治療關係（治療師到案主端）、治療當下的體制條件、文化條件和歷史條件。還需要考慮在內的是：治療師的取向是由他的個人歷史、理論取向所衍生出來的。這些互相關聯的考量點，又會伴隨著案主自己的個人歷史而發生。

　　其次，治療師還必須記住，他的位置是在複雜的交互動力中建構起來的，亦即是一個**共構**，因此，治療師對於治療中浮現的情境脈絡要共同承擔其責任。依此而言，在團隊合作中，也必須記住：團隊成員一起參與治療所發展出來的情況。所有的參與者在會談中都成爲積極成員（即使他們看起來是消極被動的），因此，所有參與者都可以看作是在連續不斷地選擇特定的行動和詮釋。無論如何，必須記住的要點是：做出選擇並不意味著任何建構的存活機率。爲了能夠存活下去，一個詮釋或行動須在重大的互動脈絡中

維持一致性。這就需要使用**社會編舞**（*social* choreography）[1]的形式。此外，由治療師或案主所選擇的任何特定詮釋或行為，總是會被治療本身出現的可能性所限制。以類似的方式看來，作出選擇，以特定方式行事，並不能確保一個可預見的結果，因為我們的活動總是加入了其他人的因素，因此給出了機會，讓意想不到的後果實質呈現出來（Shotter, 1987）。

93　　舉個例子有助於描繪上述的第二點。假想一個治療師在結束一次療程時用了下面的評論：「我很難免認為你們家的很多問題，都圍繞著父權壓迫女性的型態而表現出來。你們告訴我的一些故事，很成功地說服我使用這套詮釋。因此，我希望給你們一些指令來打破這種型態。不過，有些在鏡子後面的同事提醒我，干涉案主家庭的組織是不妥的，不管我們覺得這種組織多麼不恰當。我和同事們有一段很長的爭執並得出結論，在剩下的五次療程中，我會守住我的信念。身為治療師的我，還是難免要做我認為對的事情——即使我的同事不同意這樣。」

　　在這裡，治療師對自己的信念負起責任，把這些信念放進文化脈絡中，並提供另一種詮釋（在忠誠於父權模式之外），仔細地把信念在時間壓力下做出來（五次會談機會），並明確指出，這些信念並不是獨立於觀察者和脈絡道理之外的事實，而是從治療師的個人歷史、文化背景、理論取向及道德標準所作出的結果。

　　如果你太相信行動，你就會成為一個操弄者。如果你強烈地讓體系「繼續走下去」，你有可能就是不負責任。如果你強烈地相信體系有壓迫面，你就會成為一個革命家。如果你熱烈地相信治療的控制面，你就會成為一個社會工程師。無論如何，由於不可能不採取立場，正是由於這個返身的迴圈（在我們所採取的立

場和之後隨即會進入的更大情境立場之間）創造出治療師的「動態變化」（'becoming'），而不只是治療師本身立場的「存有」（'being'）。這樣的位置設定也允許治療師可以達到對於「眞理」稍微不敬（mild irreverence）的健康狀態，不管這場征服會碰上多少困難險阻。

我相信，一個社會建構論的治療師可以在不同的時刻，追隨許多不同的領導者，但從不服從一個特定的理論或模型。他總是會稍微顛覆任何具體化的「眞理」。在這意義上，治療師例示了一種後現代感性，在其中能提供治療的限制和可能性者，就是關係脈絡。不能憑藉任何模型的效度或理論優勢來預做決定。然而，這些不敬的治療師，他們不願用任何空洞的想法、經驗或特權建構來進入治療關係。正如案主是帶著他們自己的現實版本來進入治療，則治療師亦復如此。這樣的挑戰乃是在協商與共構中，讓可以存續且適合家人、治療師，又可獲得文化認可的存有方式得以實現。

最後，治療師變成要對自己的行動和意見負責。他們敢於使用自己的資源來進行介預、建構儀式，同時爲案主和自己來重設情境、行爲和觀念的框架。那些資源畢竟是治療師所擁有的一切。他再也不能依賴堆在眼前的「眞理」。從共有信念的增生本質[2]中解放出來，他也可以幫助案主更敢於發表自己的意見，同時幫助他們爲自己的意見承擔責任。

94

1　譯註：原文中強調的是「社會的」編舞。一般的編舞者就像其他創作者一樣，是一個人在編舞，但此處所說的就是「兩人以上的共同編舞」。

2　譯註：「共有信念的增生本質」（the co-optive nature of consensual belief）應是指社會文化中流傳的常識（common sense）。

　　由於給「諷刺」也保留著一個重要位置，治療師試圖理解所觀察到的故事和型態。案主自己也可觀察到治療者的諷刺位置，同時也開始透過模仿來利用此一觀點。案主可能會變得更有意見，然而又同時可為自己的意見負責，而不把這些意見具體化得好像是「自明之理」（'truisms'）一樣。這樣的位置促進了治療師和他的案主雙方的靈活性和創造性。

　　治療是個迷人的挑戰。挑戰之處在於慢慢地拆除舊的故事，進而走向為案主開啟共為作者（co-authored）的新故事，也由此開啟新的可能性。家庭治療的領域也跟隨著同樣的敘事型態。不可避免的是矛盾和不和諧，但會因此而有機會提供新位置、新解釋，或對於我們正在從事之事而能講出新故事來。

註・釋

1. 一旦成立，我們可以改變我們自己的假設很多次，於是，一個新的問題出現了：「這些假設從何而來？」因為假設是從觀察者和觀察者／參與者兩造之間的關係所生，很顯然，這就是各觀察者的經驗積累，使他們能夠制定任何想法、概念或假設。基本上，就是由他們的「偏見」所建構的假設。觀察者偏見來自他們的文化背景、教育和培訓過程。就一般的家庭治療師而言，觀念的主要來源是精神分析。例如，看看伊底帕斯情結所生的美麗故事即可知其一斑。由 J・黑理（J. Haley, 1964）的三角測量原理衍生出旻努欽（Minuchin, 1974）的邊界理論，以及生命循環週期的解釋，還有瑟爾維尼等人（Selvini et al., 1989）的精神病遊戲理論，等等。我們通常會這樣告訴學生：「你應該記住二十四個假設和五十個故事，當你跟一個家庭會談時，就可以把你頭腦裡當下蹦出來的那個拿來加以利用。」

參 · 考 · 文 · 獻

Anderson, H. and Goolishian, H. (1988) 'Human systems as linguistic systems: preliminary and evolving ideas about the implications for clinical theory', *Family Process,* 27 (4): 371-93.

Bateson, G. (1972) *Steps to an Ecology of Mind.* New York: Ballantine.

Cecchin, G. (1987) 'Hypothesizing circularity and neutrality revisited: an invitation to curiosity', *Family Process,* 26 (4): 405-14.

Haley, J. (1964) *Strategies of Psychotherapy.* New York: Grune & Stratton.

Maturana, H. and Varela, F. (1987) *The Tree of Knowledge.* Boston, MA: New Science Library.

Minuchin, S. (1974) *Families and Family Therapy.* Cambridge, MA: Harvard University Press. 95

Selvini, M., Boscolo, L., Cecchin, G. and Prata, G. (1978) *Paradox and Counterparadox.* New York: J. Aronson.

Selvini, M., Boscolo, L., Cecchin, G. and Prata, G. (1980) 'Hypothesizing – circularity – neutrality: three guidelines for the conductor of the session', *Family Process,* 19 (1): 3-12.

Selvin, M., Cirillo, S., Selvini, M. and Sorrentino, A. M. (1989) *Family Games: General Models of Psychotic Processes in the Family.* New York: Norton.

Shotter, J. (1987) 'The social construction of "us": problems, accountability, and narratology', in R. Burnett, P. McGee and D. Clarke (eds), *Accounting for Personal Relationships: Social Representation of Interpersonal Links.* London: Methuen.

Sluzki, L. (1992) 'Transformations: a blueprint for narrative changes in therapy', *Family Process,* 31.

Watzlawick, P., Beavin, J. and Jackson, D. D. (1967) *Pragmatics of Human Communication.* New York: Norton.

7 重為作者[1]的治療法提案：蘿絲對其身世的修訂與評論

A Proposal for a Re-authoring Therapy: Rose's Revisioning of her Life and a Commentary

大衛·艾普斯敦（David Epston）、

麥可·懷特（Michael White）、克文·莫瑞（Kevin Murray）

現在的社會科學至少都普遍認定：人不可能對世界擁有直接的知識；對世界作客觀描述是不可企及的；無論現實為何，無人擁有給現實命名的特權。〔原註1〕普遍為人接受的是：我們唯有透過我們的體驗來認識世界；我們對世界的體驗是我們所擁有的一切，也是我們所能得知的一切。我們甚至無法知道別人對世界的體驗，我們所能做的，最多只是去詮釋他人的體驗；這是指，當他們著手為自己詮釋體驗時，其實他們是對體驗作出了表述。〔原註2〕「無論我們對於事物是如何與某一他者所感知的內心生活一致，我們也只能透過他們的表述來獲得，而不是透過某種巫術般的方式闖入他們的意識。這全都只是搔到表面的事情」（Geertz, 1986: 373）。而要想詮釋他人的表述（以及從而作出詮釋），我們必須倚賴我們自己的生活體驗與想像。我們所能做的，最多只是去「辨識」我們自己所體驗到的「他人體驗之表述」。因此在詮釋或理解他人體驗時，「入情」的體會（'empathy'）[2]乃是個關鍵因素。

所以這是我們所擁有的一切——我們對世界的生活體驗。但這

是一筆龐大的資產。我們的生活體驗太過豐富。再引述葛茲的話：「我們所擁有的東西比我們知道該如何處理的多出許多，如果我們不能把它置入某種可掌握的形式，錯誤便必定會在於手段，而非本質的不足之中。」（Geertz, 1986: 373）

　　本文是關於世界體驗的一項提案（proposal），即藉由認真考察，提出了下述這些問題：

- 既然我們是藉由我們對世界的體驗來認識這個世界，那麼，我們是如何發展對體驗的理解，又以何等過程來給體驗賦予意義？
- 我們如何在我們自身的體驗中找出意義，又如何理解我們對他人的體驗？
- 如果我們不斷嘗試把我們對自身和對他人的生活體驗說清楚，則

97

1　譯註：「重為作者」（re-authoring）就是能以作者身分來「重新寫作」的意思。
2　譯註：進一步辯解 Empathy 一詞該有的譯法：在心理學中，該詞的使用原是十九世紀時，由英國心理學家鐵欽納（Titchener）取自德國美學家李普斯（Lipps）所用的 Einfühlung。目前在中文世界有很多人以為此詞的正確譯名為「同理心」。從中文構詞法則來看，「同理心」和「同情心」、「愛心」、「耐心」等詞一樣，其重心不在詞尾的「一心」，而在前面的「同理一、同情一、愛一、耐一」等等。這麼看來，不論是英文 Empathy 或德文 Einfühlung 的字根 path- 或 fühl- 的本意「情」就被代換成剛好相反的意思「理」。這種翻譯事實上已經是嚴重的誤譯。中文世界第一位翻譯此詞的人是留德的美學家朱光潛，他在 1930 年代的譯法是「移情」，這個譯名在中文美學中一直沿用至今。本來，這是個非常可取的譯名，但可惜「移情」一詞在當代中文的心理學中竟被盜用來翻譯精神分析的一個關鍵詞 transference。為了避免兩個重要術語在一詞兩義之下造成的混淆，因此只好另外取用一個較為接近原義的譯法「入情」——「入其情」——若要用普通語彙來理解的話，稱之為「體會」或「設身處境」就已經頗能得其義，但絕對不是「同其理」，尤其不是數學上常用的「同理可證」。

我們的詮釋會包含什麼過程？

● 什麼能使我們對體驗的表述變得更容易？

● 我們生活體驗的表述如何影響到我們的生活和關係？

這些問題使我們專注於探討我們對自身和他人生命的理解方式，並使我們專注於我們對體驗進行詮釋或意義歸因的過程。

為了給我們的體驗賦予意義，我們必須將它組織、結構，或賦予型態。想瞭解我們體驗的某個面向，我們必須能夠把一個已知體驗框限在一定的型態中才能使它結構起來；我們必須能夠在已知體驗型態之脈絡的範圍內，來辨識生活體驗的眾多面向。

故事或敘事

有些以「詮釋方法」為導向，且十分相信文本類比（text analogy）的社會科學家們（僅舉少數幾例：心理學中的布魯納〔J. Bruner〕、格根和賀瑞；人類學中的布魯那〔E. Bruner〕、葛茲、克立佛、V‧透納〔V. Turner〕和R‧羅沙朵〔R. Rosaldo〕；歷史學中的海登‧懷特〔H. White〕、明克〔Mink〕、給理〔Gaillie〕）倡議道：「故事」或「敘事」為生活體驗及其組織與型態提供了具有支配性的框架。依據這項提議，故事可定義為提供生活體驗架構的**意義單位**（a unit of meaning）。生活體驗是透過這些故事而得以詮釋。我們進入故事；也被他人捲入故事；我們藉由這些故事來過生活。

故事使人能以時間向度將生活體驗的各個面向串連起來。看

來沒有任何其他結構體驗的機制能夠如此捕捉到生活時間（lived time）的感覺，或者能適當地把生活時間的感覺再現出來。唯有透過故事，我們才獲得身世[3]轉變的感覺（Ricœur, 1983）。唯有透過故事，我們才能獲得近年歷史中生活事件呈現出來的感覺；而看起來，這種感覺對於與「現在」完全不同的「未來」感知有極其重要的分別。故事建構了開始和結束，且把開始和結束套在體驗之流上面。「我們從生命的連續性中創造出體驗和意義的單位。每一次的敘說都是對記憶之流賦予武斷的意義，我們凸顯出某些導因、漠視另一些導因；也就是說，每次的敘說都已是在作詮釋了。」（E. Bruner, 1986a: 7）考慮過故事對於組織體驗有極其重要的角色之後，我們便可以主張：

1. 我們是在故事裡安置我們的體驗，該故事決定了[原註3]我們賦予體驗的意義。
2. 這些故事決定了我們對所欲表述之體驗選擇了哪些面向。
3. 這些故事決定了表述的樣態，亦即我們對體驗的哪些面向該作出表述。
4. 這些故事決定了在我們生活中和關係中的實際效應與方向。

3　譯註：Life 一詞在本文中分別根據文脈而譯為「生命」、「人生」，或「身世」。第三種相當於「生命史」，但中文的「身世」相對而言是個更平白的譯法。

作為形塑的展演

在接下來的討論中，我們既已主張「體驗結構了表述」，但也可以主張「表述結構了體驗」。來引述狄爾泰（Dilthey）的一段話：「我們對體驗既有的知識，是透過對生命客體化及其詮釋而延伸出來，反之，其所以可能乃是藉由探測主觀體驗的深度而然。」（1976: 195）因此，我們以體驗進入的故事，對我們的身世有真實的效應。我們藉由這些故事進行的體驗表述，形塑或打造了我們的身世和關係；正是透過我們所進入──和被他人所捲入──的故事脈絡之中進行的詮釋歷程，讓我們的身世也受到形塑或組成。

這提議並不是說身世和文本同義。敘說關於自己的新故事或肯定關於自己的聲稱，對人而言是不夠的。毋寧說，這些關於體驗和世界的肯認中所帶著的命題，乃是在說：身世正是文本的展演（performance）〔原註4〕。這些文本的展演使人的身世產生變化；然而，這些展演必須是對著恰當的觀眾，或是以某種形式來公諸於世。「參與者必須對他們自己的真誠（authenticity）有信心，這是文化之所以常被展演的原因之一。僅僅肯認自己的聲稱是不夠的；還必須演出才算。故事只有在它們的展演中才能使人的身世發生變化」（E. Bruner, 1986a: 25）。因此，「身世置身於文本或故事中」的論點，意味著真誠的一種特殊概念──人透過文本的展演達到生命中的真誠感。這真誠的概念，對於許多追求個人特質或人類本性之「真理」命題的人來說，像是有輕蔑意味的瞪眼；那些信念認為，在特定的理想生活環境之下，人才能「釋出」如實的自己──這樣才叫做真誠。

故事的不確定本質

　　如果人的身世是透過體驗的故事和這些故事的展演來形塑，且如果關於我們可能是誰的家族故事，以及關於個人特質的文化知識有其庫存清單的話，那麼，為什麼我們不是彼此的複製品？欲回答此一問題，或許應先想想讀者和文學文本的互動。這麼做可能就是要把文本類比法推展開來，在我們試圖更加理解意義歸因的過程時，把生活在故事指導下，比作讀者在文學文本支配下的體驗。而由於好的故事比貧乏的故事更能使讀者的體驗發生變化，在這樣的考慮之下，我們就可以對文本結構進行文學功過的批評。

　　隨著這個前提，我們相信文學理論家伊瑟（Iser）可以幫我們一個忙，找到問題的答案：「我們為何不是彼此的複製品？」

> 虛構的文本自行組構，而非複製已經存在的東西。基於這個理由，它們無法擁有真實事物的充分確定性。更確切地說，是不確定性的元素引發了文本和讀者之間的「溝通」，也就是說，它們誘導讀者來參與並生產出作品意向的理解。（1978: 21）

所有故事都是不確定的，這是顯而易見。〔原註5〕一定程度的曖昧性和不確定性存在於所有的故事中，也有些不一致性和自相矛盾。凡是讀過一本特別令人投入的小說，又看過由該小說拍成的電影，都會很沮喪地領會這個事實：電影導演搞錯了！在這情況下，可清楚看出：導演對故事的不確定性，透過他的獨特協調而達成了不同的詮釋。

　　因此，文學文本處處都有留白，讓讀者填補，以便能夠把故事展演出來。〔原註6〕把讀者和文學文本的互動比作人與其身世故事的互動，我們會因此而更加留意填補日常互動中空白的需要。如同文學文本裡的留白充實了生活體驗和讀者的想像，當他們開始在故事指導下展演意義時，他們「藉以生活」的故事之中，許多空白之處也都可充實生活體驗和人的想像。

　　因此藉由每次的展演，人對他們的生活和關係得以重為作者（re-authoring）。每次的敘說都具有囊括作用，但定比前次更甚。人的身世和關係的演進，近似於重為作者的歷程——亦即人利用體驗和想像進入故事之歷程，接手說出這些故事，並使之成為自己的故事。

　　文本的不確定性和組成文本展演的種種面向，為我們提供了額手稱慶的好理由。葛茲（Clifford Geertz）引述過崔陵（Lionel Trilling）的這般哀嘆：「為何我們起手寫的是**原作**，最後都會以**複製品**收場？」基於我們的工作本是置身於體驗和敘事的世界，以及我們必須接受以故事作為起點來為意義歸因和為體驗賦予表述的觀點，於是我們可以把崔陵的提問翻轉成：「為何我們起手於複製品，最後竟可成為原作？」針對這樣的提問，葛茲也給過一個答案：「意料之外的肯定是：複製品本身即是創作」（1986: 380）。

　　除了從複製品著手之外，我們的選擇本來就很有限。我們無法將未置身於故事中的體驗硬使之展演出生命的意義。故事，起初都是給定的。然而，正是所有故事相對的不確定性（即曖昧和不明確），使我們只能求助於我們的生活體驗和想像，來進行協商。而這就意謂我們必需從事於「初創」（'origination'）的歷程。

　　因此，倘若一個人在詮釋他的身世事件時，已經框限了、選

擇了、決定了要把什麼意義賦予那些事件，譬如對兒童性侵或身體虐待，改由加害者來撰寫，那對於此事件會造成什麼影響？坎斯勒（Kamsler, 1990）特別論及兒童虐待，提到大量與此相關的「故事敘說」實踐，都否認了受虐者自己的「故事敘說」權利：〔原註7〕

> （1）事實經常是虐待的加害者蓄意或暗地向受害者傳達訊意，說她之所以會受虐是因為她自己該受指責……。（2）加害者常會積極迫使兒童或年輕女性守口如瓶，致使她和其他家庭成員疏離開來，（3）加害者還有各式各樣的方法，用來對兒童施以控制……可能使她成年後發展出親密關係裡慣常出現的害怕和恐慌反應。（1990: 17-18）

毋寧唯是，如果一個已經置身於受壓迫「故事」中的人——被說成這樣的——發現她可能獲取自己的「故事敘說權」，或能使故事復原，而說出自己的身世，成為自己的作者，那會有什麼不同？

蘿絲對其身世的修訂〔原註8〕

從這裡開始，蘿絲和我要邀請您有個心理準備，來進入一套相當不同的「讀者反應」——這是當作品類型變得模糊難辨時。如果事實和虛構讀起來就是不同，那您要如何才能最接近「實構」（'faction'）？下面是一個「重為作者治療法」（'re-authoring therapy'）的例子，但為了不要造成干擾，有些過程細節會在別處描述。所以，讀者，您是否能找到適合您的方法，來脫除學術文本

所要求的「讀者反應」？或許您可以把這本書先擱下來一會兒，以便打斷您的思緒，待會再回來。因為蘿絲和我提供您擁有自身體驗的機會，當您進入她的「另類」故事（'alternative' story）中，並參與其中的生命事件體驗，這是一種和她身世的「主流」故事極為不同的參考架構。明克（Louis Mink）認為「很顯然地，我們不能直指這樣的事件，而只能談談有**描述的**事件；因此相同的事件可以有不只一種描述，每個都是真實的，但各提及了事件的不同面向，或是在不同的水平上描述了它的一般性。但『相同的事件』所指的又可能是什麼呢？」（1978: 145-6）我們對於相同事件可能所指的是什麼，這不只是史料編纂方法的問題，因為蘿絲如何「閱讀」她的身世——在不論是「主流」故事或治療性共創的「另類」故事引導下——將會證明：無論她選擇活下來或企圖自殺，都有相當大的相互關聯，還有她後來如何度過她所選擇要維持的生活。

在下文中我（大衛‧艾普斯頓）將以我提供給她作為我們會談總結的一封「書信」，以及第四次和六個月後的最後一次會談錄音謄本的摘錄，向讀者您呈現如何「重為作者」。這裡我已經透過一點自由心證刪掉了我的許多提問，並把她的一些回答貫串起來。所以，讀者，您是否準備好開始閱讀（我所敘述的）蘿絲對於她自身體驗的修訂——透過語言而帶出的身世？

蘿絲的僱主打電話給我說：即便她覺得內疚又懊悔，但蘿絲在忙錄的廣告公司中擔任的接待員／攝錄影操作員職務，她除了予以解職之外，已別無選擇。她很樂於承認蘿絲顯然很有能力，但儘管如此，似乎每次只要蘿絲手邊有未完成的任務，又要接受其他的要求時，她就會「崩潰」成一場大哭。她的僱主讓我注意到，蘿絲很有準備食物的天分，這是她在「拍攝」期間同時被交辦的事項。她

102

本來竭盡所能想為蘿絲找到一份承辦酒席的替代工作，但後來發現實在不可能。她解釋說，辦酒席是一種會讓蘿絲陷入情況緊急、要求複雜的任務。她也告訴我，蘿絲長久以來都以同樣的理由失業。蘿絲的僱主打電話來，是因為蘿絲被解僱而傷心欲絕，她很關心她的身心健康。我當時建議她把我的電話號碼給蘿絲，我會盡我所能立刻與她會面。

　　隔天，蘿絲就和我見面了。蘿絲對於又得重述一遍自己沮喪的受僱史，有一陣沉沉的絕望。她的確承認自己長久以來有野心要成為一名主廚，但覺得自己達不到這份工作的實質要求。當我問她在「問題」之外是否還有其他可說，她看起來一臉悲慘。她苦哈哈地咧個嘴，點點頭：「在此之外，其實我裡面根本沒有基底。」我就探問：「你是不是覺得自己像個假人，裡面是空的？」她熱忱地接受這樣的描述，彷彿我對她說的話可以讓她鬆口氣。我接著說：「這背後一定有故事，你會想告訴我嗎？」她嘆了口氣，同時咧嘴苦笑說：「那就是我來的目的……我實在不能再這樣下去了。」我們以我們之間可以共享的「敘說者－迴映者」角色來交相展開故事。我的返身提問和她的回答持續引導著她的故事，除此之外，還使她避免跳進她父親所說的故事。

　　她的父親對於她受虐的身體經驗具有一種作者身分（authorship），這很值得注意，因為除了擁有父親霸權之外，他還是個基本教義派的教區牧師，擁有道德制裁權。後者特別讓她感到混亂，因為他的教友很習慣在禮拜儀式結束後，說她有個如此「善良又仁慈」的父親，真是太幸運了。她的母親對於這樣的暴力只能袖手旁觀，而她辯稱她的沉默是她遏止丈夫對孩子施暴的唯一辦法。儘管蘿絲承認母親在她十三歲時把離婚付諸行動，並堅持把蘿絲送

到很遠的寄宿學校，她仍對母親感到忿恨不已。這在他們的教友之中是史無前例的事件。

我根據會談時記下的筆記把蘿絲的身世寫成一封信，當作「另類的」交代，然後郵寄給她：

103　親愛的蘿絲：

　　和你見面、聽到你的一些故事，是個很愉快的經驗。你針對著你認為企圖摧毀你人生的對象而發出的抗議，也是你求生存的故事。你昨天來把故事告訴我，進一步加強了這場抗議。我可以想像，你無法告訴任何人，因為怕他們不相信你。我很榮幸聽到你和我分享，希望這能讓你減輕一點負擔。我可以理解這樣的一段歷史留給你的遺產，何以讓你感到好像「沒有基底」。你的家──也就是大多數人的基底所在──竟是你父親試圖做掉你的地方，你如何能在這樣的環境下長出基底？難怪你目前會覺得生活很艱難，也混雜著對男性的關係不信任的感覺。我想在這樣的環境下，很難不會如此。也難怪，雖然你在生活中所接觸的人都公認你很有能力、天賦，和個人特質，但你在內心裡覺得有點虛偽、有點「假」。也難怪，當別人要求你的時候，你會縮進洞裡！

　　你告訴我你是四個孩子中的老三。爸爸「不想要孩子」，而既然有了小孩，就堅持要小孩「順從」他的規則以及維多利亞式的孩童教養方式：「小孩只要乖乖在那裡，別亂插嘴。」打從一開始，你就有一些拒絕屈從權威的生命力量。你為了說出你想說的，竟付出了慘痛的代價，遭他毆打。即使你發現他試圖要摧毀你，你還是拒絕否認你自己。從你告訴我的事情，

得知他是一個愛控制情緒的、暴力的、自大的、比祢（Thou）
更聖潔的人。就某方面來說，被送去寄宿學校一定會讓你鬆一
口氣，即使這是導因於你父母的離異。

　　在我看來，你似乎有權利憎恨你的母親，因為她沒能給你
更多保護。然而，我猜你並不知道你媽對於暴力和恐嚇的最大
容忍度是多少。在某程度的虐待之後，受虐者常開始相信這是
他們應得的，特別是你爸爸，由於他的工作而擁有道德的制裁
權。有一天，我相信你媽會向你吐露出她的痛苦，比你所知道
的更甚。她也許是對的，就是她所能做的只有安靜坐在一旁，
因為她如果反抗，他會加倍嚴屬地毒打你。我很想知道她是否
有一些故事，即使是對她自己也已糟到無法透露？

　　儘管你爸試圖把你抹除掉，你還是大膽地反抗了他。儘管
他的公眾形象是「一個好人」，你還是做到了。你大可採納他
對你的意見、抹滅你自己。如果你這麼做，我猜想，你今天就
不會在這裡了。一定有什麼特別的智慧提醒了你：有問題的人
是他，不是你。倘若不是這樣，你如何能看穿他的偽善？

　　十八歲時，你回去找父親，心想或許他現在會珍惜你了，
而你實在值得如此的。但或許並不出意料，你發現，「你根本
不能期待一段有關懷的父女關係。」你仍然能夠把他的不勝任
和你的自我區辨開來。這是一個關鍵的區辨，我相信這是生命
為你而保存的。

　　雖然這必定艱辛無比，但你能為自己創造出很好的品格。
你一定很有勇氣，才能在國外待了四年半，並如你所說的，
「活了下來」。在這種環境中存活下來，斷然證明了你很有
「膽子」。你能把自己照管得這麼好，你可以為此感到驕傲。

104

你說「當我撞了牆，有樣東西還使我繼續往前……就是存活的本能。」我相信你的「存活本能」是你的生命力，一種從未屈服於你父親的管教和冷酷無情的力量。那份生命力，在你旅外之時增長了許多。我想知道，是否是在那段期間，你變成更踏實的人，並開始相信你自己？

是否在那段期間，你開始不透過父親的眼睛，而是透過別人的眼睛來看你自己？你從什麼時候時開始不再接受被老爸定義成的「垃圾」？

這必定發生在某個時刻；不然的話，你會到處尋找垃圾筒，把自己倒進去！你必定用了某種方式，才得以保持自己有活力的圖像。

你拒絕一個流行的神話，就是女人需透過「被男人拯救」來解決問題。我猜想，由於你和父親的過去，你一定發覺這說法難以下嚥。我感到印象深刻的是，你不願去尋找同情或特殊的認可。你決定用自己的方式度過，使自己成為想要成為的人。值得注意的是，當你獨立自主時，你開始最能欣賞你自己。

我想知道，是否看著你的兩位兄姊，即使在父親的暴力下受苦，也仍為自己的人生奮鬥，這讓你受到激勵，希望自己也要像他們一樣？很明顯地，他們很幸運在年輕時找到的伴侶，會好好珍惜他們，所以他們也可以珍惜自己。

我在想，你可能很好奇自己的兄姊如何建立起可以成長的、充滿愛的關係，在這樣的關係中，他們才明白了自己是「好」人。你可能還懷有另一個疑問：為什麼你們沒有被像你爸那種類型的人吸引？

我期待我們再次會面，幫著你將身世中的事件寫成一部新

的歷史，可預期未來能夠成為截然不同於舊歷史的新歷史。

誠摯為你的，

大衛

一個月後我們見了面。這段期間發生了令我意想不到的事。蘿絲在收到信後兩天，應徵了一個**助理主廚**的工作，她不只是成功地被錄用，而且令老闆／主廚印象很深刻，所以請她在他休假期間全權接管。等他回來時，她已經升任為首席廚師了。現在她覺得她的人生「走在正確的軌道上」，而且「要起跑了」。她修補了和媽媽的關係，現在會對她感到同情，而產生了新的聯結關係。她也打電話給哥哥、姊姊和妹妹，想和他們見面，再透過信件，一次約見一人。他們都承認了她身體受虐的經驗，並且都站在她那一邊，建議她切斷和父親所有的聯絡，就像哥哥姊姊所做的一樣。這部分她採用了自己的想法，決定和她父親保持開放的關係。當蘿絲談到她現在預期的未來，看起來容光煥發，靈機處處。我把這次的會談再總結成下面這封信。

親愛的蘿絲：

讀了這封信，你提供了不同的故事，其中似乎讓你「感到解脫……我有問題是很正常的……不是我的錯……我之前覺得無力又容易受傷……現在我應該把一切都拼湊起來才對。」你反而從此開始更充分意識到「我覺得我有了起點……我一定走對了軌道。」我猜好一段時間以來，你領悟到自己已經走上「正軌」；如果不是的話，如同你說的，你可能會變得「對未

105

來不再抱有期待……想結束生命」。是的，你還有大好人生等著你，要讓所有人都看見！

我們會談後幾天有了驚人的進展，你應徵了廚師的工作，決不允許「恐懼阻止我」，你讓自己上陣，然後發現非常滿意，你很能勝任，甚至被僱主要求在他休假時接管餐廳。你覺得自己能在短時間內學會很多東西，這可能就是你一直在找尋的職業。如同你說的：「我意識到我擁有這所有的機會……而我才要開始。」我可以看見你剛打開一扇門，而裡面有很多空間等你去探索。

感到如此的成就，你便能夠感激母親對你的能力所作的貢獻。她也「有一顆探索的心……欣賞其他文化……這是從她內心發出的某種東西。」即便如此，「她仍然不是很有自信」，但話又說回來，如果你父親沒有如你所說的「對待她如同對待門邊的擦腳墊般」，她又會變成什麼樣子？

你也可以跟哥哥和姊妹討論一些私事，他們贊成你寫的信。他們給你的建議是，像他們一樣拒絕老爸。我相信你的辦法需要更大的勇氣，其結果也會更能有收穫。還有，他們一定也很滿意能夠支持你的故事，或許因為如此，你可以透過別人的眼光來看待自己。那結果就是，你更珍惜自己，並與自己發展出更舒服的關係。

自此之後，你打算「我覺得我必須拿出一些時間來對蘿絲做點事……我要她長大……我要她堅強獨立。」你計畫用一個月加強自己，而不想再做更多的實驗，特別是關於新工作的能力，要發展出更多的自我賞識，要全然體驗到「對現在而言足夠」的成功，並且要抵抗寂寞的誘惑，不讓它把你拖入一段不

滿意的關係。現在你得要再度挑戰文化中的迷思——女人的自我完成總是與男人有關。

　　我很有興趣下次再與你見面，聽你講講你更進一步的冒險。聽到你讓自己那麼愉快，在這麼短的時間內能跑那麼遠，對我來說也是個很愉快的經驗。

獻上最高的祝福，

大衛

　　我們一個月後又見了面，蘿絲的生活比以前更加充實。她負責管理餐廳，並且擴大了外燴服務的範圍。她遇到一個男人，但對這關係表示了高度謹慎，因為她決心將上　段「感到枯竭」的關係轉變成不一樣的關係。「我瞭解我犯了什麼錯誤。由於我沒有對自己負責，所以丟了我自己的權力、讓自己受傷害。」她決定要邊走邊評估這段關係，並且透過自己的需求和欲望之間的溝通來維護自尊心：「我要決定，看看這段關係對身為一個人的我是否為正面的……我不會再受藐視，我努力不再讓它發生。我對自己感覺好多了。」

　　在我們初次會談的六個月後，依照艾普斯敦與懷特（Epston and White, 1990）所勾勒的草約，我邀請蘿絲來我這裡擔任「他人的諮詢者」（'a consultant to others'）。草約是這麼說的：

　　治療結束時，邀請一些人來參與和治療師的特別會面，以便在治療中救活或產出的知識可用文件紀錄下來。這些知識包括：關於自我、他人和關係之另類的，乃至更喜歡的知識，以及使人們得以自生活中解放的問題解決知識。（1990: 29）

「他人的諮詢者」意指一個聽眾，或是更多被聘來的聽眾，可提出認證，說他們是根據了「另類」故事，而使得他們的生命事件變得更有意義，且因此而更喜歡他們由此所作出的聲稱。而讀者，您已成為那種聽眾中的一員。我們給蘿絲提供了這場諮詢過程的錄音和謄抄版本，下面是編輯過的摘錄：

大衛：我能不能問你──把你的故事變成可以讓你利用，對你而言有什麼不同，你認為？

蘿絲：這幫助我瞭解發生了什麼事情，以及可能是為什麼才發生的……我對於發生的事情產生了什麼反應，以及結果如何。能夠檢視並把它搞懂，讓我感到解脫和瞭解……這不是我的錯，所以讓我解脫……有些事在我小時候發生了，基本上我從那時就開始有反應……我被迫對自己有很多負面的感受，那是當我比較幼小的時候，在父母形象（父親？）面前。我有意識或無意識地採取那種態度，並一直用那種方式來想我自己。自從有了這故事之後，我才有個參考點，用來回顧、細讀、思考，並能從我們的討論中形成我自己的意見，寫成我自己的結論。我記得我從信箱拿到這封信時，為自己沖了一杯好茶，然後坐下來讀信。我覺得「對……就是這樣……這就是**全部**的故事！」思考它、重讀它……然後對自己感覺好多了，或許是瞭解了我自己，或許是找到了我想要的方向。如果沒有這個的話，我想我仍然會很困惑……我知道我仍然會很困惑，一樣覺得自己不足以做一個人，也不知道我為什麼會感覺這樣。

大衛：擁有自己的故事怎麼會讓你覺得自己是確實的？[4]如果你覺得自己很虛假、內心空洞，你怎麼這麼快就覺得自己這麼做是正當的？

蘿絲：可以說的有很多。我想我也有這樣的懷疑，我不很確定什麼是真的，什麼是對的，什麼完成了，而什麼又沒有。或許擁有自己的故事，幫助我找出我自己的態度和想法，從這開始就有了很多進展……我立刻就對自己感覺好很多，我開始覺得自己有確實性。我本來有好多機會沒加以利用，因為我太害怕而不敢去看，或者覺得自己沒有權利。基本上對自己感覺好很多，才會允許我自己去考慮一種很不一樣的未來。如果這事情沒發生的話，我仍然會是個很不快樂的人。我曾經走到一個地步，不想再踏出去跟人競爭，但又再離開去找工作。我已經走到了一個生死交關點，不是活就是死──要嘛就是去做些什麼……不然就是脫鈎、忘掉生命……最後，我想對我來說，是因為我要從我爸對我是誰的看法中脫離出來，然後形成我自己對於我是誰、是什麼的見解。我領悟到由別人來造成的自己是很危險的，我必須自己建立我自己，雖然別人對這也有些貢獻。他們不是我期

4　譯註：作者在此問蘿絲如何自認「確實」，原文中的問句是："How did…(it) validate you?" 這個用字（validate）不太像是日常用語。下文中蘿絲的回答也用了 validity 來回應。假若他們兩人都熟悉心理學，甚至統計學的話，那就該譯為「有效」「效度」，但從文中所述，蘿絲沒有這種背景，所以他們不是用術語交談。譯者以日常用語來理解他們的談話，故只譯為「確實」「確實性」。

待或指望的人，其中有一種真實的意思……有很多感受
是關於那些——憤怒、怨恨……很痛很痛。已經沿線走
到了某個境地，你就得開始接受……接受？接受不是很
恰當的字眼……要理解，然後把它甩到背後。

我再一次用信件把這場「諮詢」作了個摘要：

108　　親愛的蘿絲：

　　我寫信是想感謝你，和我分享了你的「知識」，而且願意
和他人分享。這也增長了我的「知識」，並且無疑是激勵了我
進一步追求這個構想——比起施暴者的「故事」，人擁有自己
的「故事」應該更為重要。你曾經擁有一個「故事」，比你自
己對生命事件的體驗還要更加真實，你用它填滿了你先前向我
形容為缺如的「基底」，我無法對你形容這讓我受到多強的撞
擊。就某種程度而言，我看到你已經把自己建立起來，而後既
然能夠如此，你也領悟到了那些向每個人敞開但對你而言卻不
可見也不可用的能力。一旦你透過自己的眼睛看你自己，你開
始像別人看你一樣地看見自己。我很高興自己見證了你開始和
自己有了更舒適的關係，也看見你認識了自己的許多能力。隨
著時光走過來，我可以想像還會有更多像這樣的事情。如果你
希望和這些發展維持聯繫，我也會很樂意聽到你的消息。

　　深深祝福你，擁有自己設計的未來。

誠摯為你的，

大衛

重為作者治療法：前提與實踐

　　這種治療法的前提是：人的身世和關係會被他們的知識和故事所形塑，而他們正是以這些知識和故事來把意義賦予了他們的體驗，也賦予某些自我或關係的實踐。[5] 重為作者治療法想用以下的方式來助人解決問題：（1）使他們能夠將身世和關係，與使之貧乏的知識／故事分開；（2）支持他們，對迫使他們屈服的自我實踐與關係實踐展開挑戰；以及（3）鼓勵人根據另類的知識／故事，以及會有自己更喜好的結果，的那種自我實踐與關係實踐，來為他們的身世重為作者（即重寫他們的身世）。

　　把問題外化（externalizing the problem）[原註9] 為根據她父親所敘說的「她的故事」來生活，這是蘿絲和我很快便了解的：她有大量的生活體驗無法被「主流」故事所容納。她的身世中有很多事件，透過她自己或他人的眼睛來看都並不相符，因此蘿絲無法認知或無法把它們登錄起來。將體驗翻譯成意義是以「預鑄」（'pre-figured'）[原註10] 的方式在現存的敘事中將某些事件歸為有意義，而讓其他事件不登錄，變成無意義。根據「主流」故事來展演她的身世，導致她以自我斥責和自我歸咎來與自己建立關係，且對於表現出自己的能力感到又恐懼又懷疑。但當「另類」故事很合理地產生其「獨特後果」（'unique outcomes'），並也獲得辨認時，新的意義會圍繞著這個故事而得以展演，「主流」故事因而開始受到修

109

5　譯註：「自我的實踐」或「關係的實踐」是作者慣用的語詞，放在同一句中，若是不熟悉這種說法，會覺得相當拗口，但原文確實如此，下文還會繼續出現。

訂。〔原註11〕蘿絲爲了證實這一點而自行招募聽眾，就像在「對他人諮詢」的會談中所做的那樣。

評論

「管理你的人生」、「成爲你一直想成爲的那個人」、「宣告你的獨立自主」，這些大眾心理學書籍上的口號竟然給出了人的潛能，可把自己塑造爲欲成爲之人，不管你揣測別人是怎麼想的。〔原註12〕重爲作者治療法只是這種自我重建（self-reconstruction）文化當中的另一種版本嗎？在把臨床實踐放進更寬廣的社會領域之時，對此提問作些考量是有必要的。

重爲作者治療法與大眾心理學之間第一個明顯的差異，涉及它們各自使用的媒介。雖然重爲作者治療法引用了文本資料的力量，但它是在治療師的注視下進行的一種助人**服務**，反之大眾心理學似乎大半是消費者帶回家的**產品**，並以私下的閱讀行動作爲展演。這是**對話邏輯**（dialogical）與**獨白邏輯**（monological）兩種歷程之間的差異。在對話邏輯中，人在他人的眼中反映出自己；在獨白邏輯歷程中，人是他自己唯一的聽眾。〔原註13〕這差異有點模糊難辨：大眾心理學文本的讀者的確和作者有某些關係，儘管是抽象的，但自助手冊的作者對於書中建議被某位讀者接受的狀況，不太可能作出回應。心理治療和閱讀大眾心理學來進行的自我分析，其間的差異似乎是：有一個人在現場見證了人對自己的反應。這差異的重要性在於：人的改變有必要被正當的聽眾認可。在大眾心理學中，將書本的主題導入個人私己的敘事便足夠了，然而重爲作者治療法在

某程度上需要安排聽眾，使改變的形式之真實得以獲得證實。

　　例如，在艾普斯敦給蘿絲的信中寫道：「支持了你的故事一定也令他們很滿意，或許正因如此，你可以透過別人的眼光來看待自己。那結果就是，你更珍惜自己，並與自己發展出更舒適的關係。」在這裡，把家人安排成一面鏡子，使案主必須接受一個更有力的自我敘事。

　　重為作者治療法的這個實踐面向，對於理解自我變化之實踐中會包含哪些東西，提出了特別的質疑。重為作者治療法，與最近強調自我敘事重構的精神分析，在近期的發展上，相互分岔到何種程度呢？ 110

　　在過去二十年裡，美國的精神分析師已將敘事現象引入他們對治療歷程的理解之中，這項發展中最前沿的兩位精神分析師是洛乙·薛佛（Roy Schafer）和唐納·史汸斯（Donald Spence）。薛佛（Schafer, 1978）考查了精神分析是如何以敘事形式來組成——例如喜劇、羅曼史、悲劇，和諷刺劇。根據薛佛之說，敘事形式為人類本質的基礎面向提供了載具，例如性格的延展性、個人與社會的相容性，以及幸福生活的潛能。在薛佛的理論中，將敘事法引進精神分析中所產生的功效，是使那些假設顯現為選擇的素材，而非理論的必要組成。精神分析的各種敘事化（narrativized）版本可以適合不同脈絡：例如，喜劇的精神分析適合社會工作的情境，而諷刺劇的精神分析較適用於長期的分析。對薛佛來說，任何使用精神分析的人都選擇了不只是事實的圖像——他們也使自己涉入了倫理的願景。

　　身為理論家的史汸斯（Spence, 1982）較不關心薛佛治療歷程裡正式的敘事結構。他強調分析師在尋找能表達分析人

（analysand）⁶無意識焦慮之適當語言結構的技術，史汔斯稱此能力為「敘事真實」（'narrative truth'）。敘事的真實並非對於過去的字面陳述，而是一個圖像，以它「美學終局」（'aesthetic finality'）之德，將無法辨識的體驗蒐集成可梳理的整體。史汔斯提出以治療成效而非精確性來衡量的真實。這敘事法的引進，使得分析師獲得創新的技術（得以編造一個好故事），的確很受人關注。

在以薛佛和史汔斯為代表的世界裡，敘事的精神分析所關注的是駁斥精神分析裡有歷史真實（historical truth）的古典典範。他們認為並非在分析中可以揭露一套明確的真實，而是在特殊的「形式」中使含有治療潛能的真實浮現。正是有這個形式的差別，可將敘事的精神分析與「重為作者治療法」明確地區分開來。精神分析情境之中起作用的因素只限於臨床現場，這個限制與普遍的心理治療架構一致，它把問題視為主要是在案主的「腦袋裡」：若你以不同的方式看待問題，問題就會獲得緩解。這種詮釋雖然不能把敘事法的精神分析取徑全部精妙之處都談到，但它的確形成了精神分析與「重為作者治療法」之間的主要差異。史汔斯強調精神分析運用語言來為體驗找到一個「家」，著眼於日常對話邏輯處境之外的語言——若除了分析師和分析人之外無人瞭解此問題，似乎並不要緊。

可能有人會辯稱，敘事的精神分析與大眾心理學的方法，基本上兩者都被侷限於此一狹窄的脈絡中。如果將行事權能（agency）看成由他人所佈施的資源——發言權既是被給予的——那麼別人對自己的想法就必須列入考慮；人光是私下改變自己對自己的圖像是不夠的，還必須有一個具說服力的圖像來展示，讓別人也看見。〔原註14〕

正是這種對話邏輯的原則構成了重為作者治療法的本質條件。就某程度而言，這種治療法中的意識型態強調個人有**自由**，可以建構他自己的人生。這種治療法聲稱：它的意識型態原則之一，就是賦予個人建構他自己生命故事的**自由**。〔原註15〕在所有的自由中必定會排除一些使自由成為可能的條件：因負得正。在對話邏輯的脈絡中就可以找到這種限制。人就是可以問：他們的新故事為什麼要由他們的對話團體來加持？他人會從這樣的加持中獲得什麼？這樣的問題可能就近在眼前，也正因如此才讓人視而不見。聽眾之所以會接受案主的宣稱，即他已透過治療而改變，其標準的形式是格根（Gergen, 1989）所謂的「授權條件」（'the condition of warrant'）。就此意義而言，改變是一張證照，必須以合法的貨幣形式來向聽眾購買而得。個人的改變就是一種有限經濟。它是由天賦閃現的一朵火花，特別是在重為作者治療法中，因為它承認文本的力量就是個人改變的真誠形式。〔原註16〕

這項發展也創造出一個嶄新的空間，讓其他的家族治療法得以追隨。最根本的是一種敏感度，可感知在團體脈絡中何謂一個人的「改變」。例如，在某些澳洲人的家庭中，到過海外的經驗被視為家庭成員有能力的合法證明（White and Epston, 1990）。旅外在這裡是作為一種通過儀式，由家人根據他們的社會位置而制訂。至其極端之處，小孩要能夠帶著在國外處境中受考驗的故事返家，而後 112

6　譯註：「分析人」（analysand）的譯法是譯者把過去稱為「患者」「被分析者」的名稱根據原文改譯成如此，蓋因和分析師一起進行工作的人不一定是「患者」（譬如在訓練分析中的學生），也不只是被動接受分析──他是面對分析師的另一個主動者，故不必採用「被」動的形式。

才會被認可爲有獨立生活的能力。這種故事通常帶有個要點，和該家庭成員間對於人性是如何的對話有關，例如，一段對話可能的關注是：在內心深處，人究竟是一樣或不一樣的問題。一個小孩帶著在異國人的經驗之中與此有關的證據返家，會被視爲對維持家庭的對話作出了貢獻。〔原註17〕孩子參與了布魯納（Bruner, 1987）所描述的「攪和」（'meshing'），就是把吸收到的不同觀點帶到家人的同桌交談之中。〔原註18〕在家庭所提供的對話邏輯情境中，對改變作些檢驗是可能的：對家庭的道德圖像有所貢獻時，改變就會受到認可。這對於家族治療的意涵是：這種對話邏輯情境的敏感度早已明顯地存在於家庭的敘事生態學（the narrative ecology）之中，把它延伸到重爲作者治療法之中，乃是個重要的理解——家人不只可當作聽眾，更是一群編輯與腳本作者。

重爲作者治療法之存在，如同拿到證照般可讓人從抽象關係中往外移動，很典型地體現了已建立的治療介預。到這地步，已經不只是在說故事，也同時是在對著聽眾聆聽。

註・釋

導言的討論與蘿絲的敘事是由艾普斯敦（David Epston）和懷特（Michael White）撰寫；評論（194 至 198 頁）的作者則是墨瑞（Kevin Murray）。

1. 這是引用麥可・懷特（M. White, 1989/90）。
2. 維特・透納（Victor Turner）寫道：這些表述是「一趟生活體驗結晶的分泌物」（1982: 17）。

3. 故事到底在何等程度上決定了可歸因於體驗的意義，我們藉由這份提案來論述，但並不暗示我們的生活脈絡是以單一故事來講述的。毋寧說，我們相信我們的生活脈絡是以多重故事講述的。有一系列詮釋體驗的另類故事，使我們和他人得以把身世置身於其中。另外，雖然主張意義具有由故事決定的本質，但結果是（如同下文的討論）所有這類故事實際上都是不確定的。

4. 在討論儀式過程的展演（performance）面向時，透納聲明道：「『展演』（'performance'）這個術語，當然是源自古英語的 *parfournu*，字面的意思是『完全或透徹地裝修出來』，因此 perform 是導致某事發生、使某事完成，或『執行』一段演出、一種秩序，或一個計畫。但我認為，在執行之中，某種新事物會產生，展演會改變它自己的形式。」（1980: 160）

5. 透納（Turner, 1980）在討論儀式過程時，將不確定性與動詞的假設法語氣（subjunctive mood）聯繫起來：「不確定性可以說就在假設法語氣之中，因為它是尚未解決、終了，或尚未知曉的。它就可能是（may be）、也許是（might be）、可以是（could be）、或許（perhaps），甚至應該是（should be）……莎利．穆爾（Sally Falk Moore）甚至提議『社會生活的潛在品質，應視之為理論上絕對不確定性的一個來源。』」布魯納（J. Bruner, 1986）也討論過不確定性與假設法語氣的關係。

6. 關於故事結構會鼓舞讀者進入故事中，進行接管，並使之成為自己的，這種種面向的討論，見布魯納（J. Bruner, 1986）。

7. 這段話是取自樞曼（Shuman, 1986）。

8. 與以下個案平行的另一個案研究，見艾普斯敦（Epston, 1989b），而一個追蹤四年半的「諮詢」則見於艾普斯敦（Epston, 1989a）。

9. 「外化（Externalizing）是一種治療取徑，鼓勵個人將他的受壓迫經驗中的問題客體化、有時是擬人化。在這過程裡，問題變成分離的實體，因此而位在此問題中的人或關係的外部。那些被認為是內在固有的問題，以及被歸因於個人或關係的相對固定性質，由此得以表述成較不固定、較不受限……問題的外化使人得以與形塑他們生活及關

113

係的主流故事分開。這麼一來，人便能夠辨識生活體驗中明顯受忽略，但卻至關重要的面向——不能經由主流故事的閱讀來預測的面向。因此，根據高夫曼（Goffman, 1961），我談到作為『獨特後果』（'unique outcomes'）（White, 1989a, b）之體驗的這些面向……因為獨特後果經過辨識後，人們便可以受到鼓勵，去參與和這些有關的意義展演。隨之而來的成功，需要把獨特後果的情節寫入關於此人身世的另類故事中。」（White and Epston, 1990: 38-41）

10.海登‧懷特（Hayden White, 1973）作出一個歷史傳記來例示：歷史是被其敘說所「預鑄」（'pre-figured'）的。E‧布魯那（E. Bruner）對民族誌也有類似的觀點：「在我看來，我們以一個已經包含開頭和結尾的敘事來開始，使我們能框限當下，並因此能夠對它作出詮釋。這並不是說我們一開始就擁有身體作為資料和事實，然後我們才建構出故事或理論來予以說明。相反地……我們所建構的敘事結構並不是對資料的次級敘事，而是建立『何者該算作資料』的初級敘事。新的敘事會導出新的詞彙、語法，以及在我們民族誌中交代的意義；它們定義何者構成了那些交代的原初資料。」（1986b: 143）

11.帕特拉卡（Patraka）由女性主義觀點來界定「修訂」：「瑞芝（Rich）將『修訂』（'Re-Vision'即『重新—看見』）定義為：為了認識我們自己，『而作的回顧，以嶄新的眼光察看，由新的批判方向進入舊文本』，直至女人能夠『瞭解我們長久浸淫在其中的假設』（1979: 35）。對於過去的事實，要說出何者需要描述、命名，以及重新詮釋。要改變對那事實的來源，以及召喚出對它留存的原因，所需要的分析」（1983: 1）。

12.大眾心理學文本價值的更詳細討論，見（Murray, 1986）。

13.這項差異在俄國理論家巴赫金（Mikhail Bakhtin, 1981）的論述中詳盡地表述過。

14.高夫曼（Erving Goffman, 1968）在精神病院的工作，可作為一項證明，來看出在某種情境裡的聽眾如何控制了這種行事權。

15.似乎預示了「重為作者治療法」之最重要的實踐原則是自我造型（self-fashioning）。這是一個原先在文藝復興時期的劇作家間頗受歡

迎的概念，而現今被傅柯（Foucault）的性經驗史重新發現。它最極端
的形式出現於藝術家本身的展演，他們把自己的生活塑造成藝術品。
不是在佛洛伊德眼下看見生活，而是尋求關於自己的某種知識。當一
個人發現他改變了自己的存在，生命看起來便像是根據任何看來合適
的美學或倫理原則而塑造出來的一種物質。對於此一原則的批判之一
是：它假定了我們的存在狀態是完全自由的。同樣地，它也忽略了我
們對於意義結構的仰賴，比如迷思和語言。

16.懷特與艾普斯敦（White and Epston, 1990）有一則報告，談到案主使用
治療師信件的嚴肅性——他隨身攜帶著這封信，並拿來向他人炫耀。

17.這項聲稱是基於一本未發表的旅遊談話研究（K. Murray，《生活作為
小說：個人改變之理解》〔*Life as fiction: the making sense of personal
change*〕，墨爾本大學，博士論文）。

18.布魯納（Jerome Bruner, 1987）對於 'Goodhertz' 家族談話動力的研
究，提供了一個巧妙的範例，來說明家庭會如何發展出既可讓家庭成
員個體化，又會把他們綁住的論述生態。

114

參·考·文·獻

Bakhtin, M. M. (1981) *The Dialogical Imagination: Four Essays,* tr. M. Holquist and
C. Emerson. Austin, TX: University of Texas Press.

Bruner, E. (1986a) 'Experience and its expressions', in V. Turner and E. Bruner (eds),
The Anthropology of Experience. Chicago, IL: University of Illinois Press.

Bruner, E. (1986b) 'Ethnography as narrative', in V. Turner and E. Bruner (eds), *The
Anthropology of Experience.* Chicago, IL: University of Illinois Press.

Bruner, J. (1986) *Actual Minds: Possible Worlds.* Cambridge, MA: Harvard
University Press.

Bruner, J. (1987) 'Life as narrative', *Social Research*, 54: 11-32.

Dilthey, W. (1976) *Dilthey: Selected Writings,* ed. H. Rickman. Cambridge:

Cambridge University Press.

Epston, D. (1989a) 'Marisa revisits', in D. Epston, *Collected Papers*. Adelaide: Dulwich Centre Publications.

Epston, D. (1989b) 'Writing Your History', in D. Epston, *Collected Papers*, Adelaide: Dulwich Centre Publications.

Epston, D. and White, M. (1990) 'Consulting your consultants: the documentation of alternative knowledge', *Dulwich Centre Newsletter*, 4.

Geertz, C. (1986) 'Making experiences, authoring selves', in V. Turner and E. Bruner (eds), *The Anthropology of Experience*. Chicago, IL: University of Illinois Press.

Gergen, K. J. (1989) 'Warranting voice and elaboration', in J. Shotter and K. J. Gergen (eds), *Texts of Identity*. London: Sage.

Goffman, E. (1961) *Asylums: Essays in the Social Situation of Mental Patients and Other Inmates*. New York: Doubleday.

Goffman, E. (1968) *Asylums*. Harmondsworth: Penguin.

Harré, R. (1983) *Personal Being: a Theory for Individual Psychology*. Oxford: Blackwell.

Iser, W. (1978) *The Act of Reading*. Baltimore, MD: Johns Hopkins University Press.

115 Kamsler, A. (1990) 'Her-story in the making: therapy with women who were sexually abused in childhood', in M. Durrant and C. White (eds), *Ideas for Therapy with Sexual Abuse*. Adelaide: Dulwich Centre Publications.

Mink, L. (1978) 'Narrative form as a cognitive instrument'. In R. H. Canary and H. Kozicki (eds), *The Writing of History: Literary Form and Historical Understanding*. Madison, WI: University of Wisconsin Press.

Murray, K. (1986) 'Finding literary paths: the work of popular life constructors', in T. R. Sarbin (ed.), *Narrative Psychology: the Storied Nature of Human Conduct*. New York: Praeger.

Patraka, V. (1983) 'Introduction', in V. Patraka and Louise A. Tilly (eds), *Feminist Re-visions: What Has Been and Might Be*. Ann Arbor, MI: University of Michigan Press.

Rich, A. (1979) *On Lies, Secrets, and Silence: Selected Prose (1966-1979)*. New York: Norton.

202

Ricoeur, P. (1983) *Time and Narrative*. Chicago, IL: University of Illinois Press.

Schafer, R. (1978) *Language and Insight*. New Haven, CT: Yale University Press.

Shuman, A. (1986) *Story-telling Rights*. Cambridge: Cambridge University Press.

Spence, D. P. (1982) *Narrative Truth and Historical Truth: Meaning and Interpretation in Psychoanalysis*. New York: Norton.

Turner, V. (1980) 'Social dramas and stories about them', *Critical Inquiry*, Autumn: 141-68.

Turner, V. (1982) *From Ritual to Theatre*. New York: Performing Arts Press.

White, H. (1973) *Metahistory: the Historical Imagination in Nineteenth-Century Europe*. Baltimore, MD: Johns Hopkins University Press.

White, M. (1989a) 'Family therapy and schizophrenia: addressing the "in-the-corner lifestyle" ', in M. White, *Selected Papers*. Adelaide: Dulwich Centre Publications.

White, M. (1989b) 'The process of questioning: a therapy of literary merit?' in M. White, *Selected Papers*. Adelaide: Dulwich Centre Publications.

White, M. (1989/90) 'Family therapy training and supervision in a world of experience and narrative', *Dulwich Centre Newsletter* (Adelaide), Summer.

White, M. (1990) 'The externalization of the problem', in M. White and D. Epston. *Narrative Means to Therapeutic Ends*. New York: Norton.

White, M. and Epston, D. (1990) *Narrative Means to Therapeutic Ends*. New York: Norton. (Also printed as *Literate Means to Therapeutic Ends*, 1989, Adelaide: Dulwich Centre Publications.)

第三部

行動中的建構

CONSTRUCTION IN ACTION

治療進行中的療癒區別
Therapeutic Distinctions in an On-going Therapy

卡爾（Karl）、辛西雅（Cynthia）、安助（Andrew）與凡內莎（Vanessa）

116　　　本文是一篇由四位作者所合寫的報告，[1]〔原註1〕內容談到與一個家庭的一系列療程之中，出現了一些具有療癒區別（療／癒之別）[2]的會談。治療師（卡爾）在回顧了他與三位家族成員（辛西亞、安肋與凡內莎）的一些會談記錄中，挑出了一些作澄清的討論。這些討論的焦點在於確認治療過程中對這個家庭最有幫助的區別之處何在。談話記錄的草稿和這幾位家族成員分享之後，並在他們給了回饋的基礎上作了修訂。

　　　這種討論與回饋足以讓這些家族成員成為共同作者。然而，成為共同作者的決定並不僅僅基於這項合作。這個家庭在啟發治療師將治療的療／癒之別引入治療過程中，堪稱功不可沒。家庭成員們在持續描述他們對問題的體驗和未解決的問題時，其開放和坦誠使得治療師最終能夠意識到有效的區別（即療／癒之別）。若沒有這個家庭的堅持和耐心，治療師不能發現區別對治療的影響。在何種程度上案主能夠幫助治療師發揮療癒性，這個議題在文獻中尚未得到充分的認可。因此，邀請這個家庭成為本章的共同作者算是很合理的，且可以作為往這一認可所邁開的堅實一步。最後，這項合作的承諾也希望能夠聯合澄清與確認在治療中有用的療／癒之別，
117 讓這樣的區別得以成為重點、受到強調。基於此一結果，家族成員

可能會有較長一段時間來承受他們的家族成員身分，也許還需在心中維持隨時候傳的狀態，以便協助應付他們在未來可能要面對的問題。

理論評述

　　「療癒區別」（即「療／癒之別」）（'therapeutic distinction'）這個概念是本章的主題，故值得給些解釋。[原註2]最基本的便是「區別」（'distinction'）這個概念本身。因此，在試圖描述區別具有治療意義之前，必須先解釋一下區別的基本含義。

　　按此處的設想，區別是指語言上的一種劃分或識別（discrimination），這會影響到一個人的生活體驗和行為傾向。它是語言中對於觀察的清晰表達，用來描述自己也同時可描述他人。區別本身具有潛在和顯在的意義。因此，我們在日常生活中作出這種區別，其主要影響在於讓我們的體驗能依循不同的管道運作，並能讓我們的行為以此而組織起來。所有的區別存在於語言中，並通過會談而產生。由此，區別就是產生於社會互動系統中，並由事物的劃分來賦予意義。

1　譯註：本篇作者四人，第一作者是治療師，用本名；後三位則是家族成員，只用假名。

2　譯註：原文 therapeutic distinctions 翻譯成「療癒區別」，在此要特別強調的是漢語「療」、「癒」兩字的語意區別，前者是指「醫療」，後者則指「病癒」，因此在譯文中的「療癒區別」有時會加註「（療／癒之別）」。這組關鍵詞的定義見於下文。

從理論的觀點來看，它指的是對區別的覺察，即在人類社會互動中作爲個體體驗的一個結果。這種觀點起源於語言過程中的一大假定：人類會因此產生意識、觀察、描述、解釋及決定（Maturana, 1988）。語言本來就是在相互參照的社會互動中演化，並通過人際交談來維持和修飾的。個體思考是一個內化的談話過程：一個人私密的自我對話。換言之，這裡的觀點便是：「人類心靈」（'human mind'）乃是奠基於社會的現象，而後成爲次發性的心理現象（Bateson, 1972; Maturana and Varela, 1980）。故此，即使區別是由意識所覺察辨認，且成爲心理上的體驗，它仍得假定是植根於社會過程中。

這種社會根源假定的重要性在於：任何區別在進一步的社會互動中要能經得起檢驗。「外部的」（'outer'）**人際會談**變成「內部的」（'inner'）**內心對話**（以意識覺察和思維的形式）[3]並進一步支持外部的會談，並修正內部的思想，等等。於是，在家族治療會談中的社會互動可用來修正家庭所使用的種種區別。典型地說，總會提出一些新的區別。作爲新的、修正過的區別之結果，家庭會談的型態可能會被取代，家庭成員的個體經驗和行爲也可能會改變。

爲了理解這種改變，對於區別的必要性進行更細緻的描述，對我們就會更爲有益。劃分區別便是把實體、事件、型態從背景裡的其他現象區分開來。在我們所熟悉的**格式塔**（完形）形象（figure）與背景（ground）關係中，「區別」是一種特定的語言，它使得此一「形象」與一般無區分、無意識以及具有種種潛質的「背景」分別開來。在思維過程中（或在人際會談過程中），意識常常會有個焦點，從一般無差別體驗也無覺察的背景中湧現出來。一旦這種焦點形成，它便會成爲一種特殊的區別。舉個具體的例

118

子，在面部肌肉的一大群運動之中，「微笑」和正在進行的其他面部活動不同。並不是每一個面部運動都可加以辨識，有時甚至根本不認為某些面部運動是表情。如果不能「看到」這個微笑，也就不能回應它（至少不是有意識的）。區別就是在語言中「捕捉」（'capture'）到了原本無差別的視覺體驗。如此，它便是在一時之間「逮到」（'arrest'）某一特殊事件，並使之從正在進行的事件背景之流中分離出來，這樣一來，它便可以受到注意、加以反思，以及可能作出回應。在意識生成的過程中，原初的體驗獲得某種有意義的形式、樣態，因此，在劃分出區別之時，這種體驗也被修正了。

　　從治療的觀點來看，一個特別有意思的現象是：不同的區別可能來自於相同的人際交互背景和無差別的體驗中。精確的區別「樣貌」（'shape'）實際上構成了一個人的意識體驗與其反應傾向的顯著不同，正是這種樣貌決定了區別的「性質」（'properties'）並以此決定其意義。譬如，相同的笑容可能會被辨認為「友好的微笑」、「深情的一笑」、「關愛的微笑」、「神經兮兮的笑」、「嘲笑」、「假笑」、「恥笑」或其他種種的笑。和笑容相聯的意義取決於原初區別對特殊樣貌的辨識。笑容樣貌的細微差異，若能作出辨識，會導致觀察者相當不同的體驗與行為反應。這樣的結果，對微笑者的後續互動過程就可能依其特殊微笑形式的辨識，而

119

3　譯註：「外部的人際會談」相當於「療」；「內部的內心對話」則相當於「癒」。用完形的語言來說：整個療程是「背景」；但好轉的契機則是「形象」——這就形成了一組特屬於心理治療的「治療區別」：「癒」乃是「療」過程中，獲得修正的體驗——獲得某種形式、樣態的有意義修正。

決定互動進行的不同方向。

　　同樣有趣的是，不同的觀察者會有不同的觀察傾向，或者會「指出」不同的區別。這是不同感知和語言習慣的結果。反過來說，這種習慣決定於這位特殊觀察者在此之前的社會互動史。譬如，其中一人在過去的人際歷史中若是廣被接受和尊重，則他可能會傾向於認出「友好的微笑」或「深情的一笑」；另一個人，如果在過去反覆受到背叛和深刻的傷害，他更可能看出這是個「佯笑」；第三個人如果經歷過太多的人際責難，他可能會認為這是個「恥笑」。換句話說，區別的辨識，是由人心不同各如其面的觀察者來完成的。然而，在此同時，這些區別並非一成不變。互動中的觀察者會透過將他們所作的區別表達出來，並在會談討論中影響到其他人。如此一來，第一個人透過描述微笑中生動的「友好」性質和強調信任價值的重要性而影響到第二人和第三人；或者，第二人和第三人影響到第一人辨識出「假意」和「鄙視」，而使得這個人感覺不太受到信任。

　　不過，劃分區別不僅僅在於被動地對一個實體或現象作觀察（或受到影響而去注意某個特殊對象），它也來自主動地採取某種位置、行為立場，或對被區分的實體與現象擺出某種「姿態」。在觀察過程中的這第二方面——即觀察者需要對觀察對象採取某種立場——往往被忽視。然而，在人類體驗和社會互動的政治中，這是必須念茲在茲不可或忘的要事。譬如，把他人的凝視辨識為「不讚許的判斷」就會引發恐懼、拒絕或避開他人的行為傾向。相反地，把這種凝視辨識為對自己現身在場的「恭維」，就意味著一種愉快的體驗和接受、親近的傾向。觀察者所採取的這種特殊行為立場或傾向，會在日後的體驗中用以區分一些相關的性質或意義。

　　事實上，當一個人認出區別帶有政治性時，在辨識區別的過　　120
程中，這種探認的行為傾向／立場會有更加顯著的重要性。區別之
所以可能會被視為帶有某種意味的政治性，是因為可用以對某些人
（透過啟動某種傾向而）進行權力的壓服，繼而對其他人也在造成
此區別的基礎上更進一步造成控制性的影響。一般來說，我們能意
識到我們所造成的區別，更甚於意識到處身在其政治性的意味中。
在日常會談中包含的這種政治區別往往停留在意識不到的狀態，除
非我們的注意被它引起。關於這種現象，有個文化上的顯例，就是
我們傳統上用「人類」（'mankind'）[4]來區別出「人」這個物種。
但多數人卻很難發現這種男性中心的區別中含有政治意味，直到女
性主義對此語言表現出批判為止。

　　本章關注劃分區別的過程，其中有個原因是想要請讀者在進
行觀察時能夠對這種政治性的層面更加留意。如果一個人選擇使用
某種描述（而在同樣情形下並不可以使用其他描述），這個人就有
可能隱約地選擇了他和他所描述的對象之間的某種政治立場。這也
同樣適用於我們在寫本章之時。譬如，第一作者有意使用「區別」
（'distinction'）一詞，因為它代表了在作出區別時用的是主動的涉
入，而相反地不使用「觀察」（'observation'），因為後者傾向於
暗示一個匿名觀察者的距離與被動性。[原註3] 把區別作為一個**積極
生產**出來（*actively generated*）的政治意謂，其中有我們所要的目
的，就是期使作為觀察者的我們在我們的觀察中能夠更加承擔起個

4　譯註：Mankind 譯為「人類」雖已成為習慣，但在作者的叮嚀下，我們也得注意：當
　　代女性主義的讀者看到此字時，想的就是「男人類」，故有下文的批判。

人責任。把區別辨識為**政治性**的，其中有個政治意涵是要讓人意識到區別的生產和使用過程中，必定包含著人際權力的動力。劃分出某種區別而不是另外一種（也就是，觀察這種而不是他種），其中的政治在任何領域都是極其重要的，但特別就治療師而言，需要更慎重和仔細地觀察，乃是由於他們對治療所負的責任之故。

在給予這些通常的區別觀點之後，**治療的區別**可以簡單地定義為**使觀察者往治癒導向**（*healing direction*）**上發展的觀察**。換句話說，如果區別的第一個狀態符合治療性（療），那麼區別的第二個狀態必須是由原初狀態產生的行為習性而取得的治癒傾向（癒）。區別的第二個狀態是由第一個狀態導致的後果。這揭示了權力政治在原初區別脈絡中的運作。能區分初起（primary）和次起（secondary）區別的觀察者可以是任何人：治療師，案主，家庭成員或其他旁觀者（包括研究者或理論家）。治癒導向有可能遠離痛苦、掙扎、壓抑和限制（也就是遠離「問題」），且／或朝向幸福、愉悅、最佳選擇和新的可能（也就是朝向「解決」）。譬如，對於一個陷入「憂鬱」（'depression'）的女性案主，能辨識「壓迫」（'oppression'）就可能具有治癒性，因為這隱含了治療師在我們的父權文化下採取的立場，讓她能從壓抑處境中解放出來，而這種文化很可能是導致她憂鬱體驗的原因之一。在「責備」背後辨識出「積極意向」（'positive intent'）也可能具有治癒作用，因為這讓治療師相信案主（作為一個人，由於有指出過去錯誤的意向，而能改正問題），但同時也給案主回饋出責備本身所帶來的問題。如果沒有辨識出這些積極意向，治療師會簡單地「因責備而責備案主」（'blame the client for blaming'），並且可能會無意中增加了問題的複雜情況。

　　實際上，下文將會呈現這個家庭中使用很多有關治療區別的例子。但在總結這一節之前，需指出的是：病理化區別（pathologizing distinctions）的存在以及治療師所確認的區別並不會自動讓他自己與案主導往治癒的方向。的確，在通常的情況下，治療師往往會被案主引入這種病理化的區別。這一點常發生在案主對治療師分享自我時，就已浸淫在自我病理化的描述當中。譬如，憂鬱的案主傾向於將他們自身描述為無效能、無資源、無動力等等。如果治療師被招引到這些觀點病理化，並且採取了與此相應的措施，就會加強並固著這種憂鬱。案主的這種招引很少是故意的，然而它的確會發生。因此，治療師需學會如何入情地（empathically）傾聽案主痛苦體驗中的區別，同時小心地從這些描述中找出「例外」（'exceptions'），以用於產生療／癒的區別。

　　病理化的區別有很多來源，包括好意的家庭成員、朋友、親戚、鄰居、同事、專業人員，乃至治療師。的確，在傳統型態的精神科衡鑑中，很多觀察和區別更易於導致病理化而不是治癒性（Tomm, 1990）。如果治療師對他們引來的區別所具有的潛在效果不夠小心的話，他們可能會更易朝向疾病發展。譬如，將一個青少年辨識為「叛逆」（'rebellious'）會讓其自身束縛於叛逆，甚或支持父母的控制。然而，行使外部控制將使青少年在發展其自主性方面加劇了相反的思想和行為效果。因此，這問題就會變得更糟。在這種語境中，「叛逆」一詞構成了一種病理化區別，因為它是由站在病理化立場的臨床醫師或其他權威人士所定義的。在其他語境中，同樣的區別可能具有療癒性（譬如，小心地將叛逆只和某些特殊行為聯繫起來，青少年由是而得以承諾：願意建立合作和成熟的聲譽，並可運用「叛逆」的區別來讓自我與這種行為有所分別）。

由於尚不清楚在某些特殊時候政治對於特定區別有什麼影響，所以重要的是：要在區分初起區別的基礎上來區分次起的區別。在撰寫本章的過程中，這個家庭在某種眞誠的程度上，參與了次起區別的區分，也給了很大的幫助。

總而言之，把區別劃分出來，可以說是對治療過程「指引方向」（'direct'）。這種觀察潛在地將案主和治療師導引到或此或彼的方向。爲了能往治癒方向而去，選擇並提出具有療癒性的區別乃是治療師的責任。案主當然也參與這個過程，但治療師應該給這次的遭逢提出一些專業建議。有一部分專業意見是由初起的區別中產生次起區別。一旦治療性的療／癒之別顯現，便可以與案主共享，而使得案主能自我導向治癒。

個案報告

辛西雅、安助和凡內莎是 1988 年三月由一位精神科同事轉介給卡爾的案子。這位同事曾對辛西雅給了藥物處方以及心理療癒性的支持，來治療她嚴重的憂鬱、焦慮和妄想症狀。他曾注意到辛西雅和她丈夫安助之間有婚姻衝突，辛西雅擔心這衝突可能會傷害到他們女兒凡內莎的成長，因此最後決定轉介來進行家族治療。

在第一次晤談時，辛西雅三十三歲，安助三十四歲，凡內莎兩歲半。這對夫妻在短短的戀愛後就結婚了，至今三年。安助和辛西雅在原生家庭中都排行老二。安助有個大他五歲的姊姊，現住在另外一個城市。他與姊姊不很親密，但與住在鎮上的年邁父母則相當親近。辛西雅和比她大四歲的姊姊都是在嬰兒時被收養。她的姊姊

住在同一個鎮上，但她們兩家斷絕來往。這種破裂來自辛西雅對其父親亂倫行為的指控。指控之後，這個父親當即否認，並且搬家到另外一個城市。之後辛西雅和她養父母每次難得的相遇關係都非常緊張。

在家族治療的初始會談中，辛西雅已經接受不同的精神科專業治療長達十六年之久，她有醫院賦予的各種情緒危機，並接受了很多精神科的診斷。在轉介之時，她是全職家庭主婦。安助在此前沒有接受過任何心理治療。然而他在工作上有嚴重困擾，因為他的「固執」導致就業困難和經濟問題。他覺得自己必須吸取前車之鑒並且非常希望類似的問題不要在新工作中重犯。辛西雅和安助在他們可愛的女兒凡內莎身上費盡心力，她也是他們最大的快樂泉源。

治療進行了兩年半，約五十次的療程。由於很難找到合適的保姆，在大部分會談中凡內莎都會跟來，常常自己安靜地玩耍。因此，接近半數的會談包含了全家。其餘的大部分時間是與辛西雅的「個別」會談，凡內莎在旁邊玩。有一些會談只有這對夫妻，幾次是單獨與辛西雅，也有幾次是單獨與安助，有一次是安助和他的父母，另一次是辛西雅和她的父母。

人際關係型態的辨識

在與這個家庭工作的過程中，治療師抽出的第一個主要區別使他自己能安身於一個重要的方向上。他辨識出這對夫妻間有個互補的互動型態（interaction pattern），很顯然對辛西雅造成了負面影響。換而言之，這種型態使她自己病理化，並且暗暗淘空了夫妻

124

關係。這個型態包括了夫妻二人很「合作」（'cooperate'）地認為辛西雅就是個「問題」（'the problem'）。安助不僅將辛西雅視為「問題」，且用負面語詞描述她，而辛西雅也視自己為「問題」，還以此來描述自己。在大多數情況下，雙方對辛西雅的負面描述甚至相互確認。他們在病理化型態上的「合作」是無心的，就是他們意識不到（直到它被辨識並由治療師清晰地描述出來為止）。

然而，這種過程使得夫妻二人持續監控著辛西雅的問題行為和體驗，在夫妻互動中一向是根深柢固。考慮到辛西雅早期的家庭創傷經驗和長期接受精神科治療的歷史，這種根深柢固是可以理解的。但是，這種「辛西雅凝視」（'Cynthia gazing'）的型態在何種程度上對夫妻關係中的辛西雅進行病理化，這對夫妻並不清楚。幸運的是，辛西雅的直覺感受是：作為負面關注的角色並不公平。因此，她不時反抗並且會開始對安助發怒。然而不幸的是，她的反抗常常無效，她的憤怒因此逐漸升級到不可控制的嘶吼，以及有時還出手打人，最終使得兩人（包括她自己）都相信她是有問題的。換句話說，她對這種型態的奮力反抗導致這一型態更加強化。這是由於不同的人（家庭成員和專業人員）都認為她的反抗行為在「樣貌」上就是有問題，故而不會隱然帶向解放。

對一個治療師而言，會將某種互動型態辨識為「病理化的」，乃是自動取自於與這種型態**對立**的政治立場。能辨識出**互動**中的病態，會導引治療師反對這種型態本身，而不是反對參與這種型態的人。此外，將型態中的參與者視為「無心的」，可使得治療師留有一些餘地，讓治療師對於承受這種型態並受其壓迫的人保有一絲純粹的慈悲，但仍然反對此一型態。將互動型態視為無心的病理化，可發揮極大的臨床作用。更有甚者，病理化互動型態與療癒性

互動型態會在概念上合併，成為先前問題的一劑解藥。這樣，當使
用這組「病理化／治癒性」（即「療／癒」）參照架構時（Tomm,
1991)，對病理化互動型態的區分其實也同時請來了可替代的治癒
型態。當某種互動型態被認為有「治癒性」時，治療師就可以清楚
地有個方向，並且給予肯定與支持。

　　在實踐中，如果要創造一種可能治癒的互動型態，首先得確認
蒙受病理化型態行為的反義。有時候確切的相反行為不符合或不會
清晰地構成治癒型態，但這種行為所包含的潛在治癒型態之含義，
必須與其在病理化型態中的含義互相排除。換言之，治癒性的行為
（譬如，肯認他人）和病理化的行為（如貶低他人）必定互不相
容，且因此而不能同時並存。要建構一種治癒性型態，很可能是可
行或**可持續**的，則在互動者之中的治癒行為成分必需相互強化。譬
如，對有價值的回應予以確認，可邀來更進一步有價值的回應；反
過來說，有價值的回應也邀來進一步的確認。如果治療師能使這種
治癒性型態開顯，則病理化型態將會同時消退。如此一來，對病理
化互動型態和治癒性型態的辨識，使得治療師在會談中提供了雙重
基礎，因而作出了引導的貢獻。

　　在這個特殊的家庭中，治療師的第一項介預是基於提供一個
可能的治癒性型態，用來取代初次辨識的病理化型態。這種設計
是在衡量過總體的失衡後提出的扳回之道，亦即將這麼多的負面特
徵歸咎於辛西雅，意味著將所有的積極品質都留給了安助。治療
師在第一次和第二次會談中給這對夫妻安排了一項作業。讓他們選
擇性地注意到（辨識）辛西雅的積極品質，以及指出安助的一些大
男人習慣。這種介預方式讓這對夫妻在直覺上覺得「對」，並且鞏
固了他們與這位治療師的約定。對治療師的初診雖有積極的回饋，

但要從原始的病理化型態來進行實質的轉變，後來證明非常困難。在療癒性的區別成爲家庭會談的一部分之前，替代性的治癒之道必需經過一次又一次的討論。偶然有一次，治療師過於積極的嘗試碰上了「辛西雅凝視」的過程，導致安助與卡爾之間發生相當激烈的爭執！所幸卡爾覺察到這種「熱切」讓他自己的「療癒性區別」變成反療癒性的（counter-therapeutic），他區別出安助的「阻抗」已是病理化了，因而讓自己稍微退讓，而能避免治療關係的破裂。不論如何，該採取的立場便是盡力避免只關注辛西雅的問題，而是更偏向於辨識出她擁有哪些資源，這在治療過程中是非常有用的一個主題。

隨著時間的推移，安助逐漸能夠自在地承認他自己的一些問題。在治療的過程中他不時會有意無意地提及於此。然而，更重要的是，他開始更常談到辛西雅的能力和成功。的確，他會以更具體的方式描述這些例子，而她也能夠在他的積極回饋中體會這種眞實性。就這樣，安助對原始病理化型態的幫腔開始逐漸解構，而他對治癒性型態的貢獻開始得以建構和增強。辛西雅也開始內化這種建設性的回饋，並因此而更加確認她自己是個有積極品質和合法權益的人。她逐漸變得更有自信。這樣，這對夫妻開啓了一種「新的合作型態」，使得長期以來一直病理化凝視辛西雅的問題型態轉往一個更加平衡的治癒型態來進行互動。

還有其他一些特殊的區別幫助了這對夫妻逃離原始病理化型態的控制。其中一個是將辛西雅的問題和她自己這個人區分開來，即與她對於自我身分的認識區分開來。譬如，在治療會談中，她可以重複描述「受到咆哮習慣影響的人」而不是作爲一個「咆哮者」。同樣地，她描述「一個陷入妄想的人」或「落入妄想恐懼的人」而

不是「妄想症患者」。這種使問題外化（White, 1988）的過程在概念上使得辛西雅和她的問題之間留有餘地。她開始體驗與這些問題的分離，並且能夠看到自己與問題之間的互動。換句話說，一旦問題可辨識為一個對象，並且與自己可清晰地區別開來，她就可以採取某種立場來與問題對抗。要體驗到問題對她自己的影響，開始變得比較容易些。雖然仍有些時候她會感到很無助，且會消極地臣服於這些問題的影響，但在其他時候，她能夠主動地減少那些問題給她生活帶來的影響。譬如，她發現到戶外散步可讓她避免某種妄想恐懼。

127

這種問題外化的區別對安助也有積極的影響。在治療過程進行到大約一半的時候，他自發地提到：當辛西雅在「有症狀的」狀態中，他注意到他自己對她的體驗有所改變。他發現自己對於這些（外化的）問題及其歷史源頭感到挫敗，而不是針對著辛西雅本人。這種轉變在治療中成為巨大的突破，夫妻二人開始一起努力讓辛西雅增強她的能力，以避免問題帶來的影響。而安助看見自己對辛西雅可以更有支持的力道。

治療進入第六個月時，夫妻間的另外一種病理化互動型態也被辨識出來。在更想要幫忙的努力之中，安助弱化了辛西雅的問題。辛西雅不再只是重複肯定問題，而是感覺到內在深處的痛苦不必然是如此。這樣，她可以更確實地強調她的困難並肯定自己對這種困難的努力克服。不過，安助卻體驗到她在誇大自己的問題，因此，他更要加強弱化的程度。這種不斷升級而互補的「弱化和強化」型態產生了非常大的混亂，直到病理化型態得以受到辨識並能清晰地描述，而治癒性的處方可以提得出來。治癒性互動型態使得安助承認了她的痛苦體驗和過去的創傷，同時使辛西雅承認當他努力使她

放心時，實在用心良苦。這兩種型態在以下的圖中，用語言和視覺來呈現。（見圖 8.1）

　　在對付妄想的過程中，辛西雅體會到來自丈夫有力的支持和

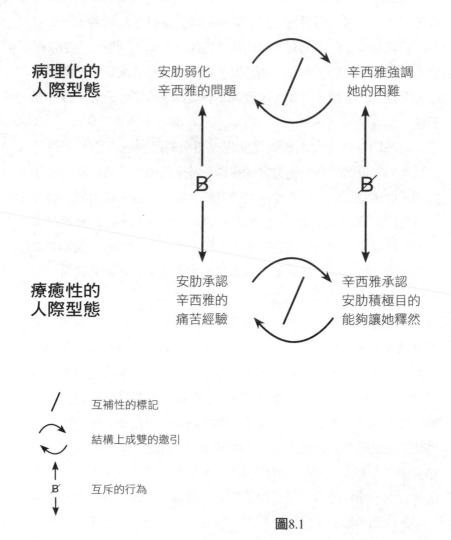

**病理化的
人際型態**

安肋弱化
辛西雅的問題

辛西雅強調
她的困難

**療癒性的
人際型態**

安肋承認
辛西雅的
痛苦經驗

辛西雅承認
安肋積極目的
能夠讓她釋然

／　　　互補性的標記

結構上成雙的邀引

互斥的行為

圖8.1

認可是非常重要的一件事。這是發生在一段長期且艱難的掙扎之後。辛西雅反覆地害怕她可能已經犯了法且因此犯下嚴重罪行。安助覺得這是不現實的妄想，她只要忽視就得了。但辛西雅對這種回應感到不受認可。結果，對這一議題發生了多次爭吵，並且恐懼也還一直存在。某一次深入的探討（實際上發生的過程是在要修訂本章初稿的討論之時）揭示了這些妄想恐懼的根本之處。辛西雅對久遠的過去所發生的一些事件感到很苦惱，但她對自己的行為記得不很清楚。在她早期的精神科病歷中，有一次她在喝了一些酒之後昏了過去（其實酒精會讓她當時的處方增強藥效）。當意識清醒後，她發現自己受到嚴重的身體傷害，包括肩膀脫臼和脊椎傷害。她不知道自己是怎麼受傷的，但她開始心事重重，努力回想自己是否在一次口角中傷害到其他人。事實上，她擔心如果她真的犯了嚴重的過失，就會剝奪她作為凡內莎母親的權利。辛西雅想去警察局查詢自己是否有犯罪紀錄。安助堅決反對她這麼做。但後來經過一次激烈的爭執，他不僅直接肯定她的問題以及不強調她的體驗，還同意帶她去當地的警局查看她的紀錄。警察非常配合，認真對待她的要求。他們沒有找到任何關於她犯罪或有嫌疑的紀錄。辛西雅理所當然就釋懷了。她也非常驚訝安助竟變得如此支持她。這次體驗減少了那些特殊的妄想恐懼。鑑於此一結果，這事件變成非常重要的里程碑，安助開始願意認真對待辛西雅的體驗，辛西雅也在安助逐漸增長的彈性中湧生出自信。的確，在閱讀這一章早期的初稿時，辛西雅更加意識到所有的這些體驗對她來說有多重要。

128

129

人際危機作為某種特殊的轉機

在治療開始的幾個月後，一個有意思的危機出現了。辛西雅擔心安助不會如約替她支付早已預訂好在夏天的整容手術費用。她不斷要求他保證先前的承諾，這引發了他的一些推諉。他的推諉又使得她更加要求保證，同時也反過來加強他的抗拒。於是，另一種病態的人際互動型態出現了。由於她擔心這個手術可能被取消，所以她變得極其生氣和沮喪，甚至產生了嚴重的自殺意念。

為了對付自殺的威脅，在治療會談中先了解一些額外的背景資訊，以致可能會創造出治癒性的區別。辛西雅記得一些先前未獲滿足的承諾，這對於支撐辛西雅的恐懼非常重要。譬如，安助沒有按照承諾給她訂婚戒指和預訂好的蜜月。安助承認要實現先前的承諾有一些困難，因此，他對最近的這個承諾也有些謹慎──因為經濟的不穩定。治療師提出安助已有的「不可靠名聲」（在她的生活經驗中），並辨識出一個「獨特機會」可用來建立「可靠的新名聲」，實現重要的承諾。安助在這個危機中的「投資」（如果必要的話，透過貸款）以及可回到先前的承諾，都會獲得心理上和關係上的效益。在晤談中，當他開始談到這個方法時，辛西雅的焦慮降低了，危機也開始平息。事實上，安助最終提供了全部經費。整個劇情開始往建設性的方向轉變，並且開始提供機會，讓他顯得越來越可靠，同時也讓他更能感覺到，對辛西雅來說，什麼是重要的。

在進入治療約一年後，1989 年二月發生了另外一次意料之外的危機，還伴隨一些身體暴力。經過先前的幾個月，家庭型態在很多方面已開始有些改善，同時辛西雅與轉介的精神科醫師諮詢後，

也減少了藥物使用。然而，由於好幾個原因，這家庭的每一成員都出現了緊張。由於新的工作計畫，安助處於極大的壓力之中；而缺乏夫妻間的性親密，辛西雅在婚姻關係中開始感到很脆弱。凡內莎和她母親的關係也有些特別的緊張，因為女兒總是把自己弄得髒兮兮，並且拒絕使用廁所。

這個暴力事件源於凡內莎和父親的玩耍中帶有一些身體上的親密接觸。安助對於女兒的情感要求有很積極的回應，然而他並沒有如此回應辛西雅（父女倆的互動被她看在眼裡）。辛西雅萌生了剝奪感和貶低感。她抗議凡內莎和安助的這種互動，並氣呼呼扯了安助的頭髮。夫妻開始扭打成一團，辛西雅也扯了凡內莎的頭髮。安助在反擊中用力一拳，擊中了辛西雅的肩膀，這一擊嚇到了她。身體暴力在那一刻停止，但辛西雅的症狀「伴隨著復仇」而復發了（根據兩天後來看她的家庭醫師所述）。

在接下來的家庭晤談中有極高的情緒張力。治療師試圖請夫妻二人互相諒解過去那件事，但努力都沒成功。雙方都對於對方感到憤恨難平。後來，當治療師轉而探索那個不幸的事件，做些可能的正面「學習」時，憤怒才開始消散。譬如，安助學到身體親密對辛西雅的重要性，以及用臂力反擊只會使事情更糟而不是更好。治療師也提供並解釋了挫敗和憤怒的正常發展及其管理之法。步驟如次：（1）盲目的憤怒會打擊一切；接著（2）感受到挫敗的身體會打擊挫敗之源；然後（3）將這一打擊指向物體而不指向人；再來是（4）通過吼叫作語言攻擊而非身體攻擊；又接著是（5）透過酸諷、敵意的語氣，以及非語言的姿勢，來表達憤怒；然後（6）對某人的憤怒行動是用想像而不是直接施加於他身上；再到（7）接受挫敗的情境並準備恰當的回應；最後到（8）接受生活中不能改

131

變的不公義和不平等。治療師解釋：當挫敗程度超過立即對付的能力時，個人可能會在上述的發展等級上往回倒退。

這次會談在簡單地與凡內莎討論弄髒自己的話題之後結束。治療師區分了「便便那鬼東西」和「髒東西悄悄靠近你，還把你嚇一跳」。凡內莎很輕易就將兩者區分開來。這讓她作為一個人而可以把弄髒的問題外化，並提供了機會，讓她體驗她可以「把便便放回到它原來的地方」（有更多這種方法，見 Tomm, 1989）。

一個月後，這一家人回來了，事情變得好很多。安助讓辛西雅分享他很多工作上的事情，這使她覺得自己受到接納，進入他的世界。她開始主動善待安助的父母，這令安助很感激。凡內莎開始使用廁所並「將便便放回合適的地方」，也使她的父母非常開心。

讓辛西雅從內化的病態中解脫出來

造成辛西雅情緒極度痛苦的原因之一，是每當憶起養父的亂倫行為內心所經歷的翻攪。雖然並沒有發生實質的性關係，但他的引誘和撫摸，讓兒童期的她對父親的信任感有一種被嚴重出賣的感覺。成年後，當她感到自己夠堅強來面對他時，他卻否認曾對她有過任何主動的性行為，她因此覺得被全家矇騙，使她再度加強她的被出賣感。治療師對她被性侵所造成的痛苦和憤怒給了支持，說錯不在她；但她不願（與原生家庭的任何人）重提這件事情，擔心這樣做會惡化他們本來就脆弱的關係。何況，她的父親現在有嚴重的心臟毛病，她不想讓他的健康惡化。作為一個備用的選項，可用來談談關於所有這一切的體驗，以及她希望他能夠理解和承認的感

132

受，治療師建議她給父親寫一封信但實際上不寄出。事實證明這樣作非常有效，因爲在書寫的過程中，透過讓這些痛苦的體驗呈現於紙上，她能夠將那些種種都「從她的系統中排出」，並且將他從胸中全然吐盡。

辛西雅也內化了與養母間那些破壞她自尊和自信的互動型態。其中之一是母親對她的過高期望。在辛西雅的成長過程中，她發現一旦自己達不到母親的期望，就會感到母親強烈的不滿。這不僅發生在兒童時期，還延續到成年後。譬如，母親極其希望她能夠成爲一名護士（這顯然是母親自己未實現的願望），但直到辛西雅放棄護士培訓，才曉得母親的失望有多深。因此，辛西雅心中會內化（並仍然帶著）她母親的失望和反對，實不足爲奇。

這一型態在治療會談中得以辨識爲她與母親間的持續互動，並可稱之爲強大的「內在批判」。在很多情形下，這種內在批判（在日常的社交生活中）很容易受到激發。也就是說，她對於他人的期望（無論是想像還是眞實的）變得很敏感，包括她見過的精神科醫師們。譬如有時鼓勵她去嘗試一份兼職工作，以便發展同伴間的友誼關係，卻馬上適得其反，因爲她認爲這是他們的過度期望。的確，高期望越來越盤踞在她的內心，使得她經常期望「理想」的自己，也要求他人「接近完美」。譬如，有位專業人員安慰她「事情會變好的」，就被她當成對權威的承諾，而當這個「承諾」沒有如她所願時，她會體驗到一種背叛感。事實上那段時間她正經歷著婚姻上的困擾，這種「不完美」讓她害怕分手，且會因此而失去女兒。這樣看來，「事情還沒變好」的辨識，在她之中變得特別沉重，同時也讓她的妄想恐懼變得更加鮮活。

辨識出她所期望的形式實爲「敵人」而非「朋友」，這讓辛

133

西雅能夠重新考慮她對他們的承諾。確認「內在批判」是外在的化身，以及這個敵人的化身讓她得以遠離自己的期望，質疑他們對她的影響。在這脈絡中，另外一個有用的區別是「夠好」而不是必須「完美」。譬如，擁有「夠好的婚姻」讓她鬆了一口氣，因為這樣，她不必由於不完美而擔心婚姻失敗。儘管如此，「有毒的期望」仍然是她內心翻攪的一個重要來源，也依然是日後工作的焦點所在。

總結評論

這段治療記錄顯然很有限。雖已描述了不少，但並非所有在治療過程中引入的治療區別都能包含在內。在治療之外由這個家庭自己發起的任何重要改變也未及描述。譬如，他們與先前的鄰居關係本來就很緊張且有問題，後來他們賣掉老房子，搬去新家，這使得整個家庭變得舒服多了。安助和辛西雅主動將星期二晚上定為「夫妻夜」，另一個晚上辛西雅可以外出。全家會一起出去游泳。凡內莎上了幼兒園並開始結交她自己的小夥伴。

雖然已經取得大幅的進展，他們仍期待進一步的治療。辛西雅還在服藥，在很多社交場合中仍感脆弱不堪。安助有時仍難改專橫固執的習性。但雙方都變得更開放，並且願意與對方分享自己的體驗。相對於從前，他們之間不同意的事情得以更容易處理，當他們快要掉入病理型態時，他們也能「讓事情轉個彎」，在較短時間內恢復。然而，最重要的也許是凡內莎，她在這個家庭脈絡中長成為一個相當能言善道、且機敏堅強的小女孩。

四人合作撰寫本章的努力，似乎加強了治療師和這個家庭的治療同盟關係。辛西雅和安助都確信他們已經做出建設性的改變。雖然回想過去的困難時期，會覺得痛苦，然而這才能讓他們更清晰地看到：在治癒性的方向上，他們已走了一段漫漫長路。他們也能更清晰地辨認治療區別對於做出改變而言，已成為他們的利器。這種愈益清晰的治癒性區別也是生活的希望得以與日俱增的來源，也就是說，他們已有能力修通他們之間尚存的問題。

134

　　關於治療的討論，亦即使本章所描述的治療區別得以獲得驗證，對於治療師而言也很有益。這可使治療師清晰地理解這個家庭的動力以及和他們一起進行的治療過程。其結果是：他開始生產出一些新的療癒區別。譬如，辛西雅易於妄想的弱點被她所依賴的「外部權威」所加強，這些權威包括她的丈夫、她的父母、她的精神科醫師們，以及目前的治療師。很明顯，這些都必需讓位給她的「內部權威」，這包括她自身的體驗、權利、喜好，以及她自己的未來。如果她個人的權威得以有一片園地來不斷茁長，也許某一天她能夠發功而致成為本章續篇的第一作者。

註 · 釋

1. 原初作者卡爾·托畝（Karl Tomm）博士是卡加利（Calgary）大學的精神醫學系教授和家庭治療學程的主任。這個家庭的成員希望維持匿名。卡加利大學的家族治療師卡蘿·李斯克（Carol Liske）博士，愛爾伯塔（Alberta）大學婦女研究中心的協調者溫妮·托畝（Winnie Tomm）博士在早期草稿中都給了積極的回饋。

2.家庭成員認為這章中的理論部分「讀起來很吃力」，但又意識到它是給專業讀者來讀的。他們寧願跳過這些而直取「主菜」。其他讀者可能也會有類似的體驗。治療師在此為這一節的抽象用語而致歉。

3.使用「區別者」（'distinguisher'）這個詞可能比「觀察者」（'observer'）更好些，其理由同上。但「區別者」這用詞實在有點累贅。在觀察的概念中，若重新考慮用「區別」（distinguishing）這種活動來協助正在進行中的觀察者，也是挺有用的。

參 · 考 · 文 · 獻

Bateson, G. (1972) *Steps to an Ecology of Mind*. New York: Ballantine.

Maturana, H. (1988) 'Reality: the search for objectivity or the quest for a compelling argument,' *Irish Journal of Psychology*, 9 (1), special issue, 'Radical constructivism, autopoiesis and psychotherapy'.

Maturana, H. and Varela, F. (1980) *Autopoiesis and Cognition: the Realization of the Living*. Boston: Reidel.

135 Tomm, K. (1989) 'Externalizing the problem and internalizing personal agency', *Journal of Strategic and Systemic Therapy*, 8.

Tomm, K. (1990) 'A critique of the DSM', *Dulwich Centre Newsletter* (Adelaide).

Tomm, K. (1991) 'Beginnings of a "HIPs and PIPs" approach to psychiatric assessment', *Calgary Participator*.

White, M. (1988) The externalizing of the problem and the re-authoring of lives and relationships', *Dulwich Centre Newsletter* (Adelaide).

9 歷史（他的故事）變成她的故事：對於性侵後遺症的協作解決導向治療法

History Becomes Her Story: Collaborative Solution-Oriented Therapy of the After-Effects of Sexual Abuse

威廉‧哈德森‧歐涵隆（William Hudson O'Hanlon）

　　由於在這議題上的公開宣揚日漸增多，以及對此治療興趣的
水漲船高，愈來愈多曾在童年時期歷經性侵的人前來尋求幫助。不
過，大部分在文獻中出現或工作坊中教導的方法，都帶有客觀主義
和病理學上的偏見。因此在本章中，我要描述一種另類方法，可作
爲更簡潔的治療方式，但這裡開啓的可能性中，不必然包含舒洩法
（catharsis）或把性侵細節的回憶當作解決後遺症的方法。我把這
種治療取向稱爲「協作解決導向的治療法」（collaborative solution-
oriented therapy, O'Hanlon and Weiner-Davis, 1988）。

　　我提供的這種方式，是認爲治療師在治療中常會不自覺
地影響案主的記憶及觀點，以及很重要的是，他會運用賦權
（empowerment）的導向並以儘快往前移動的方式來影響案主。我
在此的主張是：每個人都不相同，每個人都是例外，所以我們不能
有通則來適用於每一個人。治療性侵後遺症可能會涉及短期或長期
治療，可能涉及再回憶起當時的感覺，或已遺忘和壓抑的記憶，但
也可能不會。這可能包括幫助人把精力放在現在和未來。我所描述

的原則都是我最常搬上檯面來與案主共同使用的協作方式。我代表的是以解決與能力爲導向，而不採取問題及病理學的觀點；也代表在改變的可能性不受封閉之下，承認人的體驗和觀點；治療該關注的焦點在於達成案主的目標；並協商出可解決的問題。這些立場與案主的價值觀、體驗、反應和想法進行交互的治療會談，以此過程來協作建構出我們在治療上的現實以及解決方案。

我所提議的這種治療法，其基本要素在於視衡鑑爲一種介預，可使案主和治療師共同創造治療上可以聚焦的問題（O'Hanlon and Wilk, 1987）。我覺得實際上就是這樣，不管治療師察覺與否，都有義務來關照他所共同創造的問題。不是所有的問題都在平等之中創造出來。有些問題會需要相當長的時間來解決，而有些則可以簡短處理。有些會幫人成爲他自己的問題專家，並能意識到自己具有行事權，有些則會使案主感到失效而沒勇氣面對。

目前對於性侵後遺症的治療取向都認爲：治療師是在發現與揭露案主的童年。這些取向也暗示唯一的方法就是回憶、感覺及表達性侵經歷中被壓抑的情感。

在本章中，我將提供取自一段簡短治療介預的抄本，對象是曾遭受性侵害並一直受苦於其後遺症的一位女性。我還會以一些圖表及註解的方式來提供這個個案工作的一些原則。

以解決爲導向

如果問題有不同的定義，可從案主帶來的原始材料協商而出，那麼，這個問題要靠治療師在治療中所選擇的思維方式和說話方

式，才得以把問題創造成可解決的問題。在此之上，治療師所創建出來的就只是用案主提供的可用資源而使之變爲可以快速解決的問題。

大多數治療師與案主的會談，會把他們目前所遭受的苦難引導到病理學、心理學、神經學或情緒、生化失調的觀點上。過度聚焦於所犯的錯誤，對人會產生消極的效應。人因此而傾向於把自己想成生病了，或已受到傷害。他們往往忘記自己所擁有的資源、優勢和能力。

我的建議是：治療師可以用心與案主會談，來得出解決方案。在治療中，關於人類行爲和經驗方面有許多面向都可以成爲討論的焦點。在這裡我們所關注和引導詢問的要點，必難免會影響到治療的路向以及會引出什麼內容。正因所有成功的治療最終都是要讓人做出不同的事情，或用不同的視角來看事情，從而找出解決之道，是故我建議大家從治療的一開始就更用心地追求這樣的目標。以此觀點而言，我們便假定案主有能力與資源，來追求他們想要的改變。治療師的任務就是要創造出一個讓案主能獲得資源和能力的語境脈絡（context）。這個晤談過程就是爲了引出並強調這些能力而做的設計（de Shazer, 1985）。

當這項工作強調爲解決導向的觀點，我想說的重點在於：我無 138
意減輕或忽視案主的痛與苦，或否定他們對處身於困難中的想法。

確認與可能性

在治療中，重要的是治療師能確認案主的痛苦，以及他們對

於問題的觀點，但必須在認可案主的痛苦之同時，以最佳平衡來開啓改變的可能性。人有時會把他們自己的處境看成很困難或不可能解決。

有一種方式可以達到這樣的平衡，就是要確認案主的感覺、體驗及觀點，但不必表示同意或不同意，然後才能開啓新觀點、新感覺及新體驗的可能性。有個普通的辦法是：讓案主用過去式來陳述困擾他們的感覺和觀點，然後用現在式或未來式來描述新的感受、目標及新觀點。例如：「所以你在做愛之前就一直在害怕。如果你做愛前能感到比較自在時，你想你會對你的伴侶做些、或說些什麼不同的？」[1]

工作的委託及委託者

1989 年在愛爾蘭舉行的國際家族治療研討會中，我聽到一些來自瑞典的人（Mia Andersson, Klas Grevelius, and Ernst Salamon of the AGS Institute）談論他們的工作（作品）。他們討論道：在每個治療個案中，很重要的是找到委託的工作是什麼，以及誰是委託人。我很喜歡這個想法。在英文中，這個字可形成一個很好的一語雙關，亦即，我和我的案主試圖發現及創造的委託（commission）也是一個共同——使命（co-mission）。

治療師一樣也有療程設定（agenda）。有些設定源自於治療師的理論，有些則來自他的價值，有些來自法律、倫理道德、財務上的或是工作機構的關注。由治療師和案主的療程設定中即可知道雙方相互同意的目標何在。如果我們沒有發展出一些連結的、相互認

可的目標，我們很可能遇到像是踢到鐵板般的「抗拒」關係。我會抗拒聆聽案主說的那些事和他們的目標，而他們也不會和我設定的療程合作。

在一些特殊的案例中，可能存有不只一個委託者及一項委託工作。於是，治療師的工作乃是透過委託去發展出一個使命陳述，用以取得一致的關切及支持。

滿意的準則及治療的目標

密爾瓦基簡短家族治療中心（Milwaukee's Brief Family Therapy Center）的史帝夫‧德‧謝澤（Steve de Shazer）有一句非常棒的說法：「我們如何知道我們何時該停止這種會面？」如果治療是要走到成功的結局，那麼，能找出「我們如何知道已經成功了」的想法，就是個好主意。

先前我既然說過：我認為治療師與案主要共同創造出問題，則顯然我不認為有問題就標示了治療的開始。許多人很難開始，且從來沒有進入過治療。治療的起點是有人抱怨一些事情，而有人決定抱怨的事項和治療有關。當然，有時某些不用出現在諮詢室中的人

1　譯註：作者雖說的是「過去式／現在式／未來式」，但這裡舉的例子使用的是「現在完成式」（…have been afraid）與「現在進行式」（you are feeling more…）。當然，這些文法上的時態（tense）在中文裡無法表達。但讀者可以理解作者的用意是把故事說成過去發生，或在現場發生——後者是心理治療特有的一種方法：如臨現場（here and now）。

也會抱怨（在「非自願」個案的治療，例如法院指派的治療，以及父母帶著不認為自己有困難的孩子來治療）。

治療的圓滿結束，就是當抱怨者不再抱怨之時——這可有兩種出現方式：一是當抱怨的事情不再被人視為問題時，另一則是當案主抱怨的事情，其發生頻率已降低到讓案主認為不成問題時。

那麼，一個目標就像是磁極的北方，是可以引導治療師的羅盤。在治療場域之中，有個難點是我們沒能力定義出「可以造就成功治療的條件」是什麼。在協作型的解決導向治療法中，目標應該是從案主眼中所看來的成功，加上與治療師協商出來的主題，以確保目標可以達成。成功的衡量應來自於案主的報告。如果案主信心滿滿地說：他們所抱怨的問題已經不存在，那才代表治療已經成功了。

表 9.1 歸結出此一治療法和傳統模型與方法的許多不同之處。以下就是這個協作取向治療法的案例詳述。

療程簡介

此一療程時段發生在工作坊的第三天，我正在做「以解決為導向的催眠」。這一天是要把催眠和以解決為導向的治療方式，運用在抱怨性侵後遺症的案主身上。

表 9.1 性侵後遺症兩種治療取向的對比

傳統取向的治療法	解決導向的治療法
治療師是專家——擁有關於性侵的特別知識，案主必須屈從（殖民主義／傳教士模型）	案主和治療師各有特別的知識領域（協作模型）
視案主為被性侵所傷害（赤字模型）	案主被性侵經歷所影響，但不是被決定，且仍擁有強度和能力（資源模型）
治療的目標是記起性侵，並能將壓抑的情感用舒洩法表達出來	每個案主的治療目標是獨立的，但不一定要用舒洩法和記憶
闡釋	承認，找出價值，開啟可能性
以過去為導向	以現在／未來為導向
以問題／病理學為導向	以解決為導向
一定是長期的治療	可變的／個體化的治療長度
引發會談來達成領悟，並完成通透（working through）[2]	為能夠交代以及行動而引發會談，不使用責罵和取消效能的言語

【資料來源：本表中的部分材料取自 Durrant and Kowalski（1990）】

　　我提供這則案例，是用來顯示：性侵後遺症的治療方式可以很簡短，且不必然要用到舒洩法和長期的工作。這位女性 S，

2　譯註：通透（working through）原是個精神分析的術語，後來在多種心理治療中都沿用，意指完成有效的治療。

是參加工作坊的一名治療師，在過去幾年，她一直記得在童年時期遭受性侵。她把性行為中抽離（detachment）（即某種解離〔dissociation〕[3]）的經驗連結到她時常在強迫及不滿意之下的性行為，以及連結到虐待經驗（常常包含危險性行為，像是毆打，或是在公開場所和陌生人發生性關係）。後來，她停止了危險的性行為，但仍然在性行為前或性行為中感到害怕和解離。我們兩人都意識到：我們只有這一個時段的療程，可幫助她達到目標。你將會讀到：我們協商出了兩個主要目標。第一是要幫助她在性行為前和性行為中更能在場，且更不害怕。第二，要讓她記得更多的是她最近死於癌症的妹妹。S 這樣揣測：當她忘記性侵時，她也會忘記童年的很多事情，包含她和妹妹相處的快樂時光。因為她妹妹現在死了，這些遺忘的記憶變得更珍貴，而且她想得到幫助，來讓這些回憶再度憶起。

141

我用一向開始的方式，請案主對於自己想要的事情作出開頭的陳述。

> WOH： 所以，我怎樣才能幫助你呢？我要打開一個抱怨的園地。告訴我，讓我可以被你引導到你最近關心的或是埋怨的事情，還有當你已經到達那裡時，你是否知道，你已完成你的目標。〔**我試圖引導到她最近關心的事。其中隱含的訊息是：過去不一定都那麼有關。我也想要得到關於抱怨的最初陳述，這樣我們才可以開始將焦點放在建造出「可解決的問題」和「可達成的目標」**〕。

> S： 我最近最想抱怨的事是，偶爾沒有性慾，然後，我還

是有性行為，但我沒有⋯⋯

WOH： 你沒有完全到達那裡。你沒有進入其中。

S： 我在那時就感到害怕，就在進入之前，然後有時我會像是使力讓自己通過，而其他時候就處在一種麻木狀態。我沒有真的在那兒，但我確實在那裡。而且還持續有嚴重的經痛以及⋯⋯嗯⋯⋯

WOH： 所以，你若到了那裡，你怎會知道？〔S 開始更多的抱怨，我就嘗試經由詢問目標來聚焦。〕

S： 我怎麼知道我是不是到了那兒？這個嘛⋯⋯

WOH： 你何時使力通過，何時放下它，何時讓那得到關照。〔S 猶豫了一下，所以我重述我的要求是目標的陳述。〕

S： 對，把它放下，並且⋯⋯

WOH： OK！比較不算嚴重的經痛—— 這似乎對你而言是有關的，或你不清楚這之間是有關的？〔我並不確定案主的經痛和間歇性缺乏性慾之間有互相關連，還有當她性交時，這和無法享受有關，所以我稍稍挑戰了一下這些和我們正要解決的問題是否有相互關連。〕

S： 就我所知，我猜我只能給你最近五年的一點點背景資料；我不太能記住○至十一歲所發生的事。我的記憶從十一歲開始，是我第一次和一個男孩接吻，然後經過過去五年的催眠治療，我一點一點地回頭閃過些記憶，我六歲時被我十六歲的表哥性侵，這會有意思，

3　譯註：「抽離」是一種白話用語，「解離」則是病理學的術語。意謂對性行為沒有（或不能有）情感投入。

翻轉與重建：心理治療與社會建構

> 因為我正在讀《人物》雜誌上的文章，這文章在討論
> 一個女人，她解離了，就像你所說的，當你讀一本書
> 或正在做某一件事時，我一生行事的全部記憶都回來
> 了，你知道的，性方面的解離，還有其他部分，我可
> 以是個完美的專家、完美女兒角色，但常跑出去並在
> 電梯裡幹陌生人，或類似的事情。你知道的，就是類
> 似這樣的事情。

WOH：　對。OK，所以當你在讀這本雜誌時，你認得出那些
　　　　像是……哇〔S反應出她的一些歷史。我並沒有要求
　　　　**這些歷史，但因為她提供了，我最好包含進來，並且
　　　　承認它。**〕

S：　對。這些可能就是那個女人曾經做過的，我突然被撞
　　　到，而且這剛好讓我發現，也許這裡有一點快感，這
　　　也是為何我可能會忘掉那全部的事實，因為也許是我
　　　自己造成的……

WOH：　你沒法應付的一件事。

S：　好像我整個人生是有點，看起來好像很有淫慾，
　　　而且……我總是把我自己叫做大象人（the elephant
　　　man），[4]因為一方面從外表看我是這樣，但內在的我
　　　總覺得自己是個不同的人，往外張望但不能夠理解太
　　　多……

WOH：　演不出來。

S：　我可以演出真的很完美，而且假裝我是個很會勾引男
　　　人的女人，但我其實是……

WOH：　在裡面。

S： 我要不是沒在那，就是一個害怕的小女生，或是假
　　 裝，或是表演。所以我猜另外一件事就是一些記憶是
　　 否能夠回來。現在我憶起性侵，雖然我從未直面過侵
　　 害者。但我失去了我最小的妹妹，她兩年前死於癌
　　 症，而我好像能帶回某些記憶，只為了有更多……

WOH： 似乎是和她一起長大的某些感覺？

S： 對的。

WOH： 所以也有一些不錯的地方。

S： 那是另一件事，但有一些好記憶也會一起回來。

WOH： OK 好。所以幫我總結一下：你過去治療了五年，或
　　 不論何時透過催眠，你記起了一些東西，一大堆的性
　　 侵，你認為的，或是大部分或是一小部分的記憶，
　　 或……？

S： 這個嘛！實際上我記得我在高中時有個男朋友，有一
　　 次我躺在躺椅上，當我張開眼睛，他跨坐在我身上，
　　 勃起的陰莖就在我眼前，我渾身使勁地大喊大叫，但
　　 他不瞭解。好像是那種同類的反應，像有個女人當面
　　 對著你尖叫〔這就是我稍早之前提到一位協作者的故
　　 事，她曾經對我大叫，但她實際吼叫的對象是別人，
　　 不在房間裡。〕：你是哪裡來的？像是這樣。

WOH： 對的。

S： 然後，時間就這樣過去，突然間，就像一道光閃過，
　　 好像有個人轉身過來，我應該像是坐到他腰部高的地

4　譯註：《大象人》（*The Elephant Man*）是 1982 年播出的一部著名電視影片。

方，我想就是這樣發生，他像似很溫柔地過來對我說「這是我的的雞雞，這是你的」，就像玩遊戲一樣地說：我們來吧？我想，我有一個相當被我媽宰制的童年，所以我要做些她不知道的事，才覺得像是成人，感覺自己年紀比較大一些，這樣。我真的不記得了，你知道的。我很確信是有插入，因為我從未有過嗯……當你……

WOH： 處女膜吧。

S： 對，處女膜或是別的東西。我總是說服自己，事實上我一定是在做體操或其他事的時候，才〔WOH：對，有那麼一點……〕再說一遍，我是不知道，因為，為什麼我沒有經歷過亂紛紛身體經驗，到把我弄哭。還有，我有個念頭一閃，實際上看見了我的父親，那是發生在一個穀倉裡，也許我們應該跑到遠一點的地方（在農場上），到穀倉裡去玩，而我就看見了一個景象，我父親從外頭走過那道門爬上來，也像外面有窗子，穀倉的門上有窗子，然後我們在性交時有些事情發生了，然後我看見了是他。所以好多年來我一直恨他。好長一段時間，我認為他就是那個性侵我的人，但我後來認為，好像只是我編造的，然後一切……

WOH： 是的。

S： ……這些亂紛紛的事情，這些問題。

WOH： 所以對你來說還不完全清楚這些是怎麼發生的，但你對於發生了什麼事是有感覺的。

S： 對的，對的。

WOH：　OK。

　S：　我不知道該怎樣把它完全解決。我願意在我自身當中去解決，不論是要直接去面對他或不要這樣。

WOH：　這裡是有些不一樣的，而你可能會或不會這樣做。我剛好想起一件事，也許對你會有幫助。有時我請案主寫信，並不是真的要把信寄給某人，給哪個表哥或什麼的；要他們寫得像是要寄出去一樣，但其實不寄出去。把整封信寫完。你想說的每一件事，你現在所知道的一切或什麼的。無論是對他們怒吼或道歉，任何你覺得想去做的事，不管是什麼。把它全寫出來，如果你決定要決定寄出，[5] 就把它寄出，如果不要，就把信丟掉，但你總之要留下片語隻字，好讓你真的可以寄出去。

　S：　我確實想到這樣，用比較好的方式來說：「看，你知道嗎，我已經都想通了，但你可以幫我確認嗎？」

WOH：　是啊，「你可不可以只要告訴我發生了什麼事？」

　S：　像是打圈圈叉叉。

WOH：　勾對或錯。就在今天我已經在做了〔笑聲〕。

　S：　不要告訴家人，或用任何事來傷害其他人等等。

WOH：　對，就記著這個，「這發生過嗎？」以及「我記得的是對的嗎？還有什麼別的是我沒記得的？」

　S：　對。

5　譯註：在這段會談紀錄上，有些非常口語的贅字，在譯文中不太容易保留，但這句「如果你決定要決定寄出」裡的用字重複，就比較接近原文的樣子。

以問題為導向的催眠

在此，我要開始做催眠了。以問題為導向的催眠是一場協同合作的冒險。如果你真願讀下去的話，在下文你會讀到的，是一種很寬容、可賦權而非威權主義的催眠法。

這種催眠的目的也和傳統方法不同。在傳統方法中，催眠治療師總會試圖揭露被壓抑的記憶和感覺，也試圖讓當事人釋出或記起性侵。或者，催眠治療師試圖用較正面的信念、肯定和自我對話來抵消在虐待關係被扯進的負面指令和信念。

以問題為導向的催眠法傾向於喚醒的是人的資源、強度和能力，並幫助重新敘說人在其中的處境。這是一個可助人用不一樣的方式來「體驗」處境的方法，而不只是用不一樣的方式來敘說。

改變的多重選擇是本來既存的，何況還有新的區別和連結會被提出來。這個人在所提供的選項中不會選擇全部，但會從這些方法中挑選出合適者。重點不在於讓人釋出及表達情感和觀點，而是要把這些感覺和觀點加以**改變**。

現在我們談到了催眠的迷狂狀態（trancework）。

WOH： 好的，所以你之前早已進入過好多次迷狂狀態了。

S： 對。

WOH： OK 好的，讓你自己也進入催眠迷狂狀態，我會說明一種方式，適合你的，也很安全，是在這特別處境中儘可能最安全的方式。你會去的地方就是你要去的，朝著你的目標、朝向解決去移動，儘可能記住你自己

想記得的東西，越多越好，或只記得一點點也可以，你也許早已記住了你想記的一切，或想做的一切，並且找到一個方式，可在其中創造一個空間，這個空間可以讓你確認自己是誰、你過得如何，這包括你的歷史、你的經驗，你所做過的一切事情，和那些曾經對你動過手腳的一切。可把**那時**留在那時，而在**此刻你**能夠知道那時的一切，知道你所需知道的一切，把你對過往的經驗和學習當作是你的背景，並且真的能讓你置身在這個此刻之中〔**到這裡我一直在承認那些困難處，並且開啟了一個新的可能性，其中一個暗示，既是潛在的（「歷史」「他的故事」）也是外顯的（「把那時留在那時」），亦即將過去放在過去，屬於它原來的地方**〕而且能夠允許你自己……說那是對的〔**案主點點頭**〕……可以感覺到你所感覺的，可將它分別成責怪與接納的兩部分，找到方法來調和，發現一些有意義的方式來連結到你的過去、你的現在、你的未來，並能切斷那些對你毫無意義、毫無用處的部分。有意識地去知道，並把它帶入現在與未來。我們談了一整天，你已經知道你有能力、有技術、有資源和長處，有對應的機制、有處理或不去處理事情的方式，你可以著手重新安排，依照你自己的方式重新調整。而且你的手也許可以開始舉起來〔**在此，我正利用她的困難、解離來作為她的解決方式。為了讓手自動舉起來，你就必須先和它分離。正當那手繼續往上升時，我就會將此連結到她正在做的改變。所以解**

145

243

離導致現在的整合和修復。〕這也許是你在之前催眠中做過的其中一件事，可以讓手升起來，當它升到你的臉部時，你可能就在做你所需做的事情。這也許是用解決的方式來說，也許是從記得的觀點，或記起要把會干擾好記憶的那些事情給忘掉的觀點來說。你可能更想擁有的現在與未來的記憶。當那隻手繼續往上升時，手可以升到你的臉，但手也不必然會這樣，也許升高到你的臉時，手會碰到你的臉，就像是你現在所做的，對你而言這是一個信號，你可以做任何你需要做的事情，在這舉動之內，可以包括你過去有的、現在有的任何情緒或體驗，你必須擁有的、任何你必須知道的東西、你可以知道的任何經驗，而你可以改變你的時間，以你的方式來做你覺得對的事情。你可以想到一些東西、一些事情，讓你知道這些改變已經發生。在那個過程中的時間到了，正如手持續往上舉，舉向你的臉時，你可用適當的方式找到你需要的資源來做正確的解決。在手碰到你的臉之後，當你準備好時，你可以也許是立刻，也許在一兩分鐘、或三分鐘後，當你準備好的時候，張開你的眼睛來看著我，我就會很簡短地跟你談談，從你身上找出任何我需要知道的事情或我需要知道的事情。[6] 現在有任何我必須知道你的事？或者告訴你任何內在需做的事情？或是在催眠中我和你談的事？所以，現在發生的是什麼？

S：我看到幾個小盒子。

WOH：小盒子？

S：　有那時的和現在的，帶有減號和箭頭的，帶著所有受傷害的經驗，留在那兒，然後好像通過現在，而且好像帶有加號，有點像是在盒子周圍交換，然後互相重疊。我因此而了解到我就是我。〔**在她從催眠中醒來後，我請她具體描述她的體驗，她回答說：是，我把那個看作性侵的經驗，和我在過去幾年中所做的不好的性選擇，全都裝在這個小盒子裡。然後我看到我現在的生活，所有好的部分和力量，和對應的機制，就幾乎像是小小的加號那樣的附件，而且未來是好的。但我知道我不能只是讓它分離，那就是為什麼我會把它移動，所以它就像是從頂端蓋下、重疊起來。**〕

WOH：對的，小盒子用一種怪怪的方式對你作了貢獻，讓你知道你是誰，在很多方面來說那不是全好或全壞。OK，好。所以你就閉上你的眼睛，好找到一個方式把這些東西都擺在它們位置，讓它們形成一個平台，你可以站在上面，看到更遠的未來，又可以離開平台走進未來，這樣一來你有個安全的方式，又可以感覺到你腳下很踏實。而我也覺得，當你在催眠的迷狂狀態中，你很可以找到一個方式來為自己做出安排調整，在安全之處為了愉快的部分而做愛，這也是你覺得合適的情境。為了能夠完全進入你的體驗，也可以知道那時發生的就是那時，而其中都有一些縱橫交

146

6　譯註：作者在此很顯然地重複說了兩遍「我需要知道的事情」。

錯；當你成長的時候，那時發生的事情就都有了各種意義。有了你現在的資源和你現在的瞭解，而你正隨著時間在往前邁進，每分鐘、每一天，一月月、一週週、一年年過去了，你來到一種新的瞭解，甚至可以欣賞你自己的歷史。

對我而言有一件事，就是我以前真的非常憂鬱、非常害羞、非常悲慘，而我覺得我對那種痛苦很敏感，這痛苦讓我現在成為一個治療師，對案主的不舒服、痛苦、改變的可能性等等都會很敏感。因為，我以前覺得我是一個很沒希望的案主，但現在我發現過去的我不是一個無望的個案，我在內心深處知道，我會通過並把它解決。在那深層的地方有力量和韌性，連在我看起來很脆弱的地方都有：像是我掌握不住的任何事情，我處理不來的任何事情，和我滿心都是恐懼，但最後所幸我有這種敏感，讓我可以和這種優勢接上頭。而那是一種我可以和過去的體驗和傷害做出調和的方式〔**我在此為她的痛苦體驗提供了一個新的參照架構：那痛苦會導致對他人痛苦的敏感。這和她身為一個治療師有關。**〕

我認為當你在催眠中，如果真的能讓一些東西進入你的內心，這些愉快的東西是從你的童年來的，從生長過程來的，也許和你的妹妹有關，我認為這樣很好。也許只是一個閃念，也許是整套體驗的記憶，也或許只是一點感覺——我還記得我小時和妹妹一起在床上爬上爬下，這床可以折疊起來，很結實很像我們

的堡壘。我其實不太記得它長得怎樣或放在哪裡，只記得它對摺收起來的感覺。而且我認為身體也會記得那些好感——在你跟妹妹連結的方式，和她遺留在你體驗中的感覺，在你對於她的記憶和感覺裡頭。

　　我昨晚看電視，或是前幾天晚上，有人在說我看到我的孫子，我看到他做的一些事情和我的父親很像，即使他從來沒看過我爸，這是令人驚豔的，而且看著這些遺產傳承下來不是很有趣嗎？所以你妹妹雖然不在身邊，她也許正在影響著你所影響的人，你正透過這些感覺也透過她的精神和回憶，而做出這些連結。而你也可以把那些東西帶入現在和未來。在這件事上你還有更多一點選擇。現在，在一分鐘內，我會暗示你的那隻手可以往下放，或者你可以非常故意地把手放下，只要對你是最舒服的就好，正如現在已經放回到你的腿上。對的，你可以開始用比較來把催眠過程中的經驗完成，知道每一個催眠經驗的完成也是其他事情的開始，所以用對你而言對的方式去做。等你已經準備好離開催眠狀態時，就把催眠的東西都留在催眠中。很好，謝謝。

S：　很好，我看見她了，很清楚。

WOH：　很棒，做得好。

S：　一段好的記憶剛剛回來了〔**在催眠中她栩栩如生地體驗到關於妹妹的記憶。**〕

WOH：　那樣很好，OK，好。

　　〔在之後的討論中，S 告訴我，她想要在那時候立刻

247

進入這段療程的原因，是她在一個星期後要結婚了。在她的成年生活裡，她和男人有一串很糟糕、很浮濫的關係，終於要轉入一個好的關係，和一個不會虐待、看起來很健康、很支持她的男人在一起。他曉得她的性侵史，而且對於她的性恐懼和不舒服感都會很體貼地處理。然而，她想要的是這場婚姻的開始，不要被她自己的性侵史和後遺症影響。〕

一個月後 S 寫了一封信給我。

親愛的比爾：

這是一封短箋，讓你知道自從我們的療程之後，我最新的發展。我注意到的第一件事，就是當我和我老公在蜜月的晚上做愛（在研討會後的一個星期內──這是發生在滿屋子家人親戚的婚禮之後，第一次有機會發生性關係），我並沒有解離。我可以在不必退避之中感受到身體上的享受。我也注意到在性行為之前的害怕已經完全煙消霧散，我所有的目標都自動達成了。

雖然我不太記得你在催眠時對我說的話，但我很記得你說過：「我以前很害羞和憂鬱。」我記得我之後想了好幾天：「他以前很害羞？哇！真看不出來。」

我還沒寫信給那位性侵者，但我會寫的。我仍在剛剛結婚的幸福中輕飄飄。

誠摯地、充滿深情的 S 上

　　在九個月後及其二十一個月後的事後追蹤裡，顯示其結果是可以維持的。S 說她體認到：在她身上發生的解決是個連續的過程，但是她回想起在這次療程中，她轉過死角而度過了難關。

　　我們一起工作，爲 S 而共同創造出新的觀點和體驗。她過去的生活在很多方面是由她的歷史、由很久之前虐待她的人所決定的，她（S）過的生活乃是**他**的故事（his story）。我們共同爲她（S）開啓一個機會，來過**她**的故事（her story），將她自己的生活帶回來，並爲未來開啓新的章節。總結見於表 9.2，這個表提供的是一些共創的、以問題解決爲導向的治療原則。

表 9.2　對性侵倖存者「協作、解決導向」的治療方案

找出案主在治療中尋求的是哪些目標，以及她何時會知道治療的成功。

確定要盡你所能去瞭解性侵是否還存在於目前狀況中。如果是的話，採取一切必要步驟，讓它停止。

不假定案主必需回到過去才能通透過去的創傷記憶。記住，每個人都是個例外。

利用案主發展出來的自然能力，來對付性侵（例如，對解離經驗已經很熟悉）。把過去的債務轉變成一種資產。

尋找資源和優勢。專注地強調他們是如何通過性侵經驗，以及他們從那時起，怎麼樣來應對、存活和茁長。從他們的過去或現在中尋找有營養且健康的關係和榜樣。找出目前在其他領域中所擁有的技能。

驗證和支持案主每一部分的體驗。

保持專注於治療的目標，而不是在殘酷的細節中迷失。

不要對人傳達「破損之物」的訊息，或說他們的未來已被過去的性侵所決定。

參·考·文·獻

de Shazer, Steve (1985) *Keys to Solution in Brief Therapy*. New York: Norton.

Durrant, M. and Kowalski, K. (1990) 'Overcoming the effects of sexual abuse; developing a self-perception of competence', in Michael Durrant and Cheryl White (eds), *Ideas for Therapy with Sexual Abuse*. Adelaide: Dulwich Centre Publications.

O'Hanlon, Bill and Wilk, James (1987) *Shifting Contexts: the Generation of Effective Psychotherapy*. NewYork: Guilford Press.

O'Hanlon, William H. and Weiner-Davis, Michele (1988) *In Search of Solutions: a New Direction in Psychotherapy*. New York: Norton.

10 自我的敘說：在邊緣次文化之中的影像生產

Narrations of the Self: Video Production in a Marginalized Subculture

安尼拔·科埃洛·德·阿莫林（Annibal Coelho de Amorim）、
法蒂瑪·貢薩爾維斯·卡瓦爾坎特（Fatima Gonçalves Cavalcante）

城市的心臟地帶不能在週日開放，不能看到這個有罪不罰現 149
象。孩子們，男男女女，嬉戲玩樂，面帶微笑，在邊緣的節慶
中彼此相愛。

路易斯·岡薩加（Luiz Gonzaga），
《邊緣之心》（*Marginal Hearts*）

　　我們嘗試運用社會建構技術來治療年幼時即已失能的成年人，
[1] 幫助他們在社會上重建自己的生活。更具體地講，我們與失能者
的團體一起工作、生產一個以木偶劇形式來敘述自己的生活。運用
影像呈現（videotaping）的方式，捕捉被迫在社會邊緣次文化中的

1　譯註：disabled 在本文中譯為「失能」，但在某些脈絡中（例如引述官方說法）則譯
　　為「殘障」。有時會合併譯為「殘障失能者」。此詞在文中常會加上「發展上的」
　　（developmentally），意指「幼年以來的」，在語意重複時多予以刪除。

生活片段，揭示殘障失能者目前所處的社會建構。在本章中，我們要考量的是自我敘事所蘊含的意義，及其如何可把我們帶領到心理健康和心理復健領域的一種應用教育設計。由於受到許多敦促，我們深入找尋一種技術，可用來實現有關失能問題的社會變革，嘗試將建構論的敘事與木偶戲結合在一起，看看其潛在的效應如何，而其主要的試行之處在於治療性的社群（therapeutic community），以及如何用社群來進行治療。

　　為了安排出這樣的脈絡，我們首先考慮了偶戲與藝術治療，以及文化中的遊戲元素（play element），再加上現代心理學中的社會建構論治療法（social constructionist therapy）。首先要描述的是1989 年六月到 1990 年五月之間，在一個為美國東部失能者提供服務的專門組織中，演出一齣戲，名為《沃爾特・A・霉斯的故事》（*The Story of Walter A. Mess*），副標題是「由你決定！」（It's Up to You）。我們在此的工作是一種「自我敘事」的方式。所敘說的故事是他們遭到烙印的個人際遇，而這樣的烙印是由於我們的社會把失能的迷思建構起來，且讓它變得根深柢固。

150
第一幕　打燈……場景設置

第 1 景——偶戲（puppetry）簡介

　　戲劇總是非常令人興奮（因為）個人心理現實和實際對象相互體驗的控制作用是極不穩定的。

　　　　　　　　　約瑟夫・弗里德曼（Joseph Friedman），

《看護，戲劇和家庭治療》

（*Therapeia, Play and the Therapeutic Household*）

　　很多人都知道偶戲有多迷人。他們的滑稽動作以具有傳染性
的方式傳送到所有敢於參與其中的每一個人。台後的工作人員與台
前的觀眾，他們的興奮是一樣的，情感的流動從偶戲開場時就已出
現。這結果往往會如同催眠般，神奇地把我們帶進偶伶（puppets）
的棲息地：一個永無止境的故事世界。偶戲技藝廣泛地流行於世界
上的每個角落，自古以來各地方最關鍵的文化觀念和社會價值就
已經透過偶伶來呈現；不論它們起源於何處（宗教，神話，娛樂
等），偶戲已成爲人類社會一代又一代人共同的傳統。

　　製作和操縱偶伶的藝術傳承了不同的文化形式（例如，中國
的皮影戲，爪哇皮影戲〔wayangs〕，[2] 日本人偶〔gidaym〕，[3] 波
斯皮影戲〔sehah selim〕，[4] 土耳其皮影戲〔karagoes〕，巴西傀儡
戲〔mamulengo〕和義大利傀儡戲〔Burattini〕）。偶伶藉由文化
差異而賦予種種生命，如使用線的操縱（木偶）（marionettcs），
用手操縱（指和掌），或通過光的投影（皮影戲），或由桿的操作
（棒偶伶）（rod puppets）或更複雜的技術，如電子動畫等等。偶
戲的魔力也使得某些偶伶成爲不朽的角色，如法國的 Punchinello
和 Guignol，英國的 Punch，俄羅斯的 Petrushka，斯里蘭卡的

2　譯註：原文把爪哇誤植爲「日本」。

3　譯註：日本人偶在日文寫作「人形」，讀音爲 Ningyō，原文中的 gidaym 不似日文拼
　　音，不知所指爲何。

4　譯註：波斯（伊朗）的傀儡戲應稱爲 Shah Salim Bazi，原文誤植。

Raguin，巴西的 João Redondo。甚至偶戲角色本身成為自己國家的民族英雄：[5] 中國的史艷文（Yen-Sze），[6] 法國的 Pierre Datelin 或 Brioche，和巴西的 the poetic Cheiroso。從古希臘劇場到近期的電視節目，偶伶角色曾經取悅了哲學家（蘇格拉底和荷馬），作家和詩人（歌德，盧梭，近松門左衛門〔Shikamatsu Monzamon〕），國王（西班牙查理五世）和普通百姓（如在巴西的伯南布哥〔Pernambuco〕都跟隨著 João Redondo 的人）。

　　1935 年班德與渥特曼（Bender and Woltman）開始將木偶的使用帶進心理治療。他們在紐約市貝理浮醫院（Bellevue Hospital, New York）的精神科兒童病房中展開此開創性的工作，由此而使得偶戲的藝術及其永遠不朽的精神得到證明，即其在目前的治療實踐中（無論對團體或個人）都具有相當的價值，並且是可廣泛使用的工具之一（Bernier, 1983）。

151　　我們的工作不僅拓展了這種治療技法，也從藝術治療中抽取出三方面的問題來細作考量。

偶伶作為表演者和觀眾之間的中介　我們通常會發現，失能人士在社會中需要其表現時，他們永遠心存失敗的恐懼。北美社會將鋪張的表演上放了一個很高的價值，並為其成就設下了不切實際的高標，使那些不能符合此標準的人一直在擔驚受怕。根據我們的經驗，偶伶在某程度上可以調和，從而緩解了面對失敗的社會壓力。如同詹肯斯與貝克（Jenkins and Beck, 1942）所說：「如果木偶真的搞錯了，則該受譴責或處罰的是木偶，而不是人。」或以佛洛伊德學派的觀點來說：木偶可以代表自我理想（ego ideal），且可能象徵地「修復」或「治癒」一個「身心障礙」的身體（同上）。木

偶也是這些背後操作者在社會交流中所戴的面具，「使他們因爲能掌握而感覺到自我的擴張。」（Lyle and Holly, 1941）。

偶戲是一種三維藝術的表演平台　根據渥特曼（Woltman, 1972）的說法，這三維的性質在幻想的脈絡內「賦予了木偶更加寫實的效果」，而這寫實和幻想的組合則更容易將個人帶入偶戲人物的情境中（Woltman, 1951）。寇爾斯（Kors）將偶戲視爲一個「微縮的心理劇（psychodrama）形式」（Kors, 1963, 1964），藉由木偶操作，參與者可透露他們的內在衝突，但同時又使自己維持在隱形之中。偶戲舞台上演的生活變成眞實心理劇的延伸，其所面對者就是失能人士的日常社會。我們有這樣的信念，就是生活缺陷的種種傳說可經由利用這些中介的「第三客體」來「上演」。

寇爾斯把木偶運用於治療，有三個中心概念：（1）「演你的戲，讓自己所處的世界本質得以讓我明瞭；」（2）「讓我們一起談談你的表演，使你自己生活的世界讓你更瞭解；」（3）「讓我們嘗試找出，爲什麼在我們共同建構的社會世界裡，你的世界會是如此不同；生活在共同的世界中，對你似乎是不可能的」（Kors, 1963）。這個理論框架是我們所有的工作的核心，我們相信這對於有效的治療介預來說，有其重要的含意。根據表演治療的應用

5　譯註：以下提到的偶倫角色，除了第一例譯爲中文，讓讀者有以揣摩之外，其他各國的偶倫角色因爲都沒有現成的譯名，只譯出發音實未必有助於閱讀，故皆保留原文，不予翻譯。

6　譯註：原文中的 Yen-Sze 不知所指（查無所得），本文中姑且譯爲眾所周知的「史豔文」。

（Axline, 1947），我們可以說，通過表演，個人可以「講出」關於「有殘障在身」的困難之處，並可藉此來探討在社會鬥爭中有多大庫存的應對機制。根據我們的觀察，通過表演，「新的理解會興起」，而其結果是使現實的輪廓發生變化。這種理解的發展關鍵是在於演出者之間，在演出者和他們演出的角色之間，及演出者和整場戲之間建立了關係。透過《沃爾特・Ａ・霉廓的故事》，[7] 有可能創造一個好玩的空間，其中「失能者」不再只是被動「接受他人服務」的人，而毋寧是主動的「自我提供者」，通過新的自我敘說來重塑自己新的角色。

講故事的過程　故事可以用其本身的形式面向，或其內容和社會心理觀點來設想。我們的偶戲中發展的敘事方式，清楚地表明表演者是在為他們本身的世界「畫出地圖來」。選中某個角色來代表不同程度的主動性與被動性，由此反映出敘事者在「受人監督」以及「成為獨立個人」之間的日常鬥爭；這是在發展上失能的成年人與他們所遭遇的社區安置（community placement）隱性結構規範之間的鬥爭。對這故事作進一步解讀，是上演著木偶操作者與社區之間正在發生的衝突。我們的繼續觀察也發覺：這些人的敘事演變，是以他們在環境中衍生的體驗以及在其中發展的技能而作的翻滾，也就是說：故事作者所選擇的主題是一個失能者在面對社區之外的生活時所產生的問題。也有人認為講故事這群人的故事線（story-line），比較有益的是把重點放在近期的真實群體經驗，尤其是感到困擾的人（例如，參見 Bagel in Robbins and Sibley, 1976）。我們並不只試圖將注意力集中在特定族群的問題上，不過我們相信貝果（Bagel）的做法可用來解決特定族群的內部衝突，以及任何顯現

出「到底有沒有失能」的衝突之處。

第 2 景——燈打在遊戲扮演上[8]

> 在神話和儀式中，文明生活的偉大本能力量是其來有自：法律
> 和秩序，商貿和利潤，工藝和藝術，詩歌，智慧和科學。一切
> 都植根於戲（劇）的原始土壤。[9]
>
> 　　J・暉曾迦（J. Huizinga），《遊戲人》（*Homo Ludens*）

「遊戲元素」（'play element'）在我們工作中的重要性，可以歸因於暉曾迦的重要研究，《遊戲人：一個文化元素的研究》（Huizinga, 1945）。他引用了柏拉圖的描述：「扮演是在日常生活必需性與嚴重性之外／之上實現自身的方式。」正如暉曾迦這樣說：「戲的扮演本身就是一個顯著的功能，只要其中有任何事情『正在上演』，它就會超越了生活的立即需要。」重點在於，他認為，「戲演是什麼，那就在戲本身以及它對於演戲者的意義所在。」他試圖找出其他範疇，在演戲中可以相當於「好玩」

153

7　譯註：這個故事主角的名字「沃爾特・A・霉廝」（Walter A. Mess）和英語「真是一團糟」（What a mess）諧音。這個解釋在下文很遲才出現。

8　譯註：這個場景標題，原文是 Lights on Play，把 Play 譯為「遊戲扮演」一方面是語意的可能，一方面則是文本內容所指如此。

9　譯註：再談一下 play——這裡所說的「戲」（play）可以指（玩）遊戲，也可以指戲劇。按：暉曾迦（Huizinga）這本名著的書名是《遊戲人》（*Homo Ludens*）——會玩耍的人，也是會演戲的人。此字可作名詞與動詞，故譯文中還會根據上下文的語境另譯為「戲」、「戲演」。見下文。

（fun）。暉曾迦指的是荷蘭文 *aardigkeit*（其字根是 *aard*，意爲「藝術」），來作爲最接近於這個英文單字的同義詞。而德文的戲演好玩，其單字是 *wesen*，給我們帶來了「本質」（'essence'）或「存在」（'being'）的狀態，也就是說：好玩的元素是存在於「自然的」性質中。按照暉曾迦的意思，我們相信：在戲演的元素中寓有某種隱蔽的意義，某些神奇或激動的經歷，圍繞在該戲劇演出本身的具體性四周。我們用「儀式」（rite，來自希臘文 *dromenon*），來指「某些事的演出。」正如暉曾迦的說明：「儀式是一種能幫助人擺脫困境的演出，用一段演出來保證幸福世界的到來。」他指出，在原始社會的儀式戲演，總是說明著演出是代表著「牢不可破的統一」，介於神聖、渴切與「信以爲眞」或「好玩」之間。

在我們的工作中，演出所代表的是一個通過儀式，是一種自發性且不可或缺的儀式；失能者通過這種儀式試圖超越他們目前被社會邊緣化的狀態。這樣一來，暉曾迦所定義的好玩元素「與現實（俱在）」，也重新定義了失能在社會期望中的整體圖像。

暉曾迦從文化觀點的描述，捕捉到戲演所具有的創意另類選擇，使之能超越日常生活的嚴肅性而另抽取出意義，在此之際，我們將用其他的理論方法來加以闡明。許多理論家，如皮亞傑（Piaget）、昂西·沃倫（Henri Wallon）、溫尼考特（Winnicott），以及丹尼爾·史登（Daniel Stern）等人，都非常重視嬰幼兒生活早期階段的肌動覺扮演經驗。史登（Daniel Stern, 1985）曾研究幼兒的經驗，譬如識別人的外形（面部，聲音，乳房），並指出「有某種特殊性附著於人對他人與自我的視覺上。」我們相信，這種「特殊性」在社會領域中扮演著我們日日慣見的「關聯性」作用之核心角色。透過這個無處不在的過程，我們才能

夠進行建構以及接受社會建構。就我們的工作目的來說，最特別的
興趣在於史登（Stern, 1985）所提的問題：「我們的建構如何及何
時能關聯到人類的主體性，讓自我和他人得以浮現。」把史登的
「某種特殊性」加入暉曾迦的「遊戲元素」來作闡述的話，我們可
以定義偶戲的演出，和我們在生活中常見的活動具有一種性質上的
相異。我們所從事的整個製作過程，即是表達「某種特殊性」的事
件，在其中「遊戲元素」是支配性的元素。而「戲演」乃是一群人 154
以此來對其生活進行社會建構的方式。作為演出者，我們並不在
「存在」（'being'）與「戲演」（'playing'）之間作出區分；實際
上是藉由扮演，我們才能認出社會環境中的「臉孔」和「聲音」。
因此，正是透過操弄社會生活之中的遊戲元素，人才得以弄清楚建
構論在他們的生命中所佔的核心地位。

　　從理論走入實踐，我們利用了遊戲元素之中的秩序、緊張、
運動、節奏，以及斷裂等等特色，以幫助偶戲參與者使用不同的角
色，而非社會期待的「遭受遲滯」（'being retarded'）角色，來發
揮其功能。在戲演的框架中，整個群體運用了社會意想不到的「複
雜事件製作群」角色，那正是偶戲本身。在戲演之中，參與者加入
了比他們平常生活在世間更為強大、更為積極的角色。是哪種文化
舞台使沃爾特（Walter）一劇冒了出來？幾十年以來，失能者所能
「玩」的，僅只是體制化的「遊戲」（'games'），[10]一直在一個「沒
人看也沒人管」的情境中，因為社會把他們的行為界定成不可接
受。體制中沒有提供各式各樣的社會接觸，因而許多人生活的社會

10　譯註：另一個常譯為「遊戲」的字眼是 game。此詞和 play 的差別在於它通常是指有
　　規則、有好壞、有輸贏的遊戲，譬如下棋、球賽，以及本文中的演戲。

就變得如此貧乏。利用去體制化的運動，這群人讓新秩序給「玩」了出來。我們親眼見證了賦權（empowerment）和自決的新遊戲，如同自我標榜的活動，給人帶來積極社會交往的真正可能性。

就在這種背景下，我們構想出了演偶戲的主意。在偶戲製作的不同方面，我們看出這是一種自我發現、自我表達和自我解決的遊戲，而最終，會有機會把當前的失能建構予以解構，並重新結構成更新且更有力的身分。既然是在一個高度結構化的教育計劃中，需為參與者訂定明確的行為目標，於是我們覺得非常重要的是讓偶戲演出顯得很特別、很體制外，且必須建構在日常必需性以及嚴肅性之上。我們希望鼓勵的一種演出，一種遊戲，其目的是為了「創造者」（偶戲演員和製作群）便於以創意而重構出一種現實，也就是透過「創造者」和他們的「受造之物」（偶伶，或自我投射的角色）二者之間的互動。我們觀察到其中一個過程的某些面向中，參與者的敘事幫助自己看到自己對於世間生活所選擇的範圍；我們也看到這些敘事就像一面反映出自我概念的鏡子，並幫助他們「確認自己對他人和對自己的關係」（Gergen and Gergen, 1988）。

155　第 3 景——社會建構論者的登場

藝術變成一種載具，生活的現實經由此而生成。以一個顯著的意義而言，我們是靠著自己的故事來過活——無論是在說自己，或在做自己皆然。

肯尼斯和瑪莉，格根夫婦（Kenneth and Mary Gergen），〈敘事與自我之為關係〉（Narrative and the self as relationship）

在檢視過文化的遊戲元素和其中爲邊緣性次文化價值而出現的「美學體驗」之後，我們現在談談第三種理論取徑——社會建構論。這種取向激發了心理學的演進，其中強調的是人對於世界的建構，以及這些建構對於行動的影響。在我們的工作中特別令我們關注的是，社會的大部分（包括心理健康專業人員）利用了「致殘語」（disabling language）來處理一些不尋常或不合於規範的行爲型態。另外值得關注的是，這些信念已經納入了活在這種建構內的人生中。

在心理健康領域內，大多數的診斷範疇都暗示著「隱性階級」（Gergen, 1990），其效應是把人化約在此階級地位及標籤之中。根據格根的概述，這些標籤的作用在於「建立所描述者的本質特徵」，並透過此描述來理解活在這世界中的這個人。我們深切地關注這些負面詞彙所增殖的廣泛效應及其對於問題本身的維護。審視一下傑夫·伍德亞（Jeff Woodyard, 1980）的說法：「制度化的隔離在我們的社會中發生，乃是許多迷思產生後的結果。」顯然的是，把發展上的失能者看成「危險」、「有病」、「社會負擔」、「危害」和「性失控」的一群人，一直以來就是把這群人隔離、孤立的重要原因。在這過程中，我們所關注的就是失能者本身與這些施加在他們身上的「致殘語言」和「貶抑效應」如何進行互動，而這就是我們認爲需要識別和加以介預的要點所在。

不同的理論家對於心理健康專業人員中何以盛行這種失能語言（deficiency language），提出了不同的解釋。湯瑪斯·薩茲（Thomas Szasz, 1961, 1963）論道：心理疾病的觀念主要是來自「社會迷思」，並作爲社會控制的一種手段。伊絲朵拉·布里克斯坦（Izidora Blikstein, 1983）已證實了某些對現實社會建構產生

影響的語言，她指出「語義或同位格通道」（'semantic or isotopic corridors'）包含著意識形態的設想，其中也包括一些負面價值。伯格與盧克曼（Berger and Luckmann, 1967）用參照架構來描述一個僵化的過程，被標籤所貼到的失能者會致使這些人不被當人看，而只是一個個物品。高夫曼（Erving Goffman, 1963）則展現了：在這種物化過程之下，個人的身分消失，隨之而來的乃是一種「降格儀式」（'rituals of degradation'），把人導入「體制化的生涯」（'institutional careers'）。有些作者，例如杜阿特（Duarte, 1986），曾從民族誌的角度來研究社會身分的建構，其法是取一些接受巴西公共福利制度所協助的都市工人，來分析其心理論述。其他也有從社會心理學的角度展開的研究工作，像格根（Gergen, 1990）調查的「心理語言之影響後果」及其「在大文化脈絡中的增殖效應」。

　　在我們的研究工作中使用了社會建構論的視角，鼓舞了一些被貼上「發展障礙者」標籤的人，讓他們以個人敘事來重構自己，也重新作了社會審視，發現這些誤解和迷思觀念導致他們的隔離。我們特別強調了伯格與盧克曼（Berger and Luckmann, 1967）的觀點：「每一個社會角色都承載著一個由社會定義的知識附件。」當我們把一個失能者的角色視為「知識附件」時，我們就發現，重建的敘事可以允許「發展障礙」的人來揭露有關失能的迷思，也發現這些迷思仍在影響著他們。我們看到，透過自我敘事的過程，從個人所選擇的「自我相關事件」經歷中可能精確指出，其起源是來自於社會建構的迷思。更且，由於自我敘事正是「社會建構之持續改造」（Gergen and Gergen, 1988），由此可以預料，其講述的過程將會提供機會，來讓他們重建出一個健康的身分。我們聆聽被標籤為「發展障礙」的人，講講他

們如何對過去經驗進行社會重構的話。跟隨著他們，我們看到那些內化的「迷思概念」如何導致他們的社會排斥。和他們在一起，我們也可能會體驗到這些有限的自我概念如何獲得基進的重新解讀。每個人都生長在他們自己定義為個體的情境中，而不是能夠提取其能力而「失能」。這個觀察的過程提供了個人強大的新見解和工具，看見自己是誰，以及看見沒有人是失能的。

第二幕　攝影機開拍……敍事的展開

> 聲音放低，淑女！你沒看見我正忙著嗎？
>
> 《沃爾特‧A‧霉廁的故事：由你決定！》
>
> （*The Story of Walter A. Mess: It's Up to You!*）

　　雖然在復健和心理健康的領域內不少工作都已做了，提供各種各樣的技術來協助失能者，但在社區環境中對這些人使用自我敍事的影像技術，仍屬創新而有效的治療設計。目前這兩組「殘障人士」在一起製作和表演偶戲，已經進行了十一個月。這一群人分工成為兩個小組（一組負責寫劇本，另一組製作佈景），每週碰面一次，約兩個小時。大多數的腳本場景都是由前一組作腦力激盪，後來才組織成一個最終的故事線。其中有一個故事，是一位接受機構安置服務的人所想出來的「原始」題材：「年輕的失能者在社區為基礎的方案中，應付著亂糟糟的情況」。這腳本標題為「沃爾特‧A‧霉廁」（Walter A. Mess）的故事，（和英語「真是一團糟！」

157

〔‘What a mess!’〕一語發音近似），這是在文化中普遍使用的一語雙關表達法。說得更普通點，這是主角自己在「好天使」和「壞天使」（即「墮落天使」）帶來的意見衝動之間的鬥爭。錄影演出的決定來自兩個不同的因素。首先，小組對現場演出感到害怕，因為他們可能把事情「搞砸」（弄糟），而且認為經過編輯的錄影，可以一直製作到自己滿意為止，如此將可免除任何的羞恥感。我們也認為此錄影正代表了體驗過「失能」的人，可以免除社會曝光時所產生的壓力。其次，我們相信該錄影策略是適當的，可與應用在我們工作中的藝術治療技術互補。現在就讓我們來看看這場偶戲的一些摘錄，是由參與者所寫的和演出的。

> **好天使**：起床了，沃爾特（Walt）。上班時間到了。
>
> **沃爾特**：喔，我今天覺得不想上班。我想我是病了。我病得太重沒法去上班。
>
> **好天使**：沃爾特，如果你覺得不太能去上班，你應該打電話給你的老闆。那才是負責任的做法。
>
> **壞天使**：哦，沃爾特……在溫暖的被窩裡感覺真好。你不必去上班。你甚至不用打電話給你的老闆。他會明白的，沃爾特。何況，他會讀出你的心事。

劇本由三幕組成，沃爾特在其中「搞砸了」他和室友、同事、女友和上司的關係。第一幕，在墮落天使的影響下，他決定不去工作，以致被炒魷魚。以上的摘錄反映了一些必須面對的潛規則，即失能者在社會監督下的生活，正如被安置在「必需性及嚴重性」（工作，守時，老闆）的日常處境中。

老　闆：沃爾特，接電話！　　　　　　　　　　　　　　　

158

沃爾特：啊，你好，是誰啊？

老　闆：哦，放我一馬吧，霉廝先生（Mr. Mess）。你很清楚
　　　　我是誰。你在搞甚麼鬼？

沃爾特：我很抱歉，但是我……啊……

壞天使：病了，病了。說你生病了！

老　闆：哦，算了吧，沃爾特。我聽過太多理由了。你知道規
　　　　矩的。你可以認定自己已經失業了。

沃爾特：但是……但是……唉，好吧，我想我剛被炒魷魚了。

對沃爾特來說，生活是不容易的，而好的壞的天使一直在他的
兩邊拉扯。好天使在一邊勸他要端正自己的生活，而另一邊壞天使
則慫恿他「把這一切都擱著」，不必擔心後果。莉姿（Liz）（主
筆）指出，事實上，天使所代表的是「人在做決定時所面對的困
難。做出選擇是一件難事。」沃爾特在這種語境中，就是化身為活
仕艱難環境中的失能人士。

好天使：沃爾特，你有什麼打算？你的音樂已經吵了一天一
　　　　夜。你今天早上才被開除的呀。

壞天使：呵呵，沃爾特，這是多麼的有趣。夜晚才剛開始。沒
　　　　什麼好擔心的。你的鄰居也在欣賞這些有品味的音
　　　　樂。你更不必再擔心要早起去上班。你現在是個自由
　　　　人。

好天使：沃爾特，現在是凌晨兩點整。已經搞得夠久了。你真

的需要打點一下。你該上床睡覺，並想想要怎麼把這
件事告訴多麗（Dori）。

壞天使：打電話給多麗？真是個妙主意！現在打電話給她正是
最完美的時間。她坐在電話旁等著你的電話呢。這是
電話，沃爾特。撥吧，撥出去！

沃爾特守護天使的好／壞特質，可以說明失能者在接觸當前的
心理健康論述時，不得不面對自卑感和優越感的階序結構。另一方
面，從體制的角度來看，這些特質很可能是代表「好」與「壞」的
價值觀，維持在每一個人的獨立經驗中。發展上失能的人處於受監
督的計畫中，必須平衡自己的需要和社會的期待。這些期待在此代
表了結構、任務和規則，這就構成了他們居住計畫中的規範文化。
通過好／壞天使的變形自我來表達自己，並允許參與者自由地探索
決策的選項和行動的原則，而不用擔心其後果，或需要附和社會的
期望。通過這種方式，他們一步一步走向重新擁有自己、啟動自己
失能的部分。他們看到：這個「好的」（適應）部分和「壞的」
（不適應）部分並不是他們身分的本質，而是為了他們的成長和學
習而選擇的一種製造／改造自己的方式。換句話說，參與者開始體
驗這種動態的辯證法，作為他們生活中不可避免的張力。不過他們
會在平衡這種緊張之中發展出舒適感，這樣他們便可以更客觀地辨
認自己的身分。

沃爾特：多麗，接電話呀。我是沃爾特‧A‧霉廝（Walt A.
Mess）。這是一個超級緊急的狀況。是生和死的問
題。接電話吧，多麗，快點。

多　　麗：沃爾特，你最近有看你的時鐘嗎？現在是凌晨兩點
　　　　　耶！如果你還不死的話，我會親手殺了你。

沃爾特：多麗！啊，多麗，我只是想讓你知道，我今天早上被
　　　　　開除了。

多　　麗：沃爾特，你不能讓我明天早上才知道嗎？你就一定要
　　　　　等到半夜才打電話給我？我這一天已經夠辛苦了，我
　　　　　要睡覺。早上再和你談這件事。明天上午九點我會到
　　　　　你家門口，你要在喔！

　　在此介紹的多麗，其性格就像劇中末段的邁克（Mike），是特別有意思的。值得注意的是，生活在嚴格監管下的人，在他們選擇劇中人物時，除了會在往後出現的老闆之外，還為自己的生活加上第二個主管。寫出這些角色，也表演出來，表示參與者相當認同這些角色——他們通常就在控制和形塑他們日常生活的情況。在戲劇的框架中，參與者透過扮演這些角色而表明了對於他者的認識，也促進了他們的自信，從而可以有效地管控自己的生活。

　　通過短時間讓現實暫停，偶戲幫助參與者表演出先前未曾表達的幻想：即失敗或「一團糟」的可能性，但沒有尖銳批評及社會判斷的態度。從開始進入幕後以來，這些偶伶操作者就已經從通常的「失能」感知，和困住他們生活的「失能狀態」中解脫出來。同時，他們能夠通過偶伶角色而體驗到「好」和「壞」的特質，而不必擔心日常「統治者」的「理想期待」。實際上，「偶戲會議」——參與者給該劇的研發和製作所取的名稱——這個安全的地方，是逃避來自社會期待而產生的嚴重不足感之處。況且，同樣重要的是，這些人都不僅僅是參與者：透過他們的想像力和雙手，

讓木偶活靈活現，並以自己想要的方式來進行統治。他們既是「詩人」也與他們自我投射的「詩」共存。他們就是像神那般「以他自己的形象」來創造人，他們所創造的生活，是他們不得不面對的「缺陷」和日常需要關注的「壞」行為。

打從一開始，我們就非常清楚群組的目標何在。我們並不嘗試通常應用於復健領域的那種方式——迎合產能進度、品質型態，或任何「標準」。我們所要處理的顯然是個表達性的活動，並且也決定產品的生產並不如過程本身那麼重要。事實證明這是具有療效的，因為這種步步為營的方法論，可幫助參與者討論和應付他們所面臨的問題。一個靈活的生產時程表允許有這樣的討論。計畫中的各個階段是通過集體決策的過程而設計出來。每個人都盡己所能來達成戲劇生產的目標。作為生活學習的經驗，一個枝微末節，譬如要修理佈景中的一根桌腳，也可以使一些從事者變得十分顯要。在工作過程中有個重要突破的例子，我們回想起某一個奇異的時刻：編劇莉姿曾經對於如何結束這條故事線而掙扎，最後決定將這問題以幾個不同的方案來進行投票表決。結果該組想出了三種不同結局的選項：（1）沃爾特的生活沒甚麼改變（他仍然是一團糟）；（2）時間到了，他會把自己的生命理順；（3）留下一個問號。根據該小組的想法，在每一次演出時，以上選項中的哪一項可成為該劇的結尾——「這應該交給」觀眾來決定。後來談起此事，莉姿為這些選擇加上了她的理由：

> 我們從來不知道生活中會發生什麼事，這也就是為什麼在劇終時可留下一個問號的原因。另一方面，每個人都有權決定是否要理順自己的生命。如果沃爾特的決定是「一團糟」，這也完

全取決於他，但也有可能看到某些事情在我們周遭發生改變。然後，重要的是，時間到了，也可以選擇把生活理順。

　　值得注意的是，投票的過程標誌出小組的一個轉捩點。從這點開始，治療團隊對於寫劇本和製作佈景的人員影響變小。當莉姿表示她想要如何解決結尾的大僵局之後，莉姿的領導就得到充分的授權，這不僅把治療團隊排開，也表現出民主和「冒險」的決定，好讓此決定「就在自己的世界中。」我們認為，他們的多數決是行使一種妥協的方式，可以比作有療效的「共識點」，有某些群體在此自我識別的過程中，才了解到本身是由個體組成的一個集體。

　　通過採用非指導法（non-directive method）（譬如涉及「好／壞」天使的那些台詞），工作人員幫助劇本組去思考：在不同的故事情況下將會發生如何的演變。這在構築戲中的沃爾特該如何表演方面，是非常重要的，尤其是在劇本寫作的任務上，而有助之處在於如何把想像的場景帶入「真實」的生活經驗中。要做到這一點，工作人員詢問了每個人，該如何解決類似於主要角色的那些問題。把現實考驗（reality testing）和想像力結合起來，證明是有效的。在開發偶戲的脈絡中，這些受到高度督導和協助的個人，都能夠使用他們的自我敍事為基礎，來為他們所創造的角色進行獨立決策。那也是取得控制權的手段。通過創造和提供娛樂給他人，他們也改變了日常的「接受供給經驗」；我們可以說：在這個計畫的過程中，他們解構了預期的角色（「接受服務的人」），並把自己重建為比以前更有能力、更有積極作為的人。我們認為，這種轉變乃是我們工作中的象徵性轉捩點，並認為它代表了在失能者和支持他們的人之間的關係，有了一套新的可能性。

161

用影像來製作，也使得小組能夠檢視失能者在一般社會中所分受的那些賦權建構。可證明這是一種教育措施，允許小組成員去看、去聽他們自己，以及想想最終該如何面對及挑戰那些迷思概念。我們認定：透過混合著部分的影像以及有關問題的討論，失能者可以辨認出自己的應對機制，以及許多值得引以自豪的能力。由於一些討論也被攝錄下來，這影像可作為「非失能者」的認識基礎。我們相信，這樣的影像將有助於糾正目前公眾持有的錯誤信念。我們特別希望失能者的敘事可以提升一種意識，即這些「致殘語言」橫行在我們目前的話語中，如何迫使這些人被社會邊緣化，進而實際上阻礙他們實現自己獨立和尊嚴的潛力。我們更希望這樣的意識會改變我們及專業同事們，以致可以制定我們自己的治療敘事，來把目前盛行於專業語言中的致殘建構予以解構，並重新建構出新的、更具有賦權和尊重的論述，來對待那些不同於社會規範的人。

162

第三幕　動作開始……繼續演下去

偶戲演完後，我們和莉姿作了晤談，並問她是否真正演出了她自己的作品。莉姿說：「是的。這整個節目都是我們的。你們幾位在這裡只是支持了我們自己，但對於我們的生活，都得由我們來決定我們想做的事。」現在，我們這些專業工作者應該要自問的是：這戲真的演完了嗎？事實上，沃爾特的選擇是什麼？難道人生就像是一場戲，給像是沃爾特這樣的人設滿了許多「規矩」？這「自我敘事」的旅程並非到此為止；毋寧說，它開啟了一條新的道路。參

與者踏出了非常重要的第一步。沃爾特‧A‧霉廄的故事捕捉到被標記爲「發展障礙者」生命中的一個片段。用他們自己的話來說，他們是否能從這些標籤中獨立出來（像「一團糟」、「失能」、「殘障」、「發展遲滯」等等標籤，把他們遠遠帶離現實，讓他們無法有效地參與社會）——「這是由他們」來決定的。

　　和個人領悟或和舒洩導向療法相較之下，我們看到木偶事件（包括發展和演出），是一個相互協作的進程。從我們的角度來看，沃爾特的三種選擇所體現的掙扎，是所有參與者都以或此或彼的方式所面臨的，要他們在自己的體驗中來發覺失能到底「存在」或「不存在」。他們知道這個決定必須就是他們自己的，而不是由善意的外來者所能強加。他們承襲著失能者的社會建構標籤；現在他們需要解構這些標籤，並找出根據自身經驗所重構的新身分。我們認爲這過程是一個**通過儀式**的形式，允許參與者和他們生活中所身處的失能建構隔離開來，並直接面對他們在生活中的所能與不能。直到這些建構都能清楚地揭露並得以演出，這些建構都還在繼續混淆和製造障礙。當它們以某些形式來外部化之後，才可能接受檢視和重新詮釋。

　　其他觀眾看到這些錄影後，會發現自己也被邀請進來，辯證地解構他們自己「亂糟糟」的現實，也進入更大膽重新建構的過程，來選擇最後的結局。「問號」是沃爾特結局的第三個選項，這選項本身就意味著各種開放的可能性，觀眾看戲後任何一種反應都可能出現。通過表演過程出現新的建構。過程中，從戲劇的發展開始，到通過觀眾反應而做出最終的選擇，這是一個辯證的過程。初期的自我敍事，構成了劇本的基礎，生產了新的人物、腳本，且又再通過這個人物轉過來變化自我。隨著故事編織出的結果，接著又轉過

163

來編出新的故事。一般人或許會質疑發展上的「遲滯者」是否有心理能力足以解構和重構失能的建構。戲演過程和自我敘事會相互交錯，使新的理解得以在他們的體驗中出現。換言之，我們認為戲演的過程與其內容本身是一樣重要。

　　正如專業工作者對社會變革的技術感興趣，我們現在思考的是：這一建構方式如何能運用於其他目標群體；例如，「失能者」的家庭。這種技術可為他們提供機會來檢視家庭的建構，直接或間接地看出這些如何關聯到他們和下一代的關係。不久之後，這種方法就能提供給里約熱內盧的伯多祿二世療養中心（the Pedro II Psychiatric Center in Rio de Janeiro）所協助的家屬。工作人員也可以見證到這種自我敘事的策略，在失能者表現為「接受照護者」以及「提供支持者」這兩極之間進行評估的方法。工作人員的敘事，對於有興趣作體制分析的人來說，是特別地引人入勝。失能者群體可以探索的主題，譬如「在非失能的社會中成為失能者，會是什麼樣子？」這種建構論的方法可以鼓勵失能者在高度競爭的技術社會中，去接近他們所面臨的偏見態度。

　　站在跨體制的觀點，我們希望看到此過程運用到不同類型的社區安置計畫，以便比較各種自我敘事，以及檢視不同社會環境的影響。其價值在於，例如，拿社區安置的敘事來比較於那些體制的環境和設備。從個體的基礎而言，這項工作會是個具體的工具，可運用到個人身上，激發那些被烙印的人去打破社會迷思的觀念，使他們不再受邊緣化。從文化的角度來看，這一理論與實務的模型會應用到巴西的心理健康系統內，用以蒐集各種敘事，構成跨文化研究的材料。

　　我們希望本章可以正面影響到其他從業人員的觀點——在這裡

的「我們」包括巴西團隊的同事。我們認爲目前在我們及我們稱爲
「患者」的關係上，這是一次「改寫」的機會。這也是在建立一種
治療照護關係（*therapeia*），以弗里德曼（Friedman, 1989）的意義
來說，「整體理解（comprehension）的必要永遠大於個體——超越
他自己的關注、意志，乃至想像。在這樣的理解之下，我們不會從
人類的成敗中拿走任何東西，而只是把這些看作自然界和社群的一
部分。」

164

註 · 釋

我們感謝 John McGlaughlin、Vicki Schriver、Gail Germain、ATR、
Virginia Briscoe，以及 Joan Powell。若沒有他們，此項工作將無法完成。

我們感謝在班克羅夫特研究所（Bancroft Institute）和我們一起工作
的同仁，尤其是 George W. Miemann、John Tullis、Jeannette Newman、
David Justice、Michael Grim、Dorian Grim、Carol Sarian、Deanna Offer、
Catherine Meyers、Alan Thompson、Gloria Rowland、Pat Gerke，以及
Kathy Ross。

我們感謝來自各處的前期支援，包括來自巴西里約熱內盧伯多祿二
世療養中心的 Carlos Augusto A. Jorge、Edmar de Souza Oliveira；來自菲
立普·皮奈爾醫院（the Hospital Philippe Pinel）的 Candido F. Espinheira
Filho；來自 CPR 里約熱內盧（CPR Rio de Janeiro）的 Yon C. Silva；來
自 UFRJ 的 Luiz Fernando Duarte；來自 TVE 的 Luzilene Veras；來自 TVE
的 Marcelo Cavalcanti；來自 TVE 的 Rosa M.B. Fisher；來自 Nosso Mundo
的 Grupo Fantocheando、Angelica Ducasble；來自 CRAPSI 的 Moacira
V. Silva；來自 FIOCRUZ 的 Ritamaria de Aguiar、Jose S.S. Filho、Carlos
Eduardo C. Cunha、Virginia Schall；來自 FIOCRUZ 的 Aurea Rocha；來自

Creche Vagalume, Ruth L. Parames 的 Sergio Lizardo、Ivan A.S. Filho、Roberto Fukushi、J.A. Tauil、M. Fatima Afonso。我們謝謝已逝的 João Coentro。

我們謝謝來自 Mariah F. Gladis 及 Dori H. Middlemann 的感情支持，也同樣感謝我們在賓夕法尼亞完形中心（Pennsylvania Gestalt Center）的同事實習生。我們也謝謝在 ATR 以及創造性藝術治療研究所（the Creative Arts in Therapy Program）、費城哈尼曼大學（Hahnemann University, Philadelphia）的 Ronald E. Hays，他幫我們找到藝術治療的新視野；我們也謝謝 Ralph Rosnow 介紹我們肯尼斯及瑪莉·格根夫婦的研究成果。

我們將本章獻給我們的孩子；
獻給全世界的偶戲操作者（謝謝 Cheiroso 以及 Jim Henson）；
獻給全世界所有被邊緣化的人們，
以表彰他們對抗這個社會所加諸於他們身上的不公不義；
獻給在里約兒童神經／精神醫院（Childhood Neuropsychiatric Hospital, Rio de Janeiro）的患者、家屬，以及工作人員；
最後獻給巴西人民，以表彰他們邁向社會平等所做的努力。

參·考·文·獻

Axline, V. M. (1947) *Play Therapy*. New York: Houghton Mifflin.

Berger, P. L. and Luckmann, T. (1967) *The Social Construction of Reality: a Treatise in the Sociology of Knowledge*. New York: Anchor Books.

Bernier, M. G. (1983) 'Puppetry as an art therapy technique with emotionally disturbed children'. MA thesis, Hahnemann University, Philadelphia.

Blikstein, I. (1983) *Kasper Hauser ou a fabricação da realidade*. São Paulo: Cultrix.

Borba Filho, H. (1987) *Fisionomia e espírito do Mamulengo*. Rio de Janeiro: MinC, INACEN.

Duarte, L. F. D. (1986) *Da Vida Nervosa nas Classes Trabalhadoras Urbanas*. Rio de Janeiro: Zahar & CNPQ.

Festinger, L. (1954) 'A theory of social comparison processes', *Human Relations*, 7: 117-40.

Friedman, J. (1989) 'Therapeia, play and the therapeutic household', in *Thresholds berween Philosophy and Psychoanalysis*. London: Free Association Books.

Gergen, K. J. (1985) 'The social constructionist movement in modern psychology', *American Psychologist*, 40 (3): 266-75.

Gergen, K. J. (1988) 'If persons are texts', in S. B. Messer, L. A. Sass and R. L. Woolfolk (eds), *Hermeneutics and Psychological Theory*. New Brunswick NJ: Rutgers University Press.

Gergen, K. J. (1990) 'Therapeutic professions and the diffusion of deficit', *Journal of Mind and Behavior*, 11: 353-68.

Gergen, K. J. and Gergen, M. M. (1988) 'Narrative and the self as relationship', *Advances in Experimental Social Psychology*, 21: 17-56.

Goffman, E. (1963) *Stigma: Notes on thc Management of Spoiled Identity*. Englewood Cliffs, NJ: Prentice-Hall.

Huizinga, J. (1945) 'Nature and significance of play as a cultural phenomenon', in *Relcvanls*. New York: Free Press.

Jenkins, R. and Beck, E. (1942) 'Finger puppets and mask making as media for work with children', *American Journal of Orthopsychiatry*, 12 (2): 294-300.

Kors, P. (1963) 'Thc use of puppetry in psychotherapy', *American Journal of Psychotherapy*, 17: 54-63.

Kors, P. (1964) 'Unstructured puppet shows as group procedure in therapy with children', *Psychiatric Quarterly Supplement*, 38 (1): 56-75.

Lyle, J. and Holly, S. P. (1941) 'The therapeutic value of puppets', *Bulletin of the Menniger Clinic*, 5: 223-6.

Pepitone, A. (1949) 'Motivation effects in social perception', *Human Relations*, 3: 57-76.

Robbins, A. and Sibley, L. (1976) *Creative Art Therapy*. New York: Brunner/Mazel.

Stern, D. N. (1985) *The Interpersonal World of the Infant*. New York: Basic Books.

165

Szasz, T. (1961) *The Myth of Mental Illness: Foundations of a Theory of Personal Conduct*. New York: Dell.

Szasz, T. (1963) *Law, Liberty and Psychiatry: an Inquiry into the Social Uses of Mental Health Practices*. New York: Macmillan.

Woltman, A. G. (1951) 'The use of puppetry as a projective method in therapy', in G. Anderson and L. Anderson (eds), *An Introduction to projective Techniques*. Englewood Cliffs, NJ: Prentice-Hall.

Woltman, A. G. (1972) 'Puppetry as a tool in child psychotherapy', *International Journal of Child Psychotherapy*, 1 (1), 84-96.

Woodyard, J. (1980) *An Advisor's Guidebook for Self-Advocacy*. Kansas: Self-Advocacy Project. University Kansas.

第四部

反思與重建

REFLECTION AND RECONSTRUCTION

在治療意義的協商中超越敍事
Beyond Narrative in the Negotiation of Therapeutic Meaning

肯尼斯・格根（Kenneth J. Gergen）與約翰・凱依（John Kaye）

166　　我碰不到結局，搭不起圍牆。
　　　　關在外關在內，隔開內部和外部
　　　　我畫不成界線：
　　　　有如
　　　　沙的樣子各不相同
　　　　改變了沙丘形狀，明天形狀又異。

　　　　所以我願沿路行走
　　　　接受正在形成的想法
　　　　標示出
　　　　無始無終，
　　　　蓋出一堵
　　　　不在的牆。

A・R・阿蒙斯（A. R. Ammons），
《卡森的入口》（*Carson's Inlet*）

　　人來尋求心理治療時，他們就會有故事說。通常，那是個令人困擾、迷惑、受傷、或是憤怒的故事，與生活有關，或與一個

破敗的關係有關。對很多人而言，那是一個由災難事件所組成的故事，正在陰謀破壞他們的幸福感、自我滿意感、或是效能感。對另一些人而言，故事可能關乎看不見的神祕力量，滲透到生活中，擾亂其秩序也破壞其組織。再對另一些人而言，故事在對這個世界實際如何或應該如何運作的幻想之下，讓他們似乎突然撞上一個沒準備好來對付的困局。他們發現一個糟透的現實，將他們過去所賴以生存的價值都吸乾了血。無論是哪種形式，治療師會面臨的是一場敍事（narrative）——經常具有說服力又把人緊緊抓住；可能很快就結束，也可能延續數週或數月。無論如何，在某個重要關頭，治療師必須回應這樣的敍述在交代（account）[1]什麼，也無論治療師後續所採取的是何種療程，他必須從這種交代當中抽取出意義（significance）。

167

作為一個接收者，當治療師聽到那樣敍述而出的現實時，他能有什麼選擇？其中，至少有一樣，流行於當今的文化中，且有時也會在諮商情境、社會工作晤談、以及短期治療中使用，可稱為**勸言選項**（*advisory option*）。對於提供勸言的人來說，案主的故事仍相當程度地保留未受違逆的原貌。故事中用來描述的語詞以及解釋的形式均未受重大挑戰。對提供勸言的人而言，他最主要的企圖是：從已敍說的「境況之下」找出有效的行動方式。因此，例如，當一個人說他因失敗而感到消沉時，勸告者就會去找出一些能重建效能的手法。又如果案主因悲傷而導致失能，那麼勸告者可能會提

1　譯註：account 在一般的用法中可譯為「說明」，但在敍事理論的脈絡中，這種說明有特殊含意，即關於責任的說明，使用中文的「交代」一詞很可以表現這樣一種特殊的說明。

供一整套的行動方案，用以克服這個問題。實際上，案主的生活故事可接受爲基本上準確的敘述，而問題就在於依據故事的內容，如何找出具有改善效果的行動。

　　勸言的選項本身，其實有很多可議之處。在大多數情況下，勸言選項顯得「最有道理」，也是最可能的選項。但，對於一個慢性、重度，或深受困擾的案主而言，勸言選項裡暗藏著嚴重的限制。首先，這選項甚少嘗試對問題的深層起源提出質問，或問題是在怎樣的複雜方式中維持下來的。它最主要的關切，僅是找出一個新的行動路線，在此之前所發生的一串事件似乎都還是一樣──繼續威脅著未來。再者，勸言選項通常甚少去探測故事的輪廓，也不判斷故事的實用性或可行性。這個案主是否可能弄錯了，或採用了一種不合時宜的方式去定義事情？這類問題通常都未受深思。當故事被「如其所述地」接受時，對該問題的定義也就原封不動地保持下來。其結果就是：可能的行動選項仍持續受限。譬如說，假若失敗是個問題，那麼可能發動的相關方案就會繞著「如何重新建立成功」而打轉。至於其他的可能性就會被排擠到可取性的外緣了。最後，對於慢性或重度的案例，替代的行動方案常常太像是個膚淺的緩兵之計。例如對一個長年憂鬱、成癮，或自我摧殘的人而言，簡單的生活勸言可能就只像一陣耳邊風了。

　　在本章裡，我們希望探索兩個比勸言選項更實在的替代方案。第一個可由大多數傳統心理治療及精神分析所採取的實踐來做代表。它仰賴了許多新啓蒙時代（neo-Enlightenment）的假定；這些假定在當今這個世紀的科學裡佔有優勢的地位。以這種取向來對待敘事的人，可視之爲**現代主義者**（*modernist*）。與此相對的，則是**後現代**（*postmodern*）競技場上的許多思想，以強力的挑戰來質疑

168

現代主義者在處理敘事時所抱持的概念，並且，如此一來，也開啓了新治療程序的種種模式。後者的取向可由本書中許多建構論者所撰寫的篇章來代表。但，就如本章所揭示的，我們希望發展建構論取向的一些新維度。而截至目前爲止，在現有的分析中，這些維度尚未獲得足夠的強調。事實上，我們希望把過生活的敘事意義再往前推一步，試圖超越它。

現代主義者脈絡下的治療性敘事

對於現代主義之下的科學、文學、藝術等等，其評論早已汗牛充棟。本章不適於對此做個全面的回顧。〔原註1〕不過，若能簡短地考察一下科學，以及與它結盟的心理健康專業，看看他們從事活動時所使用的是什麼假定，那倒是頗有用處。因爲其中一系列的假定正是彼等活動的指導原則。這些假定大幅度影響到如何對案主的敘事進行治療性處遇。在現代主義時代的科學界，最重要的就是對以下這件事的忠誠：以經驗研究的方式來**導出本質**。科學領域中無論是哪種特性，例如原子的、基因的、或神經元突觸的，社會科學領域中也無論是哪種程序，例如感知、經濟決策的形成、或組織的發展，其主要的企圖一向是要建立一個有系統且客觀的知識體幹。它的推理如此：這種知識應該能使社會越來越精準地預測因果關係。然後，在適當的科技到位後，即可對於未來取得掌控。對現代主義者而言，我們可用經驗知識爲基礎，打造出一個良好社會（good society）。

當然，經驗知識是透過科學語言來交換或溝通的。這些語言，

如果有完善的觀察為基礎，就可視之為能反映、能測量目前我們所能知的世界。實質上，敘事的本質是語言結構，又如果這套語言是在科學的情境中所產生，那麼，就現代主義者而言，敘事就能成為客觀知識的導體（conveyors）。於是，小說家的敘事被他們標示為「虛構」，也認為不會對嚴肅的科學目標產生任何顯著影響。人人都在敘說他們的生活，說的是發生了什麼事，以及為什麼。這些敘事不見得是虛構，但行為科學家卻聲稱它們為極不可信，且是惡名昭彰地錯誤百出。因此在理解一個人的生活時，他們認為這些敘事沒有價值，且遠遠不及那些由訓練有素的科學家所作出的交代。正因此故，科學家的敘事被賦予最高的可信度，且以「科學理論」之姿從娛樂界及日常互動中區隔出來。科學的敘事，從地球起源的「大爆炸」理論，到自然史的演化論，到皮亞傑式的理性發展理論，再到經濟衰退理論，又到社會科學裡的文化傳遞（cultural transmission）理論，這些科學敘事都是結構化的故事，都是在說萬事萬物如何變成今天這個樣子。〔原註2〕

　　大致上，今日的心理健康專業是現代主義脈絡下的一個分支，因此與現代主義密切共享了許多相同的假定。於是，從佛洛伊德到當代的認知治療師都有這麼一個概括的信念：專業治療師的功能應該如同（或理想上如同）科學家那般——從科學式的訓練、研究經驗、科學文獻的知識，以及在治療情境無數個小時的系統觀察等等——以這些活動來看，專業工作者由茲而配備了許多知識。但無可否認的，當代知識並不完整，因此總是需要更多的研究。儘管如此，我們仍可以這麼說：當代專業工作者的知識已經遠比世紀之初的治療師多得多，而未來只會更上層樓。因此除了少數例外，治療理論（無論是行為主義的、體系論的、精神動力論的，或體驗的

／人本主義的）都包含了如下的一些明顯假定：（1）在病理學的底層有個形成的病因或基礎；（2）這病因位於案主體內，或位於案主與其他人的關係之間；（3）有些手段可以診斷出這些問題；以及（4）也有些手段可消除這些病症。實際上，當訓練有素的專業工作者進入治療場所時，他是帶著許多已發展完備的敍事來進場的，而這些敍事已由科學同儕所組成的社群賦予了大力支持。

　　就是以此爲背景，建立起治療師在面對案主敍事時所持的姿態。因爲，畢竟案主的敍事是由稀稀薄薄的日常故事點滴組成——其中充滿古怪的念頭、隱喻、一廂情願的想法，以及扭曲的記憶。相對而言，科學敍事上蓋有一個專業認可的圖章。從這個優勢觀點，我們看見治療程序必然會導致以下的結果：慢慢地，無可避免地，案主的故事替換成治療師的故事。案主的故事不再是對於現實的自在反思，而是經過問答之後，在描述及說明被重新框定之後，在肯認與懷疑也都經由治療師傳播之後，案主的敍事不是被拆解就是合併到——無論如何都被替換成了——專業的交代。案主的交代被精神分析師替換成一則家庭羅曼史，或被羅哲斯學派替換成一場反對有條件關懷的抗爭等等。唐諾・史汾斯（Donald Spence）在他 170 的《敍事眞實與歷史眞實》（*Narrative Truth and Historical Truth*）一書中的敏銳描述，正是這個專業工作者更換案主故事的過程。就像史汾斯所揣摩的那樣，治療師

　　　經常在決定患者所提供材料的形式與狀態。特定的傾聽習性……有助於做出此一決定。例如，分析師認定鄰近性（contiguity）就指因果關係的話，那麼，他就會將不連貫的陳述聽成依序出現且有前因後果的一串話；如此，在此後的某一

刻，他可能就會做出能清楚顯示此一認定的詮釋。如果他認定
傳移（transference）是話中主題，而當患者以一種多多少少偽
裝過的方式來談論分析師時，他就會「聽」到這些材料，並評
定進行中正是傳移無誤。（1982: 129）

這種替代程序確實有某種治療性的好處。其中之一是，當案
主對於問題獲得「真正的洞識」之後，有問題的敘事就會因此而移
除。案主由茲被一種能保證未來幸福的替代性現實給裝修起來。實
際上，案主進入治療時所帶來的失敗故事可被一個成功故事所替
換。而且，類似於前述的勸言選項，這個新故事很可能暗示了一系
列可供選擇的替代行動——關係的形成或解散、在日常養生法之下
過活、遵守治療程序，等等。總是有很多新的、更有希望的事情可
做。更且，藉著為案主提供科學處方，治療師扮演了一個長期以來
由文化儀式所指定的角色，在其中，無知、失敗的弱者向智慧、優
越的強者徵詢。對於那些願意降伏的人來說，這的確是令人感到安
慰的儀式。

儘管有這些好處，我們仍有實質的理由感到疑慮。這是因為
現代主義取向的治療法，其主要缺陷已被點明。長久以來，科學
社群已對流行於心理健康專業所聲稱的知識感到懷疑。主要的疑點
是：心理健康從業者對於他們所聲稱的病症及痊癒的知識幾乎沒
有什麼辯辭。批判者也猛烈抨擊傳統形式的治療，因為它們過度
在乎個體。其中主要的爭議之處，在於這種理論無視於廣闊的文
化情境，而文化與心理難題之間可能有重大關聯（譬如，請參見
Kovel, 1980）。女性主義的批判者在這類抨擊中越來越直言不諱，
他們指出很多「女性失常」都以不當的方式歸咎於女性的心靈，而

這正是女性在社會中受壓迫的直接結果（譬如可參見 Hare-Mustin and Marecek, 1988）。其他人也對這行業的病理化傾向深感不安。從現代主義的立場來看，脫序或異常行爲之最根本原因就是病變，而心理健康專業的任務——像醫療專業一樣——就是辨認失常，然後施以治療。但，在接受這種認定時，專業工作者同時也客體化了（objectify）精神疾病——儘管有很多不同的方法可解釋或理解這個相同的現象（譬如可參見 Gergen, 1991）。

　　除了以上的問題之外，現代主義對待案主敍事時還有一些更嚴重的問題。舉個例，現代主義的方法中有一個重大且迫切的要點值得指陳。不僅僅是治療師本身的敍事不曾遭過任何風波，治療的程序也是如此；它被視爲保證有效。若用史汔斯的話來說，「（在治療性的互動中），治療空間可以無限擴展，直到（治療師）的答案出現爲止，而且……不可能在其中找到任何否定的解答，以判斷治療師的搜尋是否失敗」（1982: 108）。於是，不管案主的敍事如何複雜、精巧或多有價值，它終究會被一個早在他／她進入治療之前就已設計好的敍事取代，而案主對其故事輪廓毫無控制力可言。

　　這並不是說，如果治療師來自某一特定學派，就能保證他們的案主不必承受治療師的特別交代。就其義涵（以及實際操作）而言，多數學派的最終目的都帶有霸權性質。所有其他學派的思想及相關的敍事法都應該甘拜下風。精神分析師希望將行爲改變技術連根拔除；認知行爲治療師認爲體系治療法會把人引入歧途，等等。但，最直接及最可能造成傷害後果，卻都留給案主來承擔。因爲最終，治療程序的結構都會給案主提供一個教訓，就是：你很低劣。案主被間接地告知他／她是無知的、不敏感的、腦袋不清的，或情感受阻以至於不能理解現實。相對地，治療師站在一個全知及明智

的位置——案主應該仰之彌高的楷模。由於有個事實，使得情況更加可悲，就是當治療師佔據這個優越角色時，他／她不會露出任何缺陷。治療師的交代中有搖搖欲墜的基礎，但他不欲人知；治療師個人的疑惑、怪癖，以及失敗也都不會見光。如此，案主可能陷入一種蒼茫的人類處境，有如在電影神話中的英雄主義，伸手而得不到援助。

現代主義的取向同時也在頑固的敘事套件中嚐到苦頭。如我們已見到的那般，現代主義的療法以一個先驗的敘事來開場，且還以科學基礎宣稱其正當性。正因為是在科學中獲得批准，這敘事就甚少有機會改變。些微的修訂或許有點希望，但系統本身被已建制好的信條重重壓住。同理可說，生物學家甚少質疑達爾文理論的規約，而精神分析師質疑精神分析理論的下場，就是將自己推入專業的險境。在這些情況下，案主所面臨的乃是個相當封閉的理解系統。不只是案主終要將自己的現實讓渡給治療師的現實，連所有其他的詮釋也都得排除。治療師的敘事成為案主的現實，到了這種地步，案主的行動只能依此接受引導，於是案主的生活選項已被嚴重縮減。相對於世上所有可能的行動模式而言，人被放到一條特殊的路徑上，例如會強調自主性、自我實現、理性衡量，或情感表達等等，都決定於他／她不經意間所選到的治療品牌。或者，用另一種方式來說，各種形式的現代主義療法都各自帶著對於什麼是「功能完整」，或什麼是「良好的」個人圖像；正如一塊時尚看板那般，這圖像就是個指引的模型，把治療帶向該有的結果。

這種對於生活可能性的限縮，本身就是個更大的問題，因為它是去脈絡的（decontextualized）。也就是說，治療師的敘事是一套抽象公式——從特定的文化及歷史環境中切割下來。在現代主義的

172

敘事之中，不曾處理過任何特定的生活體驗，例如居住在貧民區，
與一個患有愛滋病的手足一起生活，家裡有個唐氏症小孩，與一個
有性侵傾向的老闆一起工作等等。相對於我們日常生活角落裡塞滿
的複雜細節——這些確實是生活本身——現代主義的敘事實質上是
沒有內容的。結果是，這些靠不住的敘事躡手躡腳地潛入個人生活
的周邊。從這個觀點看來，他們很笨拙以及很不敏感，未能成功地
將案主生活狀況中的特殊性登錄起來。對於一個家庭主婦來說，她
必須照顧三個小孩及患有阿滋海默症的婆婆，向她強調自我實現根
本於事無補。對一個在曼哈頓公園大道（Park Avenue）上班的律師
而言，催促他在日常生活中增添些情感表達，就會變成相當可疑的
協助。

治療的種種現實——在後現代脈絡中

　　以後現代主義文化為題的文獻正快速累積，但還是一樣，在這
個節骨眼上不適於對此作全盤檢閱。〔原註3〕不過，有用的是取出其
中一個要點，拿來和現代主義對照，且強調其間明顯的不同之處，
這就會包含知識、科學，以及治療概念的核心意義。在後現代主義
的學術陣營裡，目前主要的注意力都投注於再現（representation）
的過程，也就是將「現實」提取出來的方法，包括書寫、藝術、電
視等等。就如同眾所周知的那樣，在評斷再現及被其所現之物二者
間的關係時，以準確或客觀性來當作判準，是很成問題的。沒有一
種手法可將「現實世界」中的所有事件一字排開，然後將語言中的
所有音節排在另一邊，用一對一的方式使每個音節都對應到現實當

173

中的某個獨立的基本元素。較接近實情的毋寧是，以書寫爲例：每
種文學的風格或類型都是依據在地規則或習俗而進行的，而這些習
俗會高程度地決定我們如何理解再現當中所設想的對象。以此觀
之，科學寫作所提供的現實並不比小說提供了更**準確**的圖像。其中
的差別，只是前者所作的交代都可能是鑲嵌在科學活動當中，而後
者則不然。無論如何，這兩種交代方式都由座落於歷史情境當中的
文化習俗來指引，而習俗會以很高的比例決定了人所試圖描繪的現
實有何特性。

對於再現的這種重新思考，不會就此減損了科學敘事的重要
性。相反地，它以兩種主要的方式來轉移科學敘事的意義。首先，
這種敘事不再保有「道出眞相」（'truth telling'）的地位——可以
此宣稱之助來預測其生存——相反地，它們是以其組構框架而獲得
重要性的。也就是說，這種敘事以一種方式組構出現實，而不是另
一種，例如某種特定觀點下的善惡就會與其他觀點下的善惡不同。
其次，在這麼做的同時，就已經爲某種行爲路數提供了合理性或正
當性的基礎。如此一來，假若我們相信社會生物學家所說的話，認
爲人類的行動基本上乃受制於基因的驅動，那麼，我們每日生活的
實施方式就會與（如果我們相信）學習心理學家所說的不太一樣，
後者主張人類的行動都具有無限的延展性。每一種交代，一旦受到
擁戴之後，都會引發某種特定的行動，並抑制其他。於是，科學敘
事之所以能獲得主要的意義，是由於它們所引發的、合理化的，或
正當化的生活模式。與其說科學敘事是對於過往生活的反映，倒不
如說它們是在預告未來的生活。

這個後現代轉向，從知識的對象轉往知識的再現，同時也重新
安置了正當性的基礎。就現代主義者所作的交代來看，科學的描述

都是單一個人的成果——科學家用他們耐心的觀察技術而生出所有的洞識。於是，個別的科學家就會或多或少具有權威性；對於這世界該是如何，也擁有或多或少的知識。但從後現代觀點來看，科學家的敘事已不再保證任何事實。科學家可能「知道如何」（'know how'）做某件特定的事情（例如，我們可稱之為「核融合」），但科學家並不「知道那個」（'know that'）正在進行的事情**就是**（*is*）「核融合」。[2] 於是，是什麼東西給了科學家得以用權威姿態說話的權力？就如同寫作的習俗只允許以一種特定的方式說故事而不允許其他，科學社群也正以相同的方式賦予它的成員有權成為權威。這是一種社會習俗，也就是說，科學家在他所屬的科學社群裡只能以一種可證明的方式說話，而此社群中的成員都尊重這種特殊方式。或換個方式來說，科學的再現是科學家社群的產物——協商、競爭、共謀等等。在後現代的框架裡，那些被我們當作知識的東西，其實都只是社會的產物。

這脈絡下的思想對現代主義者所持有的科學敘事概念提出了鉅大的挑戰，而且最切實地說，它挑戰了現代主義的治療取向。首先，它移除了現代主義敘事中關於病症及治癒的事實性及正當性，且將這樣的交代換算成種種形式的文化神話。它顛覆了治療師從未被質疑的身分，也就是那具有科學權威且對病因和治癒擁有優越知識的身分。於是，治療師的敘事與其它無數可能的敘事只能並列，

174

2　譯註：這句話在比較「知道如何」（know how）和「知道那個」（know that），但關鍵在於後一句中的「就是」——is 所指的是事態存在的本質。「知道如何」引水灌溉的人不會「知道那個」水本質。（自然）科學家通常只會把「那個」叫做「自然」。

而沒有特別優越之處，或許只算是某種不同的文化產物。其次，它嚴重質疑了現代主義治療師的傳統操作方式——他們慣於以定型且狹隘的選項來替換案主的故事。這群具有類似想法的治療師會把案主複雜且細節豐富的生活先加以搗爛，然後使之黏合爲單一而預設好的敘事——也就是成爲一個與案主後續生活狀況沒什麼關聯，或沒太大保證的敘事——這除了在此一狹隘社群之外，毫無正當性。最後，治療師在傳統中的身分只會貶低案主的地位，這也沒什麼普遍的正當性可言。治療師及案主本應形成一種關係，在此關係中二人同時帶來了資源，可用以刻畫未來的藍圖。

就是這個後現代脈絡下的再思與三思，爲本書的撰文者提供了最多知識。在各章裡，傳統的治療敘事泰半被放棄了——至少，就它們所呈現的那種提供可靠以及科學解釋爲基礎的病理學及治療法而言。作者們普遍揚棄了治療師擁有優越知識，以及高高在上的角色，不讓他們成爲案主生活遙不可及的楷模。相反地，他們全力獻身於治療的交遇，[3] 視之爲進行創造性意義生產的環境。案主的聲音不只是輔助裝置而已，只用來驗證治療師事先已決定好的敘事，而是要在這些脈絡下，成爲共同創造眞實所需的必要成分。於是實質上，所有這些篇章所一致強調的，是案主與治療師之間的合作，因爲他們努力發展各種敘事，但願這些結果能有用地促使案主離開目前所在或已持續很久的危機。

我們願意大力地爲這種探索而背書——亦即建構主義的實踐形式。對於這些企圖實現後現代思想潛能的努力，我們的立場是既佩服也支持。不過，在此同時，我們也曉得目前所有這些努力的義涵還尚未明朗。我們站在一個啓航點上：一個徹底（radical）與傳統割離的假定上，這包括對於知識、對於人，以及對於現成的「現

實」皆然。在結果尚未檢驗出來之前，所必需的乃是踏踏實實地詳加敘述以及百般實驗；即便那一刻終於來臨，我們所能有的也只是一點點多餘的燃料，用以供應一場（在理想上）永不止息的會談。就是以這種精神，我們希望本章以下部分能帶出一個更爲清晰的焦點，且專注於後現代脈絡下的治療敘事。這是因爲我們的衡量：到目前爲止，我們對於意義如何在治療情境中建構起來的討論，仍顯然保存著現代主義視野的遺跡。而如果要充分實現後現代主義的潛能，我們最終必須往超越敘事建構的方向推進。最終極的挑戰，以我們所見，與其說是要轉換意義，不如說是要超越它。爲了能夠賞識這種可能性，首先必須做的，就是探索敘事意義有何實用面向。

敘事及其實用[4]

在現代主義者的架構裡，敘事交代的作用就是再現眞實——即敘事是否與實際發生的事件相符，因此可就符合的程度而論其眞假。如果交代作得準確，它們也可作爲調整行動的藍圖。如此，在治療情境中，如果敘事反映出一種重複發生的適應不良行爲，那就該開始探索可能的替代行爲。或者，如果敘事出現了會導致某種已

3　譯註：在譯者的其他著作中，把這種治療交遇稱爲「療遇」（healing encounter），在此一提，敬供參考。

4　譯註：pragmatic 一詞常見的譯法是「實用」，特別用在「實用主義」時，似已成定局，但在本文中，作者更常指的是 pragmatics，即「語用學」。下文中即可見「實用／語用」兩詞互通的用法。

知病態的歷程，那麼我們就該開出一個減緩其病的處方。在這個知識架構下，治療師的敘事指定了一種良好的生活方式。但對多數已進入後經驗主義時代（post-empiricist era）的治療師而言，現代主義所關切的準確性已不再令人信服。敘事真實應與歷史真實有所區別，而且，在仔細檢視之後，即便歷史真實也被看出是個冒牌貨。於是，到底敘事重構（narrative reconstruction）有何作用？多數現有的交代是將重構的潛能指向個人調整的方向，要人去開啓更滿意、更切合於個人的經驗、能力、癖好的新行動方向。如此一來，案主就可改變或拋棄早先的敘事，這並非因其不準確，而是因爲它們在生活環境中的功效不彰。

　　但，我們還是必須對此提出疑問：敘事究竟是以何種方式而能變得「有用」？一套自我理解的語言如何能夠引導、指揮，或闡明行動的路線？對於這個問題，目前在後經驗主義陣營裡，有兩個流行的回答，但兩者都有問題。其中之一是，**語言即是鏡頭**的隱喻。以這種交代而言，敘事建構是一個工具，人透過它來看這世界。通過這個敘事的鏡頭，人得以辨識東西、人物、行動等等。這種主張是說：人會以他所看見的世界爲基礎，來決定他的行動方向，而不是以這世界本來的樣貌爲基礎。但，採取這位置來看待一個人，就是將他視爲隔離的，及自言自語的——只在自己的醬缸裡烹煮私有的世界建構。如此而得以存活的機率太低了，因爲他將無法避免用此建構來包住內部系統。更有甚者，此種交代的方式會引來一大堆聲名狼藉的認識論問題。例如，一個人如何能發展出這個鏡頭？從哪裡開始第一次建構？因爲除非有個外部世界，讓人能用內部來建構它，否則就無從發展或打造這個鏡頭。所以，這只是純粹的自圓其說之論（self-vindicating）。〔原註4〕經過終極的分析，爲什麼我

176

們要相信語言是個鏡頭？相信人互動時所使用的聲音及標記會以某種方式運送到心裡，然後憑此對我們所感知的世界賦予秩序？這個主張看來就是不堪一擊。

此觀點有另一個主要替代品，就是將敘事建構視為一個**內在模型**（*internal model*），也就是一種可接受個人查問的故事類型，且具有指導行動及驗明身分的效果。再說一遍：此模型毫無眞實可言；它以一種永恆結構來運行，只會單純地告知然後指揮行動。例如一個人想像自己是英雄，他有勇敢及智慧的能耐，理當能夠戰無不克，結果卻發現日子根本不是那麼回事。透過治療，他明白這個英雄觀不只讓他身陷困境，也妨礙他建立與妻小之間的親密感及相依感。於是，又打造出一個新故事來。在這新故事裡，他將自己視為鬥士，但不是為了他自己，而是為了家人。他透過家人的幸福感來取得自己的英雄形象，也因此依賴家人對情境與可能性的評估。的確，這個經過轉換的形象指引了他後續的行動。雖然這個改造故事的位置裡有點智慧，但還是問題重重，因為故事儘管經過變形，其本身仍是理想化的，也仍是抽象的。因此，在複雜及進行中的互動裡，它甚少能發揮指導行動的效用。例如，假使妻子希望他少花點時間在工作上，然後多花點時間與家人相處，那麼依據這個新的自我故事，他該如何反應才最適當？或者，如果他得到一個新的工作機會，這工作頗具挑戰性也能獲利，但同時也充滿危險，那麼他該如何因應？內部模型故事不只是缺乏特殊的資訊，也維持在停滯狀態中。一個人會經歷數不清的情境及關係——父母過世，兒子受毒品誘惑，漂亮的鄰居過來挑逗，等等。但這敘事模型竟能保持不變——沒有彈性，也常不相干。

還有第三種理解敘事用途的方法，而就我們的觀點，這個

177

293

方法在觀念及實用方面都比其他盛行的方法更充分。維根斯坦
（Wittgenstein）的《哲學探究》（*Philosophical Investigations*,
1953）一書為這方法提供了很有創意的隱喻。以維根斯坦令人信服
的主張來說，話語（words）之所以能獲得其意思（meaning），並
非透過描繪真實的能力，而是透過它們在社會交換中如何被人使
用。我們由茲而涉入許多**語言遊戲**（*language game*）當中，而正
是透過這些遊戲當中的使用，話語才獲得其意思。舉例來說，對於
像是恐懼這種情緒，我們所能說的不是決定於「恐懼這個事實」，
而是依據西方文化中對於情緒的種種習俗說法。我可以說恐懼很**強
烈**，但不能說它很**放蕩**，我也可以說它**積久成習**，但不能說它**久坐
不退**。這不是因為恐懼——作為一個被觀察的對象——本是如此，
或本非如此。而是因為，那是我們從過往承襲而來的一種有限的說
話方式。但，對維根斯坦而言，語言遊戲鑲嵌在一個更寬廣的**生活
形式**（*forms of life*）當中；或如果擴大上述的隱喻，那麼它也鑲嵌
在**生活遊戲**當中。也就是說，話語鑲嵌於交換的形式（the forms of
interchanges）之中，因此而得其價值——這不只限於語言領域而
已。這種交換可包含我們所有的行動，附帶著周遭環境中的各種物
品。如此一來，人若把自己當作正在生氣，他不只須使用語言遊戲
中的特定話語，還須使用特定的身體行動（例如咬牙切齒，而非咧
嘴一笑）；這身體行動構成了生活的形式，而語言遊戲就鑲嵌於其
中。於是要從事於生氣，就是要參加一場文化舞蹈；未能在舞蹈中
走好舞步，就是未能成功地生一場氣。〔原註5〕

　　把這個隱喻架好之後，讓我們回到自我敘事這件事。關於自
己的故事——個人的成功失敗、他的限制或潛能等等——實質上
就是遣詞與用字（通常在表達時還需搭配身體的動作）。以這種

理解，自我敘事算是語言遊戲中的一個意義候選者（candidates for meaning），也就是在文化舞蹈中才能被賦予意義。如果自我敘事能有什麼用處，那就只限於在某個特定的遊戲或舞蹈中。而用處本身，將由競技場上能完成什麼動作而定——其條件是能否對先前的動作做出充分反應，或是否能引發下一個動作。例如，讓我們來想想一個失敗的故事——人如何變成如今這副病懨懨、懶兮兮的德性。如我們所見，這故事本身既非眞亦非假；它只是很多建構中的一個。無論如何，當這故事被置入不同的關係形式時——亦即被引進遊戲或文化舞蹈之中——也會產生令人驚奇的不同效應。如果一個朋友剛剛講完他偉大的個人成功故事，那麼你的失敗故事很可能具有一種反彈的力道，因此而被這位期待恭喜的朋友疏遠了。相反地，如果這位朋友剛講完他的失敗故事，那麼分享自己的失敗很可能令人感到寬慰，且會鞏固彼此的友誼。同樣的，對自己的母親說一說自己病懨懨、懶兮兮的故事，可能會引發溫暖及同情的反應；若告訴一個正在爲每月帳單而操心的妻子，可能帶來她的挫折及憤怒。

換個方式來說，一個故事不只是個故事而已。它本身同時也是置身在情境中的行動本身，是一個滿帶著言外之意的演出。這行動是爲了要創造、維持，或改變社會關係的世界。從這些觀點來說，只談案主與治療師這個雙人組的互相協商，以生產一種新的、美的、逼眞的，以及令人振奮的自我理解，就是不夠的。不是他們一起跳的意義之舞陷入險境。而是，更重要的問題在於：這種新意義能否在這些限制之外的社會舞台中派得上用場。例如，如果從一個厭惡自己老是依賴妻子爲生的那個妻子眼中看來，丈夫把自己的戲碼演成一齣「家人的英雄」，其結果會是如何？同樣的故事如果讓

一個「白手起家、自創事業的女人」自己來看，又會是如何？再從一個叛逆的兒子眼中看來呢？這個故事在以上情境裡各自招引出哪些行動？又或生出、長出、維持了哪種舞步？是在這層次的評估，才是治療師與案主最該共同思考的重點所在。

超越敘事

由於我們將焦點放在敘事行動的實用意義（語用學）[5]上，本章的批判論述才得以登上舞台。如我們之所見，對於很多在治療現場才開步邁入後現代轉向的人而言，敘事（narrative）仍被視爲一種能決定如何看待生活方式的內部鏡頭，或被視爲一個能指導行動的內在模型。依據前述對於語用學的討論，這些概念裡有三個重要的缺口。第一，它們都保留了現代主義中的**個人主義**色彩，這是因爲它們都將敘事建構的最終位置定於個人的心中（mind）。如我們對敘事的用處所做的重新評估那般，我們已經往外移動了——將敘事建構的所在從個人的內心移轉到關係當中，而這關係是由敘事行動構成的。敘事存在於敘說（telling）之中，而種種敘說則是關係形式的成分——無論是有益或有害。第二，鏡頭的隱喻及內部模型二者都只支持**敘事的單一性**；也就是說，二者都傾向將自我理解的功能假定成單一的形成過程。他們會說：一個人擁有「一個鏡頭」，用來理解這個世界，而不說是有一整個倉庫的鏡頭；而且，透過治療，一個人常常被說得變成擁有一個「新的敘事眞實」，而不是一種**多重性**（*multiplicity*）的眞實。從語用學的觀點來看，只用上單一性的預設，就是對於功能充分性的撞牆之舉。每一個自我

敘事都可在特定的環境中發揮功能，但在其他環境中則會功能不
彰。只有一套戲碼來使自己被人看懂，就是在限縮他能圓滿發揮功
能的關係範圍或情境。譬如，有效地「生個氣」可能挺有用，而把
這活動的形成過程合理化也同樣有用。在某些特定的場合裡，生氣
是這套戲碼中最有效的動作。但同時就此而言，對於生氣的過度
熟練或過度準備——以至於生氣幾乎變成唯一能讓關係持續的辦
法——將會使人全部的關係大量縮減。從目前的觀點來說，我們當
然會比較偏好敘事的多重性。

最後，鏡頭以及內部模型這兩概念所最愛的就是相信敘事，或
承諾於敘事之中（*commitment to narrative*）。也就是說，二者都主
張人活在敘事**當中**，且將它當作一套理解系統。如其所說的，一個
人就是「用這種方式看世界」，於是敘事「對個人而言是真的」。
或說，轉變之後的自我故事是「新的真實」；它構成「對自己的新
信仰」，用以支持及維持自己。不過，再說一次：當我們考量過敘
事的社會用途時，相信及承諾都變得相當可疑。投身於一個被給定
的自我故事，以及用「目前對我為真」的方式去認養它，就是在大
量縮減敘說的可能性。如此一來，相信自己是**成功的**，與相信自己
是**失敗的**，一樣都是削弱自己的方式。畢竟，二者都只是故事，而
且各自都可能在特定範圍的脈絡及關係中結出果實。爬進一個故
事，或爬進另一個故事，然後就此生根，就是在棄絕另一個故事，
這樣當然會使自我減少了脈絡及關係的轉圜餘地。

換用另一種方式來框定這個議題，就身分認同（identity）

5　譯註：（接上註）Pragmatics 在連接上文的語意時，譯為「實用意義」，但此詞在敘
　　事學脈絡中也必需理解為「語用學」：話語行動的學問。

這回事來說，後現代意識支持徹徹底底的相對主義。在後設理論
（metatheoretical）的層次上，它可招引來多重性的解釋，用以交代
真實，同時也會指認歷史及文化各自的偶然性。在不同的會談中，
只有對於真相作一次又一次的斟酌交代，而且每次會談都同等重
要。如果治療師在後設理論層次採取這種觀點，卻又在操作層次將
它拋棄，這就形同自欺（bad faith）。[6]對一個後現代實踐者來說，
他會以此來邀請多重的自我交代（self-accounts），但不會對其中
任何一個執著不放。這一方面會鼓勵案主探索各種可用來理解自己
的不同方式，另方面則會教案主不以任一種交代來代表「真我」。
於是，敘事的建構保持在流動狀態中，對環境中的潮起潮落也保持
開放——開向那個最能提供完整舞碼的舞蹈。

　　這樣的結論你能忍受嗎？一個人是否會因此而淪為社會騙棍，
對任何提供最高報酬的人都可以擺出認同的姿態來？確實，後現代
所強調的是自我認同（self-identification）的靈活性，但這並不意謂
一個人若非雙面人就定是詭計多端。要談論雙面性，就必須假設另
有一個自我的「真面目」（'true expression'）可供其他時候取用。
這是很經典的現代觀點，因此也必須拋棄。一個人可將自己的行動
解釋為雙面的，或真誠的，但畢竟這些歸因都只是不同故事的元
素罷了。同樣的，假設個人都擁有私人動機，且於自我呈現（self-
presentation）時都會進行一場理性盤算，這再次支持了現代主義之
中的自給自足自我觀。從後現代的優勢觀測點來看，關係的優先性
高過於個人的自我。也就是說，自我是關係的副產品，只能在關聯
的過程中實現出來。並不是獨立的個體們聚在一起，然後再去建立
關係，反而是某種特別的關係引發了我們稱之為個人身分認同的東
西。因此，當關係變化時，將自我敘事的內容及形式從一個轉換到

另一個，既不是欺騙也不是自滿。毋寧說，它尊崇的是各種各樣的關係模式，個人在其中才有以處之。這是以嚴肅的方式來看待人類的相互連結性，及其中的多樣變化，由茲構成了我們的生活。充分而滿足人意的行動總會有一種衡量的尺度，而這只能從其所處的各種不同關係本身當中生產出來。

　　問題至此仍僵持不下。後現代建構論者把西方文化視爲珍寶的個人身分認同棄之不顧了嗎？可答曰「是」，如果身分認同所指的就是所說出的故事，所採取的行動，以及所演出的角色。但，如果一個人願意超越這些**產物**（*products*）而跳進底層那些讓**產物**實現的**程序**（*process*）的話，那麼，要以個人動狀（individual animation）的觀點來保留住這種身分仍是可能的。詹姆士・卡瑞斯（James Carese, 1986）在他思考有限及無限的遊戲時，提供了一個很有用的隱喻。根據他的主張，有些遊戲是有限的，其目的是要贏；而相對的，有一種無限的遊戲（infinite games），其目的只是要讓遊戲繼續下去。每個有限遊戲的規則都不同；一個人只能透過了解規則才能了解那是什麼遊戲。但在無限遊戲中，規則會在遊戲的中途改變，即當遊戲者都同意這遊戲可能會受到有限結果威脅時──某些遊戲者會得勝，而其他人則被擊敗。若用卡瑞斯的話來說，「有限遊戲者在界線內玩；無限遊戲者則與邊界一起玩……有限遊戲者是正經八百的；無限遊戲者則只是很愛玩。」在此脈絡下，自我敘說都是發生於有限遊戲的限制之內。每一幅對自我的描繪都只是特定關係在其習俗之內的運作。不過，我們還是可以讓無限遊戲保有一

181

6　譯註：bad faith 可直譯作「敗信」，但在前一代的存在主義論述中，有沙特（Sartre）對此的專文討論，英譯文都作 self-deception，也就是自欺。

席之地——即總是可以超越敘事（beyond narrative）。如果在這層次上有任何身分認同可言，它也總是無法清晰說出，無法安放在一種可公開檢視的描述或解釋當中。它只落在關係本身之中，只在無邊無界及不可言說的關係底蘊（capacity）之中。

治療的動作

從以上觀點，我們應該都曉得：我們拒絕只簡單地將敘事重新建構，或是以更換敘事來作爲心理治療的指導隱喻。毋寧說，我們主張：應該將敘事所強調的重點以及對於敘事的思維都鑲嵌到一個更廣闊的關懷之中，就是要透過對話來生成意義。這牽涉到對於意義相對性這個概念要重新構思（reconception），要接受不確定性，對於意義的多重性要進行有生產力的探索，以及要理解：尋覓搜索一個明確的故事，或忠於一個一成不變的故事，都沒有必要。「重爲作者」（'Reauthoring'）或「故事重說」（'restorying'）對我們而言，似乎只屬第一階的治療方法，它意謂將功能不彰的主要敘事更換成一個功能良好的。這結果同時在其中帶有僵硬處方的根苗——這可能是要用來確認一個幻覺，就是以爲我們有可能發展出可適用於所有脈絡的一條原則或規定。而正是這種僵化性，很可能就是人在生活及關係中所體驗到的困難本質所在。正如心理治療師可能受到有限規定的束縛那般，體驗到生活困難的人似乎也陷在一組有限的準則、行爲規範，以及根本的習俗中。若只依據這些習俗而行動，則人不僅受限而致看不出任何另類的點示（alternate punctuations），[7]且會被囚禁在痛苦的交易型態中。

　　海因茲・封・佛爾斯特（Heinz von Foerster）曾有過敏銳的觀察，他說我們一直都在盲目中，除非能看見我們的看不見。如果語言爲人類提供的是理解活動的整套矩陣，那麼心理治療或許可適切地作此理解：「（心理治療是）一種語言活動；在其中，討論問題的會談，可發展出新的意義」（Goolishian and Winderman, 1988: 139）。換個方式來說，心理治療可設想成一種**意義生成的過程**（*process of semiosis*）——在協作論述的語境中打造意義。在此過程中，體驗的意義透過參與者不同視域的相互融合而導致轉化，並發展出能點示體驗的多種另類方式，而且，對體驗的新立場也由茲而逐漸生成。這程序的關鍵元件可能不只存在於討論過程中所生產出來的不同理解方式，更在於我們張眼看見我們的看不見之同時，看見了不同的意義層次。

　　欲幫助他人由看見我們的看不見而導出新方向來，首先，這意味著須從暗含著信仰統治權威的暴政中解放出來。就我們語言結構要素中的世界模型來看，這就需用到以下幾種方式：（1）有轉化性的對話，在其中有新的理解以及伴隨而生的一組（對於意義的）新前提，能經協商而出；以及（2）一種召喚，能期待那尙未見光的，尙未被故事化的，以及「文本之前的意義」得以浮現（Ricœur, 1971）。若以貝特森（Bateson, 1972）所區辨出來的各個學習層次而言，那就是個邁步超越的行動，學習從一種情境點示的方式（層次 1）跳到另一層次（層次 2），即學到使用新模式來點示，然後

7　譯註：作者在此使用了 punctuation，作爲標明、指示、要點等等的意思總匯，特譯爲「點示」。下文中還會出現多次。

到達肯因尼（Keeney, 1983: 159）所謂的「改變前提，也就是改變整個點示習慣系統的基礎前提」（層次 3）。這是個漸進的過程，從學習新意義，到發展新的意義範疇，到能夠把一個人如何構成意義本身的前提都予以轉化。

為了讓以上這些轉化發生，須先建立起一個脈絡，以促成其浮現。最初，我們完全與安德森與谷力顯（Anderson and Goolishian）（收在本書中）所強調的一致，也就是創造一個氛圍，好讓案主們能體驗到被聽見，包括他們的意見，及得到理解的感受，還有他們對自己的感受也能確認及接受。這涉及一種努力，就是試圖理解案主的觀點，也試圖傳達一種理解——人在某種給定的前提之下，之所以會有這些觀點，是很有道理的。但同時，這並不意味著就此接受或確認案主的前提。而是，確切地說，意味著一種**鞭辟入裡的探問**（*interested inquiry*），[8] 以打開對於前提的探索。

這種接納模式的探問——以開放態度對待不同體驗方式的點示，也隨時願意去探索多樣的觀點及贊同它們的共在——到達一種能被另一人感受到的程度，引發對體驗的立場改變。同理可言，它能使參與治療的人從浸泡已久的有限建構世界之中解放出來。這是因為體驗到接受性——對於體驗的開放，連同願意採納多重觀點，並接受意義本身的相對性——因而造成了觀點改變。

治療師能以多種不同方法致力於重新形塑體驗，這在本書中已經談了很多。但我們對治療所能扮演的角色還更須加把勁來多多注意。為了更能趨近這種境界，這可藉由對體驗作不同觀點的探索，藉由對他人及其行為的合理脈絡之間的關係作出敏感的反應，還可藉由將體驗徹底**相對化**（*relativizing*）。為了達到這個目的，受困者可能應邀去探索一些事情，透過「**盡入其（他）中**」（*inter* *alia*）的方式，尤其是：發現他們先前主要體驗中的例外；想像他們自己是被囚禁的犯人，被關在一個不是由他們自己打造，但被文化反覆教導的故事所構成的監獄裡；想像當面對不同的人時，他們將會如何敍說他們的體驗；考慮他們與人互動中的特殊癖性將會引發何種反應；在他們的想像中，把親近者的體驗關聯到自己，會是什麼樣子；考量一下，如果以不同的前提做爲行動的依據，則他們的體驗將會如何不同——他們將如何行動、他們在各個不同脈絡中能尋求何種資源、可能浮現何種新解決方案；以及再回想一下現已丟棄卻曾經信以爲眞的認知。

這只是一些例子，關於如何促動人，以不同觀點來建構事物，及因此讓他們解除有限敍事信仰所帶來的壓迫，然後釋放由其所引起的痛苦。用此種方式，那些在受困之中前來求助的人可能超越先前強加在他們身上的限制，並從掙扎之中解放出來；那些限制原是來自先前對於確定意義的仰賴，以及因此將他們的信仰強加在自己及他人身上。對某些人而言，問題的新解決方案會因此而顯明；對另一些人而言，一組更豐富的敍事意義將會浮現；又對另一些人而言，一種對待義意本身的立場將會逐步開展；這個立場預示對於不確定的容忍，也預示著一種自由的體驗，這是由於接受了無限制的相對性意義。對於採信此說者而言，此立場提供了一個願景，就是可以創造性地參與那無止無休、展延無限的生活。

8　譯註：對於 interested 這個字的翻譯，必須強調在慣用的「興趣」、「利益」之外，從字根來分析，那是 inter-（在其中）-est（存在）的意思。存在於其中，就此譯爲「鞭辟入裡」。

184

我願嘗試

加緊抓住無秩序來扣進秩序，加寬

視野，但享有其中的自由

當視野脫開我的掌握，不再有終極的見識，

當我感覺到無物完整之時，

明天每走一步就是一新步。

A·R·阿蒙斯，《卡森的入口》

註·釋

1. 要獲得更多關於現代主義（modernism）的討論，請參見（Berman, 1982）、（Frisby, 1985）、（Frascina and Harrison, 1982）、以及格根（Gergen, 1991）。
2. 參見撒賓（Sarbin, 1986）；這是一本頗為有用的敘事心理學。
3. 要獲得更多關於後現代主義的討論，請參見（Connor, 1989）、格根（Gergen, 1991）、（Harvey, 1989），以及（Silverman, 1990）。
4. 要獲得更多對於「認知鏡頭」的批評，請參見格根（Gergen, 1989）。
5. 要獲得更多關於自我敘事的討論，請參見格根與格根（Gergen and Gergen, 1988）。

參·考·文·獻

Bateson, G. (1972) *Steps to an Ecology of Mind*. New York: Ballantine.

Berman, M. (1982) *All that's Solid Melts into Air: the Experience of Modernity*. New

York: Simon & Schuster.

Carse, J. P. (1986) *Finite and Infinite Games*. New York: Macmillan.

Connor, S. (1989) *Postmodernist Culture*. Oxford: Basil Blackwell.

Frascina, F. and Harrison, C. (1982) *Modern Art and Modernism*. London: Open University Press.

Frisby, D. (1985) *Fragments of Modernity*. Cambridge: Polity Press.

Gergen, K. J. (1989) 'Social psychology and the wrong revolution', *European Journal of Social Psychology*, 19: 731-2.

Gergen, K. J. (1991) *The Saturated Self*. New York: Basic Books.

Gergen, K. J. and Gergen, M. M. (1988) 'Narrative and the self as relationship', in L. Berkowitz (ed.), *Advances in Experimental Social Psychology*, vol. 21. New York: Academic Press. pp. 17-56.

Goolishian, H. and Winderman, L. (1988) 'Constructivism, autopoiesis and problem determined systems', in V. Kenny (ed.), 'Radical constructivism, autopoiesis and psychotherapy', special issue of *Irish Journal of Psychology*, 9 (I): 130-43.

Hare-Mustin, R. and Marecek, J. (1988) 'The meaning of difference: gender theory, postmodernism and psychology', *American Psychologist*, 43: 455-64.

Harvey, D. (1989) *The Condition of Postmodernity*. Oxford: Basil Blackwell.

Keeney, B. P. (1983) *Aesthetics of Change*. New York: Guilford Press.

Kovel, J. (1980) 'The American mental health industry', in D. Ingleby (ed.), *Critical Psychiatry: The Politics of Mental Health*. New York: Pantheon.

Parker, D. (1990) *The Mighty World of Eye: Stories/Anti-Stories*. Brookvale, NSW: Simon & Schuster.

Ricoeur, P. (1971) 'The model of the text: meaningful action considered as text', *Social Research*, 38: 529-62.

Sarbin, T. (ed.) (1986) *Narrative Psychology*. New York: Praeger.

Silverman, H. J. (1990) *Postmodernism – Philosophy and the Arts*. New York: Routledge.

Spence, D. (1982) *Narrative Truth and Historical Truth*. New York: Norton.

Wittgenstein, L. (1953) *Philosophical Investigations*. New York: Macmillan.

185

12 重新建構身分認同：社群建構的危機

Reconstruction Identity: the Communal Construction of Crisis

席拉‧邁可納米（Sheila McNamee）

　　當我們透過論述來建構我們生活中的危機時，會發生什麼事？如果你和任何人談論他或她生活中某時期的危機，你很可能會喚起一些有關邊界的描述（boundary description），例如：「我覺得我沒有核心」、「我已經在崩潰的邊緣」，或「我經常是一團混亂，不知該不該或怎麼做、怎麼想、怎麼感覺。」其他常見的表示，可能挨著無根、漂浮、不能停泊之類的想像，例如：「我抓不住我的方向盤」或「我整個人都散掉了」。同時不可省略的是關於身分認同的描繪，其中重要無比，而最常聽到的這類表示有如：「我不是我自己」或「我不夠強壯，對自己的生活處理不來；我滿身缺陷」。

　　在本章中，我要檢視危機的觀念。特別要專注的是危機如何被文化以及在地化（locally）的方式建構起來。如此聚焦的目的是要指出：我們所描述的邊界體驗，其實需藉由全然加入中心化的在地論述才能達成。這個有點諷刺的理解，有助於討論我們如何**知道**我們何時處在危機之中，也有助於治療脈絡及治療師參與案主的危機（也就是加以改變），不論是要把它延續，或予以重新建構。

306

危機的個體化

　　我們必須回答的第一個問題是：俗民智慧對於危機的體驗是什麼？一般說來，有兩個選項，都可用來描繪我們生活中那些有爭議的事件。首先，我們有個現成可用的個人危機概念，就是：它降臨（*happens to*）在這個人身上。這種外來取向描繪了個人的無能，完全受控於情境及教條的束縛。在這種給定的限制下，一個人怎可能控制他自己的生活？如果環境已為這人帶來危機，那他又怎可能再集結能量及力氣去改變環境？

　　這種俗民解釋有個另類版本，就是將危機視為我們是誰、我們是什麼的自然延伸。換句話說，在一個給定的身分認同之下，危機幾乎都是「意料中事」。一定是因為「我」（me）出了什麼事，才引來這危機。我們懷疑這陷於危機中的人是否失德；他們是不是「壞胚子」、「生來邪惡」，或只是個掃把星「那一型」的人。但再說一次，如果我們**把我們自己帶向危機**，那我們又怎能期待我們會超越自己，成為另一種人？

　　這兩種對於危機的常識，把一種優先性賦予了人的個體。無論危機來自於個人的內部或來自於「真實世界」的事件，危機被當作他們所**擁有**的一種**東西**來看待。如此，危機就成為人的**所有物**。

　　參普森（Sampson）主張：「對個人的假定是這樣的：他們擁有他們的身分認同及其所有屬性⋯⋯再加上因此認同而起的任何特別能力及動機，以及由此導致的結果」（1989: 919）他所謂的這個「自由派個人主義」（'liberal individualism'）觀點聚焦於「個人動力學；其活動創造出我們所遭逢的種種生活特質」（1989: 916）。而且，他主張，如果這個自給自足的個人是社會生活的焦點，那麼

187

心理學就成爲我們可據以理解人類處境的一門正當學問。故同理可謂，如果危機是個人的「財產」——不管是人天生具有的，或由外界情況帶來的——那麼心理學就保住了適當的途徑，可經由它來檢視危機的現象，正因爲它聚焦於個人的能力。但，危機是什麼？

危機是一種邊界現象

「危機」（'crisis'）一詞是從希臘文 *krinein* 衍生而來，意思是「分離」。危機的邊界體驗將我們從我們與其互動的社群分離開來。而分離則需設定邊界。在地圖上，邊界將兩個國家隔開。同樣的，在思考我們的生活體驗時，我們會標示「我們的」的領域，以此與他人的區隔，且稱之爲「我們體驗的界限」。在家族治療文獻當中，旻努欽（Minuchin, 1974）以一種概念來標示健康家庭與病態家庭之間的不同，就是後者有不當的邊界。對他而言，譬如說，如果上下兩代之間的邊界過於模糊，或過於僵化，都會讓家族產生困擾。

這些例子強調了一個重點：任何關於分離的想法都暗含著邊界。但邊界首先必須劃定。這就需要辨識出足可區分的差異，將領域、構想、人、體驗等等與其他東西分隔開來。一旦劃定之後，邊界就意指著身分認同；它提供的一種意思就是：某種「東西」可由此辨識出來；是藉由顯示它從哪個來源分流出來，而有以達成的。就在此刻，由「他者」建構的可能性也就在此浮現。同樣的，如果這場建構的所有參與者都能合作地協商，那麼，邊界的挪動或重新定義的可能性也會因此而浮現。

188

　　邊界也標示了中心與邊緣的差異。習慣上，我們把「在中心」假設爲處在文化中某種在地的特權位置上。一些與此有重要關聯的用詞闡明了此一假設，例如「中心趨勢」、「把自己集中起來」、「中央管理」等等。但巴赫金（Bakhtin, 1981）的提議是：中心的概念同時須具有邊緣、外圍，及他者性（otherness）的概念。這意思與貝特森（Bateson, 1972）的觀點可相互呼應，貝氏說：「資訊」就是由「差異」所構成。對貝特森而言，我們只有在將資料與其他資料擺在一起，且看出它們之間的**關係**（*relation*）時，資料才會變成「資訊」。

　　帶著這些想法，我們將專注的焦點轉移到中心及邊界之間的關係，而不再聚焦於這具有特權的「中心」。現在，我們要指出的是使中心得以「存在」的邊界。若用康克谷（Conquergood）的話來說，「把穩固的中心及統一的整體替換成邊界及界線的觀念，其最重要的認識論後果，就是重新思考身分認同及文化，會認爲它們是建構的和關係的，不再認爲它們本質如此」（1990: 10）。

　　如果我們回到一個陷於危機中的人常用的口語表示，我們就會注意到：出問題的不只是身分認同而已，連位於「中心」的感覺也會深受威脅。就其本質而言，危機被定義成一種邊界體驗──人的效能降至僅能勉強接受的邊緣。危機可視之爲一種去中心化的身分認同，故接下來，危機通常就只剩兩個下場：（1）找出一條**回到**中心之路；或者（2）向外越過邊線，進入另一領域（這同時包含著「較健康」的非危機身分認同，及另一可能是「不正常」的領域）。

　　無論如何，這兩種可能性都呈現出一個概念上的難題。如果我本身的處境未曾納入一個社群建構活動，那我怎麼能宣告我生命中

有什麼危機發生——這處境的定義就是我被推向邊緣——而此一活動要求我加入的乃是一種在地的中心顯要人物社群？如果一套論述從開頭就將我的處境建構成危機，那麼盤踞其中久矣的我將**越過什麼邊緣或回到什麼**中心？任何動向都還是會落在這套論述的邊界之內。因此，我們須多加注意的就是論述實踐。

189　危機的論述建構

顯然地，早已有很多種協商好的（well-negotiated）社會談話（social talk）形式，提供了必要資源，好讓我相信我就是身處於危機之中。這些不同的談話形式是經由社群互動而建構的。換句話說，某人可能將自己說成「陷入危機的人」，如果他與一些人會談或互動，而這些人又很配合他，與他一起建構這樣的身分認同。無論如何，任何特定的行為——例如，很差勁的工作表現——並不會構成危機，直到它受到足以維持的互動所指引，將注意力導向一種觀點，認為其後續的互動及行為都可用來把他指認為有問題為止。更重要的是，除非一個人參與了特定的會談（例如，一個人反覆與一位上司互動，而他們之間的談話都聚焦於有問題的工作表現上），否則那個人不太會將這處境定義成危機。於是，一個人必須在社群中參與夠多的中心化論述，才能在所謂的危機建構這件事上軋上一腳；這才能把他定義成身處在危機之中。

如果我們查看一下歷史，定能看見很多例子。這些例子顯示出語言中的社群（languaging communities）限制何在。在父權社會中，對女性的壓迫不常被指認為危機，直到論述領域發生了轉移，

且提供了一種資源，可用來討論男女不平等。在二十世紀初，有許多女性對於她們所在的更大社群之中的地位雖不滿意，但多數女性並未面臨，或甚至擁有「知識」，來碰上她們未滿足的各種需要，包括職業的、政治的、經濟的，以及個人的。不過，當時的論述確實提供了一些手段，例如，如何將母親在養育孩子方面的問題指認為母職的重大危機。然而在同一時期，卻尚無任何一種現成的手段，可用來討論女性的事業興趣算不算是一種個人危機。

　　一如我們注意到，對於女性的論述轉移，我們也開始看見新形式的危機——發展出來。今日，由於其他各種論述都可便利取得，危機就可包含許多概念，像是政治、經濟，及職業的參與。在我們目前的社會脈絡下，一位女性合法的危機可能包含職業與家庭生活之間的權衡。在此之前，這遠非整個大社會的實際狀況。

　　同樣的道理，在二十世紀的早期，對於人的問題流行一種佛洛伊德式的解讀方式。它提供了整套關於危機的術語及形容，且都根植於能量競爭的概念。這些競爭不僅發生於不同的精神結構之間，也發生於早期的親子關係之間。到了今日，由於出現了其他許多論述，我們很可以用不同於佛洛伊德的方式探討個人的問題。它可以是由環境的刺激及不適當的制約（行為主義）而造成的；或也可由另一個相當不同的原因，就是由不當的家庭階序（結構主義）所造成。 190

　　以上是一些危機的例子，說明了危機是出於不同的特定論述領域。為了能定義什麼是「適當的」或「不當的」，需要有個論述脈絡來做為參考。且因此，各種克服偏離的「通透」（'working through'）之法就會備人取用，而所謂的偏離是相對於已建構好的普遍實踐而言。治療通常是已具備的社會形構之一，就如同教育、

法律、醫療等等體制一樣。

在以上所列的情境中，有一種特別的諷刺性。這是因為危機的體驗被認定為一種邊界現象，而這現象的標示卻需藉由**社群**及**中心**關於正常及不正常行為的定義才能算數。此外，還有另一個與此相當的諷刺在此冒出，就是當我們能夠認出：為了解決這些危機，我們所建造出來的種種體制（像是治療）只堅持某些特許的論述，因而妨礙或阻止了其他同樣可產生解決方案的論述。此種論調對於治療脈絡賦予合法性，使它成為處理危機的活生生競技場。這同時也認定：治療其實是一種根植於現代主義概念的實踐，而現代主義者又崇尚個人主義。

現代主義及後現代主義的治療取向

關於現代主義的觀點，以及它對於二十世紀社會生活樣態所造成的影響，已有許多文獻（Jencks, 1986; Lyotard, 1984; Turner, 1990）。一言以蔽之，現代主義假設個人天生就是理性的。推理的能力，連同對於「外部」世界精密觀察的能力，導致對世界可作精確的描述。在現代主義所強調的進步、成果，及目標的底層，有這樣一種慾望：正確及精準地描述現象。只有在清楚推理的指導下所推進的行動才能解決人類的困境。於是科學很有道理地成為討論這種進步的中心隱喻。

很多治療文獻顯示，對於世界的觀點，他們擁戴現在主義。在一些廣為流傳的形式中，治療的任務就是治療師及案主理性地將問題事件談個透徹（talk through）。談話的類型及方向受到模型、階

段、方法的支配，而這些清楚的文本都登載於專業期刊和書籍中。以這種格式化的方式所趨近的理性，可歸功於科學程序。這不只是藉由清楚地將每個必須遵守的步驟都一一標明，還藉由展示令人信服的研究，以證實這些技術確實有效。

相較之下，一個比現代主義的科學隱喻更明顯有關的就是仰
賴醫療程序的治療取向。這些程序雖然有些變化，但通常會包括藥物、實驗室測試及觀察，以及一連串在臨床管理之下的治療。雖然這些治療取向中的診斷及處遇有所不同，但都共同聚焦於個人的理性、觀察的技術，以及對於進步的信念。

由於科技能量的大幅躍進，後現代主義興起之際，即已能夠普遍取用各種不同的理性。簡言之，我們現在已有許多可任由我們使喚的不同方法，用來談論什麼是人生的價值，我們該如何行動，以及如何才算是進步。後現代主義的主要標誌是聚焦於語言──也就是說，聚焦於人如何以彼此互動的方式來建構世界。這種對語言的強調，是從現代主義聚焦於「東西」的核心本質移轉而出的。如以上所言，現代主義的方案就是：不論他正在檢查的是什東西，（透過仔細及控制的觀察）揭露它的基本結構或本質；而其目標，是藉此得出結論及原則。相反的，後現代主義的方案則是檢查互動的程序，看它如何提供機會使得某種特性得以浮現及消散。一個特定的互動脈絡如何偏好某種論述，而其他脈絡又是如何提供大量不同論述出現的機會？這就是後現代的提問法。

由此可見，值得關切的並非只在於互動的成果，更在於如何讓多樣的觀點組織成連貫的互動型態，且每種型態都能同時促成及限制某種特定的行動。此外，由於對語言及社會建構的強調，我們終於曉得：「在後現代的狀況下，人以一種連續的建構及重構狀態而

存在」（Gergen, 1991: 7）。

後現代思想的出現為我們講明白的是我們目前全球一體的互動模式，以及我們需要更加注重多樣性的議題。現代主義仰賴個人，認為個人是組織社會的主要原則，但現在，這觀點已被後現代主義取代，改以社群的、關係的、互相注意的方式來理解社會秩序。當**在地的**經濟必須仰賴全球政治及貿易時，**世界的**經濟卻必須考量及仰賴在地的政府統治，在此情況下，繼續強調自給自足的個人，其所能提供的資訊就微乎其微了。一般說來，心理學一直被視為一種適當的學科，可藉此來研究現當代的人類互動，而這種互動所標榜的是個人的效能、意向，及自主的概念。但現在，有沒有可能以另一種考量，來把焦點放在多重性、多樣性，以及關係的後現代治療上？如果可能，這種取向對於危機以及治療的整體想法，將會告訴我們什麼？

如果危機是同時決定於語言社群的邊界內及邊界上的生活體驗，那麼，能構成危機的，必定是由於社群之內的指認（及創造）。克萊曼（Kleinman, 1988）強調在地的或「顯要的」社群，在其中，意義及實踐才得以出現。我們必須質疑的是那個「在地生活世界」（Kleinman, 1988）如何得以建構出來。在不同的社群或文化中，對於人，及其合法的行動路線，各自有何信仰，各自如何維持？是什麼樣的互動場域，使得其中行為的特定理解或解釋值得保存？換句話說，在一個社群裡，是什麼樣的意義及行動建構了支配性或中心的型態，且因此定義了所謂的邊緣？在此，關於社群的想法變得益發重要，這是因為並非每個互動中的所有參與者都指涉了相同的「在地生活世界」或社群。以下將會作更多說明。

發散的論述社群與迫切的身分認同問題

　　關於危機的概念，從論述的觀點而言，現在可視之為一種由社群建構起來的現象，而不是一種個人的「問題」。例如，將同性戀定義或標示為一種病態，正說明了某種特權論述的形式，以及現代主義對社會體制（譬如治療）的建構正以某種方式在維持這種病態形象。

　　奇津哲（Kitzinger, 1989）呼籲要正視一些社會程序。這些程序很諷刺地擁護著其實不正常的行為，但將它們「塞進」文化核准的敘事當中，施行不墜。奇津哲的例子專注於女同性戀的議題，且提供了一套有用的概觀。她提出對女同性戀特定及流行的（也就是中心的）描述，如何在事實上維護了我們人文主義文化的解放取向。明白地說，她闡述了同性戀關係如何可用浪漫愛以及個人實現的方式來理解；在這樣的描述中，當代文化的個人主義取向經由那些能強化自我的特權關係而死灰復燃。如此一來，女同主義及女性主義的非中心化政策——即一種擁護社群及合作的政策——反而被削弱。在我們的文化裡，親密關係只能以浪漫愛及自我實現作為「正當」的基礎。以這些語詞來描繪女同主義，暗示著女同性戀只不過是一種「合於規範」的關係形式之變形。對這種關係的不同建構方式竟因此而噤聲失語，也被推向邊緣去了。

　　試想想複婚制（多妻或多夫）關係，這是未被我們社會普遍接受的一種關係型態。如果有個人去找當地的治療師，抱怨他許多不同的配偶之間難以相處的關係。這不太可能創造任何會談的機會，來產出一種能繼續維持多夫或多妻關係的方法。在這種情況下，基

193

於治療師對於複婚制有不道德感，解決的辦法很可能就只會是一種矯正式及命令式的指導。如果案主不接受這個解決方案，危機就會繼續下去（且很可能擴大）。現代主義的治療師，作爲一個文化的代言人，會試圖把這個文化建構強加在此人身上，而文化建構卻是造成危機的始作俑者。於是，拒絕這些建構的案主定會被進一步病理化。

但是，我們要如何從關係的位置來理解這些闡述？同性戀或複婚制關係的「危機」是如何透過論述實踐而得以維持，乃至於最終還被轉化？要想見到同性戀或複婚制的維持，這並非難事。但通常，治療性脈絡會很諷刺地將邊緣建構成中心，這是藉由將危機透過已核可的論述來合法化，就如上述的女同志那個例子。事實上，治療師參與的是一場將危機（或說，邊界或邊緣現象）中心化的活動。

如果我們認出某些特定形式的會談可維持身分認同、信仰系統，以及行動路線，那麼我們就能想像會談以及重要的互動也同樣能提供機會來定義危機。無可否認地，互動會限制那些參與其中的人，使得他們無法演出某種特定的自傳敘說（autobiographies）。通常，藉由加入在文化上更爲「中心」的解釋陣營，治療師與案主之間的會談將有助於爲案主生產及維護其危機。治療性會談通常提供一個論述的場域，使得案主限制自己以其他方式「知道」這個世界的能力（例如，作爲一個同性戀者）；這些限制來自於現代主義治療場景中，那些已被合法化以及被特許的想法。

無論如何，關注不同的論述社群所持有的想法，會提供一種檢視互動的方式。這種方式帶著一個根本的提問：人在這互動中一起做的事情，是如何提供機會，使得特定的詮釋、解說、描述，以

194

及行動路線得以浮現？當然，這個提問同時也暗示了：經由互動程
序，有些行動路線、詮釋、解說，以及描述是不可能的──它們被
互動的程序所限。人們一起做的事情會對某些行動路線及詮釋提供
可行性以及可持續性（Gergen, 1990）。最後，當我們將不同的論
述領域所浮現的身分認同及危機都協調起來時，就會提供潛在的新
行動方式。

　　這個目標可經由參與者不斷地質疑他們自己的前提及在地生活
世界而達成。有這樣的可能嗎？──在不需增補參與者來自不同論
述社群的情境下，讓治療性脈絡達成這種協調，且還能促成新身分
認同建構的浮現？

論述治療的脈絡

　　有些治療學派試圖採用後現代或建構論所聚焦的重點，實際上
已經出現。在此，**論述的實踐**變成一條重要的探索大道，與傳統所
強調的人類行為本質與動機互相抗衡。而且，由於強調的是論述，
社群中某種特定的互動因此成為可行且能持續發展，也因而備受關
注。當我們的焦點轉移到溝通程序本身，就能出現以關係來建構的
身分認同（以及危機）。心靈研究所（Mental Research Institute）的
早期研究（Watzlawick et al., 1967）就是奠基於這個焦點，而且，
若干治療學派也自此展開（Selvini et al., 1978; Tomm, 1987a, 1987b,
1988; Anderson and Goolishian, 1988; Andersen, 1987）。

　　一旦治療師與一位案主開始從事會談，治療師就已接受案主的
邀請，進入某種話題的語言（Anderson and Goolishian, 1988）。此

刻，話題以「合法的」方式建構起來。一旦將會談的話題合法化之後，對於前提的檢查能力就會表現出來，而檢查的方向則會同時朝向中心**以及**邊緣的信仰及行動。在社會建構論的治療裡，危機並未因爲**吸收**到文化所接受的實踐及信仰而被中心化。相反地，它以自己的條件來中心化，就是藉由提供及維持一個論述空間的行動而有以達成。

這種關係取向有個預設，就是案主及治療師以合作的方式共同建構出關於案主危機的敘事。正是這個關係的、合作的、共有的取向，把社會建構論的方法與現代主義的方法區別出來。在後者中，治療師的立場根本不存在，反而只經由文化中一般的重要準則來評價及診斷危機，而不是以在地的建構爲準則。

要看看社會建構論治療的例示，可參考由米蘭團隊（Milan team）（Selvini et al., 1978）所提出的循環提問法（circular questioning）這個構想。循環提問法建築在關係語言（relational language）之上。循環提問法不對案主提出團體活動對於家庭關係有多重要的問題（這將會引出一個基於「事實的」反應，也就同時採納了**個人**的觀點），取而代之的，是一種關係資訊（relational information）的想法。這是藉由向第三人（也許是個小孩）提議，請說說他／她認爲另一個家族成員會怎麼看待團體活動的重要性。例如，案主可能被問道：「團體活動對於你而言，你先生的說法有什麼重要？……當你在這個議題上展示你的立場時，他會怎麼說你？」在同一個互動脈絡下，這些提問聚焦之處在於各種建構起來的詮釋當中，如何分辨它們之間可能的差異。藉由允許每個參與者以不同方式標示同一情境中的重點，循環提問法的關注從原本被認爲是中心的「事實」或「適當的詮釋」中移開。在如此使用時，循

環提問法爲每個參與者提供成爲觀察者的機會。讓他們得以觀察他們自己的互動模式，讓各種詮釋得以非事實的方式出現。循環提問能促使人去思考另一人可能會如何描述、定義，或合理化某個特定的行動或關係。以這種方式，「問題」不太會被「吸收」到一個流行的敘事當中（無論這是在重要的關係脈絡裡，或在專業的心理論述下所產生的）。於是，一個論述空間就此創造而出。在其中，多樣的詮釋及描述都變得可行。

在循環提問的想法中，最有趣的是多重觀點被賦予的發聲（voice）。發散的詮釋變成有趣的資訊，而不是要一頭栽進辯論及競爭的領域。從循環提問中浮現出來的多重描述提供了資源，以便形成新連結（關係）。由此種提問方法所蒐集到的「資料」，很快會變成人與人之間連結的資訊、想法、關係，以及各種場合時宜。於是，從此脈絡中浮現的是**型態**及**程序**的資訊（而非產品或成果）。

由於循環提問法不致力於讓個人堅持他們自己對世界的觀點（包括特權的、專業的、心理學的版本），反而允許人偏離他們的故事或邏輯中所習慣的日常生活或行動。這是爲另類的描述提供一個開口，而那些描述通常會包含多重的發聲，這在先前論述中都以競爭的方式出現。現在，我們較可能聽到案主說：「我不會停下來想他會把我的行爲看成在逃避家庭活動」，而不是聽到他加入一場關於說話是否老實的爭辯。循環提問法中的關係語言提供了一個脈絡，使得陳述變成好奇的表現，而不是對立的爭論。循環提問法只是治療實踐中的一個例子，它從一種關係意識當中浮現。此法提供的是一種語言轉移的方法，挪動了「中心的」，以及「邊緣的」之間的邊界。以這種方式，治療性會談主動建構了一個危機處境的限

196

制及可能性。

就如同身分認同的形成以及危機的定義都不是由個人建構起來的，那些算是合法的診斷及其後續的療癒，也都是在合作及互動之下所建構出來的產物。聚焦在論述之關係形式上的治療脈絡，將如何趨近這些議題？這種脈絡不會生產出一種使得危機、身分認同、診斷都當作個人財產的會談。相反地，會在社群建構的脈絡下，使得會談成爲種種不同的描述。

爲了定義及辨認出一場危機，需呼籲大家注意：在建構我們的所知之時，語言具有核心地位。長久以來，語言的作用被認爲是在反映現實，但這是現代主義的概念。現在，這概念已被後現代思想取代：我們是透過語言來建構世界（Gergen, 1985; Shotter, 1990）。這是與維根斯坦（Wittgenstein, 1953）的語言遊戲觀一致的理論位置。他主張每個行動都是互相關聯的，是許多行動中的一個，不但依據發生的順序，也依據其他正在進行中的行動。這個觀點所隱含的意思相當大膽。他所提議的是：與其將注意力聚焦於說話者心中在想什麼，毋寧將我們的探問導向論述的實踐領域；也就是說，我們檢視人在互動時一起做的是什麼，以及他們如何完成各種「活動」；同時也不停地探問我們各種不同社群所生產出來的前提。

結論

關係領域是我們建構知識的所在，而對這領域的強調把我們的專注導向於觀察者所組成的社群。這種社群中的成員可以看成一

些彼此互動的人，並且彼此探問，以查證何爲適當。就這層意義而言，我們可以這麼說：什麼算是危機，那是由社群所指認的，無論該社群是由一個人的家庭、朋友、同事，或專業人士（例如律師、醫師、精神科醫師，或其他）所組成。

　　雖然社會建構論者會主張：因爲觀察的結果總是必需「在語言中」來描述，[1] 但多數「觀察者」都採取某程度的抽離，以藉此達到客觀性。康克谷（Conquergood, 1990: 8）追隨羅沙朵（Rosaldo, 1989）的腳步，提議我們取代「實證主義的視覺偏見，代之以談論發聲、陳詞（utterances）、音調、多語性（multivocality）」，以試圖從觀察的模型轉換到參與在語言之中的模型。視覺（注視）的隱喻意味著距離，以及因此而得出的客觀性。聲音的隱喻則意味著接近。而且，就如康克谷指出的，「透過會談，啓動了（人的）脆弱性及自我揭露。相反地，完封則是由凝視構成的」（1990: 8）。就治療而言，會談性的參與（語言的及非語言的）才是中心，而觀察決不是。更且，很多論述領域必須在治療性脈絡之中協商，方能得之。

　　一場危機，也就是人生當中的某個時刻，是一個被活出來的片段，而人在其中的脆弱性「被語言化」（'languaged'）了（Maturana and Varela, 1987）。那是可能的嗎——藉由提昇這種脆弱性的潛能以建構新的身分認同？對於正在進行中的生命故事，可以重新建構一個人的說法？是這樣嗎——在互動領域中所發生的治療，確實就是這樣？如果治療屬於會談領域，那麼，溝通程序就會變成焦

1　譯註：關於「在語言中」，最值得參照的一個論點是：音樂只能「在音樂中」才能理解。

點。一個能將危機形成的論述面向列入重要考慮的治療脈絡，就由茲提供了一種能讓重新建構得以發生的情境。案主的問題可視之為一種參與某種會談的邀請（Anderson and Goolishian, 1988）。當會談是基於關係而非基於追尋個人意義時，那麼，先前看似危及案主身分認同的危機，現在改以重構身分認同的機會而浮現。

　　一場危機於是變成一個奇異的時刻，讓人可利用之，而能從「正確性」、「客觀性」，及「讓人接受」的想法中解放出來，然後在不斷進行的敘事或生命故事當中重新設計及建構自己的位置。但這種努力的成敗只能藉由提供一個論述領域，才有以致之。

　　再說一次，在語言之中被建構起來的正是一種關係，這種關係存在於潛能與限制之間（Ceruti, 1986），在中心與邊界之間（Rosaldo, 1989），以及在危機與「常態」之間。一場危機乃是個合作的、社群的建構。

198　　有用的是去檢視一下會談性的敘事如何在治療師以及案主的參與之下變得很有組織，且使得危機能夠浮現、存活，乃至消散。這種聚焦標誌著一種轉移，就是從傳統對於心理健康和社會互動的思維中轉開。它標誌著一種轉移，就是從假設人有問題（好似那是一種能被擁有的「東西」），轉到檢視互動（即會談）及允許問題出現的實踐（即傳統）。它標誌著一種轉移，就是從假設一個好理論或好方法能夠揭發問題的根源以致後來可將之消除，轉到明白指出理論家及研究者為了建構社會現象的解釋而使用的種種論述**實踐**——他們與「研究對象」及案主在特定的文化及意識型態領域之中的互動。總而言之，現在的焦點在於人（治療師及案主）**在一起做**了什麼，而不在於問題或人的任何「本質」（essential）面向是什麼。

參 · 考 · 文 · 獻

Andersen, T. (1987) 'The reflecting team: dialogue and meta-dialogue in clinical work,' *Family Process*, 26 (4): 415-28.

Anderson, H. and Goolishian, H. (1988) 'Human systems as linguistic systems: preliminary and evolving ideas about the implications for clinical theory', *Family Process*, 27 (4): 371-94.

Bakhtin, M. (1981) *The Dialogic Imagination*, ed. M. Holquist, tr. Caryl Emerson and Michael Holquist. Austin, TX: University of Texas Press.

Bateson, G. (1972) *Steps to an Ecology of Mind*. New York: Ballantine.

Ceruti, M. (1986) *Il vincolo e la possibilità*. Milan: Feltrinelli.

Conquergood, D. (1990) 'Rethinking ethnography: cultural politics and rhetorical strategies'. Paper presented at the Temple University 11th Annual Conference on Discourse Analysis, Philadelphia, PA.

Gergen, K. J. (1985) 'The social constructionist movement in modern psychology', *American Psychologist*, 40: 266-73.

Gergen, K. J. (1989) 'Warranting voice and the elaboration of the self', in J. Shotter and K. J. Gergen (eds), *Texts of Identity*. London: Sage.

Gergen, K. J. (1990) 'From heteroglossia to communication'. Keynote address, Temple University 11th Annual Conference on Discourse Analysis, Philadelphia, PA.

Gergen, K. J. (1991) *The Saturated Self.* New York: Basic Books.

Hoffman, L. (1981) *Foundations of Family Therapy*. NewYork: Basic Books.

Jencks, C. (1986) *What is Post-modernism?* London: St Martin's Press.

Kitzinger, C. (1989) 'The regulation of lesbian identities: liberal humanism as an ideology of social control', in J. Shotter and K. J. Gergen (eds), *Texts of Identity*. London: Sage.

Kleinman, A. (1988) *The Illness Narratives*. New York: Basic Books.

Lyotard, J. F. (1984) *The Postmodern Condition: a Report on Knowledge*.

Manchester: Manchester University Press.

Maturana, H. R. and Varela, F. J. (1987) *The Tree of Knowledge. Boston*, MA: New Science Library.

Minuchin, S. (1974) *Families and Family Therapy*. Cambridge, MA: Harvard University Press.

Rosaldo, R. (1989) *Culture and the Truth*. Boston: Beacon.

Sampson, E. D. (1989) 'The challenge of social change for psychology: globalization and psychology's theory of the person', *American Psychologist*, 44 (6): 914-21.

Selvini, M., Boscolo, L., Cecchin, G. and Prata, G. (1978) *Paradox and Counter-paradox*. New York: J. Aronson.

Shotter, J. (1990) *Knowing of the Third Kind*. Utrecht: University of Utrecht.

Tomm, K. (1987a) 'Interventive interviewing: Part Ⅰ. Strategizing as a fourth guideline for the therapist', *Family Process*, 26 (1): 3-14.

Tomm, K. (1987b) 'Interventive interviewing: Part Ⅱ. Reflexive questioning as a means to enable self-healing', *Family Process*, 26 (2): 167-84.

Tomm, K. (1988) 'Interventive interviewing: Part Ⅲ. Intending to ask circular, strategic, or reflexive questions?' *Family Process*, 27 (1): 1-16.

Turner, B. S. (ed.) (1990) *Theories of Modernity and Postmodernity*. London: Sage.

Watzlawick, P., Beavin, J. and Jackson, D. D. (1967) *Pragmatics of Human Communication*. New York: Norton.

Wittgenstein, L. (1953) *Philosophical Investigations*, tr. G. Anscombe. New York: Macmillan.

199

13 建構論的治療法：有意思與沒意思
Constructionist Therapy: Sense and Nonsense

傑·S·艾彿然（Jay S. Efran）與末絲麗·E·克雷費德（Leslie E. Clarfield）

家族治療一直不斷在尋找有力的新方法，雖然由此冒出來的 200
各種取向很少能夠長久保住其治療的魔力（Schwartz and Perrotta,
1985）。某些技法乍看之下閃閃發亮，但剛從研習工作坊或研討會
帶回家就立刻黯淡無光。這些新技法正如去年聖誕節的玩具那般，
一旦流行過後馬上變得失色。每一種訴求在消褪之後，就會被丟到
治療師玩具箱的底層，在那裡喊著要他再出去捕獵更新鮮的玩意。

因此，絲毫不在意料之外的是：在心理治療領域中，某幾種
正在流行也堪稱爲建構主義（constructionism）〔原註1〕的形式，可
能只不過是那群翻雲覆雨的治療法之中，最近的一陣風潮而已。更
且，他們的論點，如果把其中「掉書袋的聒噪」（'epistobabble'）
（Coyne, 1982a）都脫光的話，這治療法就無異於組合一些早爲人
熟知並使用的「重新框設」（'reframing'）以及團隊觀察技術而
已。最受質疑的問題在於：他們所用的一些建構論黑話比起先前十
幾個令人迷醉的語彙是否足以證明爲更踏實、更能長久？

曉得了我們正站在建構論取向必受批判的節骨眼上，我們有意
利用本章來裝載兩個交叉纏繞的目的。首先，我們要把早期建構論
詮釋者遺留的一些理論殘骸掃光。其次，我們想要討論我們自己的
詮釋之中最核心的面向（Efran et al., 1990）。對我們而言，建構主

義既非新型態的治療法，亦非一套時髦的技術，可用來添加到既有的操作手冊上。它應是一個脈絡，可在其中重新體會與模塑治療的合約（contract）何謂。就這樣，我們相信它可以導向案主與治療師之間更良好、更明晰的互動設計。

「什麼都行」的心態

在《愛爾蘭心理學期刊》（*Irish Journal of Psychology*）的一份特輯（Kenny, 1988）中，開頭的題詞是「爲所有在黑暗中的跳躍者」（其結尾是一首詩，提出了一個尖銳的問題：「我們受到詐騙了嗎？」）這就是公眾對於建構論域（constructivist domain）之中最原始未定知識狀態的一般認知。在此同時，該特輯的出版也足證專業社群對於探索新思維有強烈的興趣。爲特輯撰文的作者們正在東摸西摸，想要在此競技場中建立起一套可共享也可共用的語彙。不過，到目前爲止，對於基本術語還只有一點點共識，至於對治療處遇方式的含意爲何，那就更少有同意之處了。有人論道：不可能出現一些特別「獲准」的建構論方法，因爲建構論的精神正是把所有的觀點和位置都視爲**同樣正當**的。

我們在一開頭就得指出：我們認爲對於建構論作出這種「每一個都一樣好」的詮釋，基本上就是方向錯誤。作爲建構論者的我們，和任何其他專業者一樣，有權在各種選項中選出並表示出，我們所強烈持守的對錯是非何在。

這就會把我們拱上和某些批評者尖銳對立的位置。譬如，黑爾德（Held）認定，每當建構論者作出「現實宣稱」（'reality

201

claims'）時，總是違反他們自己的哲學信條，亦即「人不可能在任何處境下得知任何獨立的現實」（1990: 181）。黑爾德把「現實宣稱」歸類為對任何事物的投入，包括對建構論的信條本身，因為那也是對於世界如何運行的一種肯認方式。

　　黑爾德說得很對：為了要實踐之故，建構論的治療師必須擁戴一些信念，即關於人為何受困，以及治療師可以在此下手做什麼。在此基礎上，她指控建構論者對於自己所宣傳的信條完全無能為之。很諷刺的是，我們對此的宣稱確實和她一模一樣，但我們的理由卻在 180 度的對角上。以**我們的**詮釋來說，建構論的理論架構所堅持的是（1）每個人各有其偏好；（2）對於各自的偏好，人都有權表示；以及（3）這些選擇不應「裝扮」成客觀真理或現實。對我們而言，「真理」乃是一套廣為共享的意見。正如大法官歐立佛・溫德爾・霍畝斯二世（Oliver Wendell Holmes, Jr.）所作的肯定：「所謂的真，就是我不得不相信者。」

　　建構論者自認有責任為某些主張採取特定的位置。沒有人叫他們不要這樣。建構論者甚至允許拿科學典律來考驗他們的假設，因為他們心存的信念是：科學本身的傳統就包含著觀察者與被觀察者之間的辯證關係。沒有所謂不帶價值的觀察。正如量子理論家約翰・惠勒（John Wheeler）這樣說：「沒有觀察者，就沒有物理學」（Overbye, 1981: 66）。

　　不幸的是，建構論的批評者太不在意兩種邏輯之間的差異：一是「扁平的」二價邏輯（two-valued logic），無法把觀察者納入該邏輯中；另一是比較複雜與現代的自我指涉邏輯（self-referential logic）（Brown, 1972）。羅素和懷海德曾經證明：在自我指涉邏輯的不同層次之間相絆，總會導致矛盾和弔詭。譬如懷海德的箴言

202

說：「所有的眞理都是半眞理」，對於傳統的非此即彼邏輯來說，就會製造分析上的難題，但若就其本身來說，它構成的可是一套近於完美可通、可以理解，也且非常實用的說法。同樣的，貝特森有名的格言說：「科學從未證明任何事物」（1979: 29），這句話不可能——也不必要——用科學來證明。又如哥特爾定理（Gödel's theorems）已經說得很明白的（見 Hofstadter, 1979）：對建構論所作的批評中所謂的矛盾和弔詭可在**所有的**理論建構中發現——不論是實在論或反實在論。無人可免。每一個理論開頭的命題必然指向觀察者的偏好，而且也都不可能在理論本身的架構中予以證明。對於建構論者而言，其命題說：無人可以直接獲取客觀現實，前提正是如此，而這既不需辯護也不需證明。那是個起點，並未由此構成任何不當的「現實宣稱」。

抽象與曖昧

心理治療是一種生產。它會修改現狀。如果成功的話，案主必定會終止於和起點不同之處。在此意義下，建構論者就臨床師的通則而言也不例外——會使用偏好的方法，來把人從一處帶到另一處。很遺憾有些建構論者會拒絕接受自己身處於這種「影響」他人的事業中。

或許是因爲他們對於生產的效應還有所猶豫，以致許多來自建構理論的囑咐都會顯得過於模糊、抽象，乃至一廂情願。治療師和案主需得到告知才能有所作爲——因此，告知顯得軟軟糊糊時，就很難確認訊息的本意何在。譬如說，治療師獲得的告知是他們應該

和案主「共構一場會談」。雖然這說法不是毫無意義，但當他受到的質問是來自一個家族，其中一個男孩被鄰居的毒販害死時，這意義就變得非常有限。

遵循建構論觀點的治療師常會編出一陣幾乎無法穿透的抽象煙霧。他們會談什麼「同時進行的多重會談」，在「不意識」中帶來改變，用「不可言說」來作詳述，以及「在語言中發展出新的關聯」。像這樣的描述完全無法引發鮮明的意象來引導實作中的治療師。其所代表的乃是治療事業中一種持續不絕的危險——即傾向於生產一串又一串**馬後砲式**的抽象原則，而在說出口時還儼然像是真的在表明治療師步步為營的心理歷程。在我們的體驗中，治療師的所為和他們事後的所說之間，一直存在著很大的鴻溝。

透過對比的方式，可看出時下流行的認知行為療法就可直接連到那些作者的想法：他們一廂情願地為案主提供一些簡單的指導路線來解決問題。可以肯定的是：這種取向在鼓勵臨床師從側邊踩過主要的體驗和關係（譬如，可參見 Coyne, 1982b, 1989, 1990）。更糟的是：他們所仰賴的都是些過時的，或套套邏輯（自我反覆）的因果變化理論（Efran and Caputo, 1984; Efran et al., 1990）。固然也可說：把這套直截了當的角色定義賦予臨床師，以及給些相對準確的操作指南，也算是把他們從大海的迷航中拯救了出來。

描述相對於處方

把建構論的囑咐之中的詮釋難題變得更加複雜的，就是有些

在此領域中的作者會在描述（descriptive）與處方（prescriptive）[1] 的兩種模式之間滑動遊走——而這是一種邏輯型態上的混淆。建構論者傾向於使用的語詞是「治療作爲會談」，以爲在用指令而非描述。對於達爾文主義者來說，「適者生存」就成了他們描述生命歷程的基本用語。只不過，豪豬和火蜥蜴並不需爲這種自然淘汰的原則背書，或沿著該原則行進，才能保證牠們的生存方式行得通。自然淘汰是個描述性的隱喻——而不是一套給物種成員的訓誡或指導。同樣地，對建構論者而言，會談乃是個隱喻。那不是治療師必須借用的一組治療工具，也不是一套要給案主勸善的言論，可用來挖掘他們過去的歷史，或用來避免反傳移（countertransference）。對於建構論者而言，所有的治療——甚至認知行爲療法——經過分析都會成爲共同建構的會談之事。理性／情感的回家作業以及精神分析的釋夢都是某形式的對話，雖然他們各自會導入不同的方向。伐瑞拉就曾說：「我們是用對話和語言來呼吸的」，而會談正是人類體驗「最佳」的具體化（1979: 268）。

會談不多不少，正是我們日常生活中跌跌撞撞的適應過程，好教我們一起生活在這個世界上。毋寧唯是，會談未必只是需要特別調教的稚弱事件。「對話」之中也包含了拳打腳踢、流血鬥爭、共謀僭奪、自取滅亡和政治獨裁。然而有些建構主義者堅持要把「對話」用蒼白狹隘的語彙來定義，以爲只有禮貌地討論和對於另類觀點的「開放」態度才算數。人若相信積極的所得必須經由冷靜、理性的詳談方能致之，或只有在精研細探的中立氛圍中才能使案主有點進步，那就實在太幼稚天眞、太畫地自限了。

建構主義至少有一部分可用會談中所用的隱喻來定義，正如達爾文主義的標誌就是仰賴自然淘汰來作爲組織原則。無論如何，建

構主義並**不必然**要把治療的療程弄成像個公開論壇，或向團隊成員徵詢意見，或故意避開 DSM 診斷系統，或看輕酗酒成癮與精神疾病的基因解釋，或故意不作出有力的預測，或拒絕告訴案主該如何行動。在某種情況下，上述各種治療的偏向都有其可取之處。但沒有一項可斷定為建構主義的理論基礎。

階序與消極性

　　大多數建構論治療師會對自己的角色選用「從旁協助者」，而非「教練」或「指揮」。他們的目的在於建立一套支持脈絡，而非直接下達改變的指示。他們「信任」改變會以其步調在時機對了就會出現。其中有些人會變得接近早期羅哲斯學派（Rogerian）的那種非指導立場。

　　比較令人困惑的是：在這樣的發展中，有些這類的治療師變得益發相信這樣的工作方式就等於建構論模型中所必有的原則和限制——彷彿把人看成個體、選邊站、提出特別的建言、堅持某些意見、進行爭辯、不用協作治療等等都叫做反建構論。

　　對於許多家族與策略治療師而言，建構論的「禮貌」版看來好像提供了一條出路，好讓他們能逃離先前受到的訓練那般強調操弄和指導的模式。把家族治療師的意象弄成令人反感的強力魔術師或戰術攻防專家，近來益發受到女性主義陣營以及倡導心理健康的團

1　譯註：原文中此兩詞共有的字根是 "-script"，亦即這兩種動作都是在「給腳本」，只有事後、事前之別。事後給的腳本叫「描述」，事前給的腳本就是「處方」。

體所抨擊。由於對家族的抗拒採取過度提防而致心生厭倦，使得這些治療師寧可歡迎比較認可平權姿態的治療取向。家族治療師更在意尋找出較偏於「美學」的形式（Keeney, 1983），以便在其中維持所謂「發明的現實」（'invented reality'）觀念（Watzlawick, 1984），但要刻意輕忽權力政治。建構論近來的詮釋似乎比較會在尋尋覓覓之後選用「軟調子」的理論模型。我們反對的不是他們的偏好，而是反對他們堅信這種治療風格就代表了建構論觀點的精華。

在這節骨眼上，我們發現讀者的反應是對我們最近出版的書（Efran et al., 1990）很有興趣。有些建構論的戰友很喜歡（也同意）我們大部分的說法，但卻對於我們花了很多篇幅來描述療程中的細節頗不以為然。他們的要點是說：「那不是建構論──那只是你們。」那當然是我們。但建構論本非任何特定的方法。此一取向中有一良方就是可以讓我們毋須避諱地把我們是誰以及我們的立場何在都可以**正當地**呈現。總之，像「發明的現實」究竟怎樣能發明出來──假若我們都只能像騎牆派那樣，裝得像站在中立的立場上，等著看有意思的事情會不會冒出來？依我們之見，只有參與性的認識論才會引來參與。像我們這樣的建構論著作（以及治療法）並不需要作非關政治或非關個人的表態。反倒是更該當面處理倫理、道德、責任以及未來願景等等議題。這些東西都是可倡議、可教學、可引導也可影響的。我們先前說過，沒人不准許建構論者表達他們的偏好、希望和意見。他們只是不可宣稱這些東西屬於別人，或是從某些外在、客觀的現實中，透過特權管道引進來的。案主也受到邀引，可以為他們的位置負起責任。我們肯定理查·巴賀（Richard Bach）的立場：「你在一生一世中唯一的義務就是對你自己真實。要對別人或別的任何事物真實，那不僅不可能，也同時

會把自己標示為冒牌的救世主」（1977: 59）。

馬土拉納曾經在一次研討會上被一位治療師問道：為何他或任何其他人覺得自己必須做治療的工作，尤其在沒有**客觀**標準足資判斷什麼叫做「活得好」之時。馬土拉納的回答直截了當：「因為他或她想做。」對於結構決定論者而言，一個人的終極參照就只是他自己。我們也可由此想起瑪莎‧葛蘭姆（Martha Graham）對一位訪談者的回答——問題是她為何要編舞，回答則是：「這樣我才有東西可跳。」

我們關切的是馬土拉納（Maturana, 1988）的一些觀念——譬如：我們每個人都活在「多重版本」（'multiverse'）中，以及「教導性互動」乃是結構上的不可能，等等——這些觀念都受到廣泛的誤解。由於對這些概念的理解有誤，致使有些治療師放棄了許多潛在有用的策略。雖然直接的「教導性互動」在觀察者的一方是個錯覺，同時對於生物系統如何運作來說，也是個不好的描述，但這還不至讓結構決定論的原則結論道：學校都該關門，或教師都該把研究成果留給自己。教和學還都維持得好好的。馬土拉納自己就是個傑出的教育家，他也沒有意思要在任何時刻放棄教室，乃至把他自己畢生思想和體驗之所得不拿出來和學生分享。

然而，每一個在課堂上的學生都會以獨特、不同的方式受到其中互動的影響。只不過，由於學生在結構上的相似性以及秉承了語言的共通性，他們的體驗之間也會有些要點是相互交叉的。更且，在企圖教別人之時，我們也會同時拉高我們自己的理解，並把社群的努力一起向前推。

自動控制論者（cyberneticists）指出：人類和所謂「瑣碎的機器」之不同，在於人類不是完全可預測的（von Foerster, 1981）。

206

但是，自動控制論的這一點小小的智慧並不是有意讓治療師不敢用過去的經驗來引導未來的行動。對於不瑣碎的實體作出教學計劃來，對於下一步該教什麼先來點揣測，這也算是完全有道理的。專家的指導語對於新手而言仍很受用，雖然這不證明在每一次的事例上都很正確。有些建構論的治療師下手時以為完的可預測性和直接指導的互動方式都不應存在，因此他們也必須遠離專家的身分，不再對未來有任何期待或能產生任何影響的後果。他們似乎相信讓改變發生在「不覺之間」才是最好的，所以他們的舉止好像在為任意而為鼓掌叫好。

所幸大廚和外科醫師對於這種認識論的兩難問題根本不為所動。因此，大廚還是經常在預估他該準備多少食材才能滿足他的吃客，而他的拿捏幾乎都是差不多。同樣的，外科醫師在動手術時大約都知道該在哪裡下第一刀，以及怎樣的結構改變最能產生有所不同的結果。大廚和手術師都把從事的工作往特殊的方向用力推，並在意外的狀況發生時，立刻調整他們的對應策略。在建構論和結構決定論這兩者中的治療師，沒有任何理由可另做他想。

治療師凡是決定要採取中立的位置，也想在他們的工作中除盡階序地位差異者，通常在這種事情上都沒事先徵詢過案主。這就會製造出「文本」和「底層文本」之間的不一致性，就如發生在家庭之中，當父母親向孩子們宣稱某些問題要用「民主的」方式來解決時。這樣的作法完全沒有去除父母的權威——而只是把它掩飾掉。同樣地，在夏山學校的教育實驗環境中（Neill, 1960），學生都有權自行開會，在某些議題上採取投票表決，但每個人都知道，尼爾先生（Neill）是幕後操盤的頭子——尤其當學校裡有些事情要是鬧到失控的話，學校就有被吊銷執照的危險。學生可以「自由地」投

票，只要他們投得很正確，或他們要投票的議題不致危及整個組織的核心價值時。

有些治療師已下定決心——案主所要的乃是中立的治療師，並且要他在沒有等級階序的機構裡執行任務。譬如說，霍夫曼（Hoffman, 1985）就宣稱：她要減低階序等級，但不是要模糊掉區別與界線——你不能只要湯不要油（Brown, 1972）。我們同意戈藍（Golann）所說的：「一些具有領導地位的理論家，如玻斯科洛、切欽、霍夫曼等人，他們雖有好意，但建構主義和觀察體系的立場還不致讓家族治療的實踐能變得實實在在不具入侵性或沒有階序差異。」（1988a: 56）

事實上，等級階序這個概念本身若能消除的話，那才真會把我們嚇倒，因為那是根本的荒謬和反生產性的。案主是因為有困難才會前來尋求對此有知的人協助他們改善事情。（就算需要修理的只是汽車，我們也都會去找神級的修車師傅，因為他們的能力比較不會出岔子。）毋寧唯是，治療的交遇通常都發生在治療師的園子裡，並且也都是要付費的。像我們這樣的社會，單憑這些因素就足以把階序的關係穩固下來，並且也已道盡其義。

沿此而下，精神分析的導師通常會提醒我們，要是有兩人在一起吃午餐，你可以看出誰是「買家」誰是「賣家」，只要看誰先把帳單拈起來就夠了。（如果你在遠一點的地方觀察，而買賣交易的東西也比較微妙時，其中的階序關係也仍可清楚看出。）同樣地，治療師——不論他是不是建構論者——正是在賣一種貨，也在經營他的「店鋪」。他們必需把店鋪經營的政策安置妥當。案主用腳投票，他投的是看你安排得好不好，這樣他才會繼續上門來，不然他就改到別家去買貨了。

治療師的中立

我們已經引文談過治療中立的問題。在我們看來，那只是一種狂想。對於建構論者而言，沒有一個立場可稱爲非政治或中立的（Durkin, 1981）。艾普斯坦與路斯（Epstein and Loos）最近的提議是說：建構論的治療師「必須發展出的位置乃是能夠同時尊重**所有的觀點以及所有的參與者**」（1989: 416，加上強調）。我們作爲治療師，若果眞以爲所有的觀點都是平等的，我們在其中沒有任何偏愛，這就等於在廉價出售我們所期望與案主之間的坦白對話。這樣的呵護是對於自己的完整人格作出妥協，把開放的對話視爲瀕危的物種，需要受到「溫室」的保育。

幾個觀察者才夠多？

以建構論的名義所作的提議，並非個個都一樣抽象和令人頭大。有些作者**確曾**提出一些很具體也有一定限度的程序。但不幸的是，這樣的提議多半只像擦邊球或虛有其表，難以和他們原來該談的建構論原則連上關係。譬如說，因爲建構論者承認：知識得以興起者，乃是作爲社群觀察活動的函數，於是有些治療師就覺得這是在呼籲他們要集合起來，形成一個特殊的「觀察者」團體，然後整堆一起丢入單面鏡後方。其結果是上演了一齣模仿秀——這些工作者的初衷是要熱切地表現一種新的哲學洞視，企圖將該洞視轉譯爲可直接碰觸的形式。這形式只是把具體性錯置的謬誤。很類似於此的情況也發生在早期的家族治療中。正因爲叫做「家族」治療，

208

所以就認定家庭的每一個成員都必須到場。直到今天，有些剛入門的家族治療師還問道：「這家族治療要怎麼動手——如果那個人的父母已經過世的話？」或者「我想做家族治療的啊，但案主是自己一個人住在公寓裡，那怎麼辦？」即便家族治療的建立者之一，莫瑞‧包文（Murray Bowen, 1978）教人在療程**之外**也要和家族接觸，要有很多家族到場的觀念仍然在某些圈子裡延續了很久。很多人就是難以理解：家族治療只是一種關於生活與難題的思維方式，而不必然是要怎樣把人親自拉進場子來的安排。

顯然地，把觀察的團隊放在鏡子後面，絕不保證其結果就能合於建構論的某種主張，或能因此而避免「線性」的陷阱——這是說，有些人認為只有一個案主和一個治療師就會構成這樣的陷阱。更有甚者，治療的品質不是由照明或視聽系統如何擺設、如何轉動，或透過治療師可以在鏡子後面如何和同事們反覆認定案情而能決定。

貝特森（Bateson, 1979）寫的所謂「雙重描述」（'double description'）確實很有道理，正如雙筒望遠鏡可使深度知覺變得較為可能一樣。不過，有用的觀點不必然和給意見的人數多寡有關。愛迪生、愛因斯坦、福特、貝多芬、畢卡索——以及，就此而論，加上貝特森本人——都是在獨奏狀態下完成他們的偉業。所謂的雙重、三重、四重描述，可以增益寫作的品質，但不是因為開會多開了幾次。雖然貝特森（Bateson, 1972）強調過觀念的生態學何其重要，他絕不是建議你把整套生態學堆進你的車裡才好讓工作上路。

再說一遍：這些程序把一個觀念（一套描述）轉換為具體且隱然變成簡易的操作公式。除此之外，正如拉卜金（Rabkin, 1970）所指出的：根本沒有單一治療師和單一案主會面的這回事。人**永**

遠都代表著一套社群「網絡」各部分之間的介面。就算是在個人治療中，案主也帶著他的家人或「問題決定體系」（'problem-determined system'）（Goolishian and Anderson, 1987）一起進到諮詢室裡來，而治療師也伴隨有他個人以及專業的支援體系。不是每個人都必須親自到場。

待寄的書信

除了建議要用幾位觀察者之外，受過米蘭團隊影響的治療師還引介了幾種頗有異國情調的程序變異，譬如把團隊的各種沉思默想寫成書信，爲家族成員娓娓道來，或者用一些語帶玄機的方式告訴他們接下來要做什麼。你一定會覺得奇怪，那案主到底要怎麼搞清他們對於案情在安排些什麼鬼把戲。有不少調查報告指出：至少有幾位家族成員在經歷這些程序時，被搞得驚慌失措，而我們當中也有很多人聽過更多這類玄祕故事，基本上是從一些個人經驗以及八卦流言中聽來的。有位家族成員用的是這種說法：「我很希望知道這團體的目的何在。但整件事情被他們帶得神祕兮兮，我問了問題，他們就用別的問題來回答……。我這輩子從來沒像這樣被他們搞成實驗室的老鼠！」另外有人則說：「非常不搭調的是（X 博士）在一個情緒事件的半路上被叫出去，然後又回來，機械式地把團隊所說的話重複講給我們聽」（Mashal et al., 1989: 467）。你會感到驚奇的是：我們現在做的這些放血動作，到了下一代會不會被看成古裡古怪？所幸我們之中有些因爲沒有精密的視聽設備，不足以蒐集到成千個臨床實例，結果最有效的建構論治療法很可能只是

210

什麼也不要求，只要有個治療師，有個房間，然後有一個或幾個心存困惑的人進來，就挺夠了。

特別的提問形式

有些理論家對於建構論的「魔術」所作的設定，既不是誰坐在哪裡，誰寫了什麼信給誰，而是在於提出問題時所用的特別形式。不過，在我們看來，建構論治療法所需的設計既不是循環提問（circular questioning），也不是返身提問（reflexive questioning），且在某些情況下，那些玩意還可能變得有礙生產。我們之所以不愛用這些隨機而發的妙語公式，有好幾個理由。首先，那會製造出一種公平遊戲的**錯覺**。戈藍（Golann, 1988a, 1988b）曾指出：那樣的提問方式會掩飾掉治療師真正的動機，他說：「如果不把這種假設性提問的難題點出，那就簡直是短視——那些身陷在曖昧處境中的人想要投身於改變命運，卻掉入治療師的權力交易之中」（1988b: 69）。還有，「如果治療師的假設是以隱形的方式連到治療師提問的型態中，而進入溝通……你就必須問問他們：這樣的治療法對於早先的策略療法而言，算是什麼改進？」（1988a: 63）。在我們看來，治療師對於自己的立場應該要表現得更乾淨俐落，並且也該把他們扛起的責任示範出來。循環提問法可用來隱匿治療師的意圖，而在那面具底下他玩的把戲實為審問和調查。

更有甚者，臨床師常會以遵循一套預先備好的提問形式，而獲得一套虛假的安全感。這些操作手冊使臨床師覺得很容易讓事情變得「自動化」。羅哲斯學派的訓練師常會抱怨說：那些案主中心式

的套句很容易流爲無所用心的公式。循環提問者也會駛進一條公式化的詢問之途，而沒掌握到一節或一期治療的目標，甚至不知道提問和手邊的議題內容有何相關。在案主那一方，有時只是爲了禮貌才回答那些問題，而根本沒在他們自己的目的上著墨。

托畝（Tomm, 1988）很明智地指出：要把「循環」的或「返身」的提問從治療師的意圖及其脈絡中獨立分辨出來，那是根本辦不到。不過，很多實務工作者就是會想辦法不理這種警告。在我們聽過的一些錄音樣本中，治療師好像更在乎要讓所提的問題能穩穩地串連起來，而不是在乎那些問題實際決定的效應何在。其結果就是技術蓋過內容。每個人都被定好的機械問題所問，也不管合適與否就對其他人作出反應的意見。循環提問與返身提問這種形式有什麼特別的好處，其實都還有待證明——對於參與者來說能得到什麼，以及會使案主獲致什麼更精鍊有效的陳述。

治療效應必須在參與者互動的脈絡中不斷重新創造出來。不然的話，很快就會退化成罐裝的固定流程。臨床師常會報導他們最初試用的介預之方多麼好用，但拿到類似的場合中再用一次，就會發現此方子已變得平淡無奇。

治療法與會談的場境

「心理治療」（'psychotherapy'）這個詞拿來給自己耳提面命，很管用的：此詞在 1899 年鑄造成型時，原只不過是把心靈（*psyche*）和照顧（*therapeia*）兩字拼在一起而已。在那個年代的二元論思維中，如果身體可以有治療之方，則心靈亦必有之。不幸

的是，這種方法從來不見其真正的發明，且直到今天，此詞仍缺乏其特有的、且可明辨的指涉。只要是案主和治療師決定一起做的任何事，幾乎都可用此名稱之，不犯法的話。

以我們的觀點來看，心理治療本非任何特定的一套程序──而應說就是一種教育的形式。但又和其他的教育事業不同，主要是在課程本質以及學生身分的安排上。和案主見面的典型場所是一間辦公室而非教室。他們之前來，不是為了要獲取學分，或希望在某特定的題材方面變得專精，譬如數學、音樂，或化學。反之，其教學的焦點會放在生活的安排，以及生命的滿足。對於這種冒險事業，佛洛伊德在很早以前就主張說：要評估其成敗，就要看是否能提升人在工作、遊戲，以及愛方面的能力。[2]

客觀論者會認定：治療就是要把故障的情緒機器給修好，改善心理健康狀態，或是把非理性思維連根拔除。不過，建構論者很清楚的是：這工作只是一種教育上的努力，其條件也只是一種師生間的契約。能讓工作持續下去的授權，並不來自發現心靈機器有什麼客觀的毛病，而是來自參與雙方互相協商而獲得可滿足的同意，其背後連結的則是大社會中所建立的一些限制。正如一個學生會在獲准成立的機構裡選課，案主（或其家長、監護人）也一樣會雇用特別的治療師或治療機構來當教師或教練。契約未必都是書面的，但只要有這約定，就會建立起目標、程序，以及所有參與者的角色。 212

2　譯註：佛洛伊德原來的說法只提到「愛和工作」，後來由艾瑞克森（Erik H. Erikson）加上了「遊戲」。見 Erikson, E. H. (1966). The ontogeny of ritualization in man. In R. M. Loewenstein, ed., *Psychoanalysis: A general psychology* (pp. 601-621). New York: International Universities Press.

最後，這個契約的要求可能是得以滿足，要不就是重新協商，再不就是以毀約告終。顯然，前兩者比第三項要好得多。

治療的自然媒介——如同大多數其他的教育所追求者一樣——就是語言。整個語境脈絡基本上屬於哲學而非醫學，也多屬於建構而非僅是補救。治療的關鍵所在，也如同其他的教育形式一樣，乃是馬土拉納所謂的「直交互動」（orthogonal interaction）（Maturana, 1988）。我們等一下會多談談這個。當然，語言並不只是語文上的交換——毋寧說是社群的活動型態。語詞和符號乃是我們在社群脈絡中對我們自己的體驗方式。不同的語彙會體現和維持不同的社會安排。譬如，說真的，就如同強森（Johnson）的主張：「科學的語言乃是科學方法之中的較好部位」（1946: 59），[3] 而科學方法基本上乃是一套組織社群生活的公式。宗教也這樣，正是一套組織的路線。每套語彙生產出其自身的一套體驗，創造出帶有特色招牌的知識，也生產出一套特別的社會律令（Maturana and Varela, 1987）。

毋寧唯是，在同一個語言體系內，沒有同義詞存在。[4] 每個字詞、每個符號都代表了獨特的行動座標和後果的型態。兩個詞對某一觀察者來說可能是相似詞，但那是由於他對於每一語詞的諸多向度沒有直接的興趣，看不出其中條件的相異。只不過，觀察者在某一場合所忽視的區別到了另一場合就會顯出關鍵的重要性。外交官很快就會發現：成功的關係可能就鉤在語彙和儀式的微妙區別之上，而這是在自家人的圈子裡沒人會注意到的。同樣地，治療師必須能夠賞識不同的遣詞用字，因為那會支配不同的互動形式。譬如說，「焦慮」一詞會比「害怕」一詞產生多一些的謎。所以，一個人比較會來求助的，是因為「考試焦慮」，而不會因為帶著難看的

成績，害怕回家。要克服害怕，比較合適的方法是對做事情達到精熟程度或表現勇氣。但在另一方面，對於焦慮，比較合適的解決乃是求醫，或去做鬆弛訓練（relaxation training）。（在我們的工作中，我們會試圖把這些謎團轉譯為白話，讓普通人聽懂。）

　　我們在先前已經暗示過，如果建構論真能代表什麼的話，那就該代表對於下面這個事實的賞識：「每說一句話都是在轉述傳統」（Varela, 1979: 268）。意義不會和它所產生的脈絡脫線，而在同溫層中浮游。意義的表現會「住進」特殊的會談場境中，並在那兒待著不走。現實也許可用發明的，但那也要有其場合才出得來。

　　因為在我們的文化中，我們總傾向於把語詞和行動之間的區別予以物化，我們通常都會低估前者的重要性而過度聚焦於後者。語詞構成了一種特殊形式的行動，並且當然會牽涉到幾乎所有其他形式的活動。你可以不在正式的場地上，不戴手套，照樣打棒球，但你不能沒有棒球術語。同樣的錯誤是以為建構論者既然強調了語言過程，因此他們只處理問題的「詮釋」——重新裱框——而不必處理問題本身。「真正的問題」就在於詮釋——永遠不只在於蒐集事實。更且，詮釋是會有後果的——不只是個附帶現象。

　　這些都不是「主觀」事物。在一套像建構論這樣的思想體系

3　譯註：這位強森（Mark Johnson）有幾部著名的作品是談隱喻和各種譬喻。在此所謂的「較好部位」也就是個隱喻，通常指的是牛排屬於牛身上的哪個部位。

4　譯註：「沒有同義詞存在」當然是很不尋常的說法，像英文的一大本《羅傑氏同義詞典》（Roget's Thesaurus）就反駁了此一說法。但細細思索，所謂的「同義詞」只是「相似詞」，而非意義全等，永遠可以互換。作者的意思應該就是指意義（特別就「語意」而言）的細微差異。

中，客觀性早被視爲觀察者的錯覺，而主觀性也變成了曖昧的詞彙。其中一詞的狀態改變就會自動連帶到另一詞的改變。（你若把「上」的意義改變，「下」不也就變了？）因此，建構論者把通常的主觀／客觀二分法調動了位置，其根據是對於參與的本質另有見識。事實上，建構論之所以要避免自言自語，正因爲它強調的是人的思想、說話、做事、想像，和感覺，無不由人所參與的形式來構成。正如同生生不息的生態學一樣，人不是獨立自在的因子，可用想法來打包，然後高興走到哪兒就到哪兒。人是受到處境結構的限制。不像《愛麗絲鏡中奇遇》裡的白后那樣，人沒道理在早餐前要先相信五六件不可能的事情。

至於我們盡心盡力做到的——通常這就夠了——就是把特殊的社會結構囚牢給標記起來，我們常是被監禁於其中的。我們信所爲，爲所信。我們也許會希望椅子變桌子，會相信癌症只是個無害的腫瘤，但這樣的期望無濟於事。我們有深刻的結構義務，要求我們必須依照我們自己設計的章法來行事。建構論因此**不是**一張執照，可以教人去裝模作樣，或唆使人去毫無節度地一廂情願。事實上，治療師所看的人，有很多已經深陷於妄想與自己編織的夢幻中。他們的話語代表著穩穩的——有時是很痛苦的——那一套生活實踐。不過，很少人爲他們探索過他們手邊所有面向的潛在語言平台，而那正是一個治療師最能幫上手的地方。

214 直交互動

我們先前提過，直交互動乃是治療發生改變的關鍵所在。試想

想一位修車師傅，看著一輛運轉不良的車而皺眉頭。他把火星塞拆下來，用工具稍稍調整了一下間距，然後裝回引擎裡去。結果這火星塞上的一點點結構調整就讓它的角色表現得完全不一樣，車子的整部結構也有效地運轉起來。這就是直交互動的一個簡例。在火星塞與機械師之間的互動是直交的——簡單說就是垂直相交——就一個火星塞作為整部引擎的一個零件而言，這是最通常發生的互動。在火星塞間距調整之後，它和引擎其他零件之間的關係變得不同，而整部體系也因此受到修訂。治療師和其他的教育家都在直交互動的位置上，來面對一個組織的成員；他們提供的運轉機會常屬於一般「圈子」之外的規則。

　　所幸治療師和案主並不是屬於同一個「圈子」的成員。因此他可以引進一種面目全新且有催化作用的直交互動型態。如此一來，最根本的就是那些圈子所設定的結構不必複製到治療裡來。馬土拉納和伐瑞拉就曾這樣報導：「解決之道，正如要解決所有顯然的矛盾一樣，在於脫離對立狀態，並改變問題的本質，拱出一套更大的脈絡」（Maturana and Varela, 1987: 135）。建構論哲學在這方面之有用，有許多方式。首先，建構論的治療師不把圈子的預設視為當然代表著完全免疫的客觀現實。治療師既不把這種社群安排看成瑣碎無聊，也不把它當作獨一無二的真理。很多新型態就是有待建構。我們會同意維根斯坦的觀察：「（人的）語言之限就意指（其）世界之限。」更廣泛、更具包含性的陳述之利，很容易得證。直交互動的要求就是能生產額外的語言區別，並因此使生活得以在新的空氣中呼吸。不過，建構論的治療師不可以無視於人在保持其現有成員身分時，在這些面向上花了多少的投資。生活當中的情緒矛盾（Mendez et al., 1988）之可以得解者，在於新的架構提供

了足夠的轉圜空間，讓舊的實證因素可以吸納進新的關係安排。譬如，有個人住進自己的新公寓，仍然每個星期天都要回老家去參加傳統的家庭聚餐。

案主在新的療程開始之後，會抱怨她剛剛度過了「糟透的一週」。（要注意這個人的語言中，「糟的」是這一週，而非她在這一週的生活裡出現了哪些型態的決定。）她所期望於治療師的乃是同情與支持，因為那正是親朋好友——即她的生活「圈子」——通常會對她的反應。治療師會相反地跟她一起探索為何有人會關切什麼是「糟透的一週」。何況，就算其他人真的「深深」在乎，但那又真能造成什麼不同？案主有時會認為這問題的答案是肯定的，但如果經過再三思慮，在此處境下的同情其實對於自我而言並非營養。

治療師的反應雖不合於案主的期待，但會把治療合約導向更長遠、更有結果的討論，討論到生命的意義，以及她所建立的自我滿足和他人認可之間有何關聯。她會看出她對於他人的某些認定有何需求，還有她期待從其中得到什麼，而這和她社會生活中的嚴重失望以及其他關係難題都大有關聯。在離開諮詢室之後，案主帶著更新的能量回家，並決定把一些討厭的舊家具全給丟了。第二天，她去附近的一所社區學院選修了一門藝術課。等待別人的認可從此變得不如她為自己的愛好而行動來得更重要。

結論

因為我們是走在一場認識論革命的中途，故對於建構論取向而

提出的每一道問題都期望得到確定的答案，那就太不現實了。但在
另一方面，我們很難不同情那些在專業前線上兢兢業業的戰友們所
需要的具體教誨，尤其某些人得到的指指點點，說他們已經誤入歧
途了。臨床師們需要知道建構論怎樣能更有效地幫助他們處理夫妻
吵架、吸毒成癮的青少年、有自殺傾向的丈夫、深居簡出的空曠恐
懼症、有潔癖的洗手狂，或只是個輟學的中學生。在今日看到的一
些指導原則都顯得又抽象又只是唱高調。其他一些可能會具體些，
但未必是從建構論延伸而出的。依我們之見，建構論沒必要把自己
設定在中立位置上，或完全避免地位階序，或只能等待改變會按其
節奏而自然發生。也沒有必要安裝特殊的視聽設備，或建立一個治
療團隊，或使用特殊的提問技術。

　　心理治療是一種教育的形式。治療的媒介是語言。治療師和　216
案主的互動是以「直交」的方式，用意在產生更多包涵性的另類形
式。建構論強調了社群共同努力從事的本質，同時也在意生活的安
排可有多種可能且正當的方式，而這些曾受人探索的可能，至今也
只有一個小小的子集合。社會互動本來就不只是些枝微末節，其伴
隨而來的語詞和符號也自有其必要性。建構論的治療師對於和自身
相連的意見、價值、信念，及其後果，都會擔負起責任。更且，他
也會鼓勵案主如此行事、如此擔當。案主受到的教導是把「症狀」
視為由目前的生活形態所滋生，且鑲嵌在其中，而非來自外在力量
的產物，亦非來自內在心病的謎團。

註‧釋

本文兩位作者要向 Elsa R. Efran、Richard L. Leffel，以及 Jeanne Akillas 致謝，因為他們幫忙整理這份手稿使之能夠出版。

1. 在此以下，我們使用的 'constructionism' 和 'constructivism' 兩詞是可以互換的。在引用或討論某一作者的觀點時，我們就都依照該作者的用法。

參‧考‧文‧獻

Bach, R. (1977) *Illusions: the Adventures of Reluctant Messiah*. New York: Delacorte Press (Creatures Enterprises, Inc.)

Bateson, G. (1972) *Steps to an Ecology of Mind*. New York: Ballantine.

Bateson, G. (1979) *Mind and Nature: a Necessary Unity*. New York: Bantam.

Bowen, M. (1978) *Family Therapy in Clinical Practice*. New York: Jason Aronson.

Brown, G. S. (1972) *Laws of Form*. New York: Julian Press.

Coyne, J. C. (1982a) 'A brief introduction to epistobabble', *Family Therapy Networker*, 6 (4): 27-8.

Coyne, J. C. (1982b) 'A critique of cognitions as causal entities with particular reference to depression', *Cognitive Therapy and Research*, 6: 3-13.

Coyne, J. C. (1989) 'Thinking postcognitively about depression', in A. Freeman, K. M. Simon, L. E. Beutler and H. Arkowitz (eds), *Comprehensive Handbook of Cognitive Therapy*. New York: Plenum. pp. 227-44.

Coyne, J. C. (1990) 'Concepts for understanding marriage and developing techniques of marital therapy: cognition *über Alles*?' *Journal of Family Psychology*, 4: 185-94.

Durkin, J. E. (1981) *Living Groups: Group Psychotherapy and General System Theory*. New York: Brunner/Mazel.

Efran, J. S. and Caputo, C. (1984)'Paradox in psychotherapy: a cybernetic perspective', *Journal of Behavior Therapy and Experimental Psychiatry*, 15: 235-40.

Efran, J. S. Lukens, M. D. and Lukens, R. J. (1990) *Language, Structure, and Change: Frameworks of Meaning in Psychotherapy*. New York: Norton.

Epstein, E. S. and Loos, V. E. (1989) 'Some irreverent thoughts on the limits of family　217 therapy: toward a language-based explanation of human systems', *Journal of Family Psychology*, 2: 405-21.

Golann, S. (1988a) 'On second-order family therapy', *Family Process*, 27: 51-65.

Golann, S. (1988b) 'Who replied first? A reply to Hoffman', *Family Process*, 27: 68-71.

Goolishian, H. and Anderson, H. (1987) "Language systems and therapy: an evolving idea', *Psychotherapy*, 24: 529-38.

Held, B. S. (1990) "What's in a name? Some confusions and concerns about constructivism', *Journal of Marital and Family Therapy*, 16: 179-86.

Hoffman, L. (1985) 'Beyond power and control: toward a 'second order' family systems therapy', *Family Systems Medicine*, 3: 381-96.

Hoffman, L. (1988) 'A constructivist position for family therapy', *Irish Journal of Psychology*, 9: 110-29.

Hofstadter, D. R. (1979) *Gödel, Escher, Bach: an Eternal Golden Braid*. New York: Basic Books.

Johnson, W. (1946) *People in Quandaries*. New York: Harper & Row.

Keeney, B. P. (1983) *Aesthetics of Change*. New York: Guilford Press.

Kenny, V. (ed.) (1988) 'Radical constructivism, autopoiesis and psychotherapy', special issue of *Irish Journal of Psychology*, 9 (1).

Mashal, M., Feldman, R. B. and Sigal, J. J. (1989) 'The unraveling of a treatment paradigm: a followup study of the Milan approach to family therapy', *Family Process*, 28: 457-70.

Maturana, H. R. (1988) 'Reality: the search for objectivity or the quest for a compelling argument', *Irish Journal of Psychology*, 9 (1): 1-24.

Maturana, H. R. and Varela, F. J. (1987) *The Tree of Knowledge*. Boston, MA: New

Science Library.

Mendez, C. L., Coddou, F. and Maturana, H. R. (1988) 'The bringing forth of patholoty', *Irish Journal of Psychology*, 9 (1): 144-72.

Neill, A. S. (1960) *Summerhill: a Radical Approach to Child Rearing*. New York: Hart Publishing Co.

Overbye, D. (1981) 'Messenger at the gates of time', *Science '81*, June: 61-7.

Rabkin, R. (1970) *Inner and Outer Space: Introduction to a Theory of Social Psychiatry*. New York: Norton.

Schwartz, R. and Perrotta, P. (1985) 'Let us sell no intervention before its time', *Family Therapy Networker*, July-Aug.: 18, 20-5.

Tomm, K. (1988) 'Interventive interviewing: Part Ⅲ. Intending to ask circular, strategic, or reflexive questions?' *Family Process*, 27: 1-16.

Varela, F. J. (1979) *Principles of Biological Autonomy*. New York: Elsevier-North Holland.

von Foerster, H. (1981) *Observing Systems*. Seaside, CA: Intersystems Publications.

Watzlawick, P. (1984) *The Invented Reality: How Do We Know What We Believe We Know?* New York: Norton.

索引

中文版編按：1. 本索引中所標示之數字為原文書頁碼，請對照內文左右之原文頁碼；2. 只見於文獻引用而不在內文中提及的人名或其他名詞，不做中文翻譯。

| A |

| B |

| C |

Kearney, E. L.　71

Keeney, B. 肯因尼 48, 182, 200

Kitzinger, C. 奇津哲 192

Kleinman, A. 克萊曼 192

Kors, P. 寇爾斯 151-2

Kuhn, T. 湯瑪斯・庫恩 55

| L |

language, pragmatic utility of 語用學 175-8

Leary, D. 大衛・黎里 64

Lévinas, E. 列維納斯 71

linguistic system 語言體系 27-8, 182

local meaning 在地意義 33-4

Luckmann, T. 盧克曼 155, 156

Lyotard, J. -F.　190

| M |

Maturana, H. 洪貝托・馬土拉納 40, 91, 117, 205-6, 212, 214

Marcus, G. 喬治・馬可仕 21-2

Marshall, M.　209

Masson, J. 傑弗利・梅森 22

medical model, the 醫學模型 42

Milan approach 米蘭體系取徑 56-7, 70, 78, 86, 90, 195, 209

Mink, L. 明克 101

Minuchin, S. 旻努欽 56, 187

Mishler, E. 艾略特・米什勒 19

modernism 現代主義 70, 168-72

monological process 獨白邏輯歷程 109

| N |

narration 敘事 70-3, 97-8, 156-64

Master　052

翻轉與重建：心理治療與社會建構
Therapy as Social Construction

主編─席拉・邁可納米（Sheila McNamee）、
肯尼斯・格根（Kenneth J. Gergen）　譯註─宋文里
作者─霖・霍夫曼（Lynn Hoffman）、賀琳・安德森（Harlene Anderson）、
哈洛・谷力顯（Harold Goolishian）、蘿拉・甫露葛理（Laura Fruggeri）、
湯姆・安德生（Tom Andersen）、威廉・D・雷克斯（William D. Lax）、吉
恩弗蘭可・切欽（Gianfranco Cecchin）、大衛・艾普斯敦（David
Epston）、麥可・懷特（Michael White）、克文・莫瑞（Kevin Murray）、
卡爾・托畝（Karl Tomm）、威廉・哈德森・歐涵隆（William Hudson
O'Hanlon）、安尼拔・科埃洛・德・阿莫林（Annibal Coelho de Amorim）、
法蒂瑪・貢薩爾維斯・卡瓦爾坎特（Fatima Gonçalves Cavalcante）、肯尼
斯・格根（Kenneth J. Gergen）、約翰・凱依（John Kaye）、席拉・邁可納
米（Sheila McNamee）、傑・S・艾彿然（Jay S. Efran）、耒絲麗・E・克雷
費德（Leslie E. Clarfield）
合作出版　茵特森創意對話中心

出版者─心靈工坊文化事業股份有限公司
發行人─王浩威　總編輯─王桂花
責任編輯─徐嘉俊　內文排版─李宜芝
通訊地址─10684台北市大安區信義路四段53巷8號2樓
郵政劃撥─19546215　戶名─心靈工坊文化事業股份有限公司
電話─02）2702-9186　傳真─02）2702-9286
Email─service@psygarden.com.tw　網址─www.psygarden.com.tw

製版・印刷─中茂製版分色印刷事業股份有限公司
總經銷─大和書報圖書股份有限公司
電話─02）8990-2588　傳真─02）2290-1658
通訊地址─248新北市新莊區五工五路二號
初版一刷─2017年11月　ISBN─978-986-357-105-6　定價─580元

Therapy as Social Construction

© Sheila McNamee and Kenneth J. Gergen 1992 Introduction and editorial
arrangement

© Lynn Hoffman 1992 Chapter 1

© Harlene Anderson and Harold Goolishian 1992 Chapter 2

© Laura Fruggeri 1992 Chapter 3 © Tom Andersen 1992 Chapter 4

© William D. Lax 1992 Chapter 5 © Gianfranco Cecchin 1992 Chapter 6

© David Epston, Michael White and Kevin Murray 1992 Chapter 7

© Karl Tomm 1992 Chapter 8 © William Hudson O'Hanlon 1992 Chapter 9

© Annibal Coelho de Amorim and Fatima Gonçalves Cavalcante 1992 Chapter 10

© Kenneth J. Gergen and John Kaye 1992 Chapter 11

© Sheila McNamee 1992 Chapter 12

© Jay S. Efran and Leslie E. Clarfield 1992 Chapter 13

Copyright © 1992 English language edition published by SAGE Publications of
London, Thousand Oaks, New Delhi and Singapore

Complex Chinese Edition Copyright © 2017 by PsyGarden Publishing Company

ALL RIGHTS RESERVED

版權所有・翻印必究。如有缺頁、破損或裝訂錯誤，請寄回更換。

國家圖書館出版品預行編目資料

翻轉與重建：心理治療與社會建構 / 席拉.邁可納米(Sheila McNamee), 肯尼斯.格根(Kenneth J. Gergen)主編 ; 宋文里譯註. -- 初版. -- 臺北市：心靈工坊文化, 2017.11
面 ；　公分. -- (Master ; 52)

譯自：Therapy as social construction

ISBN 978-986-357-105-6 (平裝)

1.家族治療　2.心理諮商　3.社會心理學

178.8   106017862